法学精品课程系列教材　　吴汉东　总主编

## 主编简介

巢容华，女，1967年9月生，中南财经政法大学法学院副教授，法律职业伦理教研室主任，先后主持了中央高校教育教学改革项目"立德树人与法律职业伦理课程建设"等课题，在国内外刊物公开发表论文20多篇，合撰出版著作两部，参编教材多部。

# 法律职业伦理

主　编　巢容华
副主编　李艳华　李培锋
撰稿人　（按撰写章节先后排序）
　　　　李　栋　李培锋　巢容华
　　　　李艳华　陈敬刚　罗　鑫
　　　　伊　万

## Ethics of Legal Profession

### 图书在版编目(CIP)数据

法律职业伦理/巢容华主编. —北京:北京大学出版社,2019.10
法学精品课程系列教材
ISBN 978-7-301-30792-2

Ⅰ.①法… Ⅱ.①巢… Ⅲ.①法伦理学—高等学校—教材 Ⅳ.①D90-053

中国版本图书馆 CIP 数据核字(2019)第 209059 号

| | |
|---|---|
| 书　　　名 | 法律职业伦理<br>FALÜ ZHIYE LUNLI |
| 著作责任者 | 巢容华　主编 |
| 责 任 编 辑 | 李　铎　孙战营 |
| 标 准 书 号 | ISBN 978-7-301-30792-2 |
| 出 版 发 行 | 北京大学出版社 |
| 地　　　址 | 北京市海淀区成府路 205 号　100871 |
| 网　　　址 | http://www.pup.cn |
| 新 浪 微 博 | @北京大学出版社　@北大出版社法律图书 |
| 电 子 邮 箱 | 编辑部 law@pup.cn　总编室 zpup@pup.cn |
| 电　　　话 | 邮购部 010-62752015　发行部 010-62750672　编辑部 010-62752027 |
| 印 刷 者 | 北京虎彩文化传播有限公司 |
| 经 销 者 | 新华书店<br>730 毫米×980 毫米　16 开本　11.5 印张　219 千字<br>2019 年 10 月第 1 版　2024 年 1 月第 4 次印刷 |
| 定　　　价 | 36.00 元 |

未经许可,不得以任何方式复制或抄袭本书之部分或全部内容。
**版权所有,侵权必究**
举报电话: 010-62752024　电子邮箱: fd@pup.cn
图书如有印装质量问题,请与出版部联系,电话: 010-62756370

# 前　言

"法律职业伦理"课程是贯彻落实法学人才培养德法兼修的重要抓手,在实现德才兼备的卓越法治人才培养目标中占有重要地位。对此,习近平总书记考察中国政法大学时发表的重要讲话当中曾明确强调,法治人才培养应立德树人、德法兼修。因此,法学教育中必须重视"法律职业伦理"课程。

当前,加强"法律职业伦理"教育已成为全国法学院校的共识。教育部颁布的《普通高校法学类本科专业教学质量国家标准》已将《法律职业伦理》课程列入法学专业10门核心课程之中。而在此之前,《立格联盟院校法学专业教学质量标准》也已将"法律职业伦理"列为核心课程。法学专业国家标准和法学专业行业引领标准都明确要求,法学院校要重视"法律职业伦理"课程,将法律职业伦理教育贯穿于法学人才培养的全过程。

我校十分重视"法律职业伦理"课程建设,将其列为法学课程建设的一项重要内容。早在2018年1月教育部高等学校法学类专业教学指导委员会主办的"高等学校法学类专业法律职业伦理骨干教师培训班"中,我校就迅速组织派出了6名教师参加学习,培训了我校第一批"法律职业伦理"授课骨干教师,为"法律职业伦理"课程建设奠定了良好的团队基础。2018年,我校又批准和资助该团队开展"立德树人与法律职业伦理课程建设"课题研究。本书就是这一教学研究课题的结项成果。

《法律职业伦理》教材编写中遇到了一些困难和困惑,其中比较突出的是如何构建教材的编写体系。在借鉴和参照国内外有关法律职业伦理的规章与论述的过程中,编者发现国内外有关法律职业伦理的理解和定位有所不同:其一,国外法律职业伦理的主要内容是律师职业伦理,这在英美法系国家的英国、美国和大陆法系国家的意大利都有体现,但在我国,法律职业伦理的内容除了律师职业伦理外,法官、检察官等其他法律职业人员的职业伦理也占有重要地位。其二,国外法律职业伦理以行业自治性的行为规范为主,但我国法律职业伦理中有全国人民代表大会常务委员会颁发的《法官法》《检察官法》和《律师法》等国家法律,他律性更强一些。其三,国外法律职业伦理侧重关系伦理,强调保密、忠诚、避免利益冲突等伦理原则,关注伦理价值冲突和选择,而国内法律职业伦理更强调外在的行为规范和内在的职业道德。当然,国内有的教材在编写过程中已比较好地实现了中外贯通的问题,如许身健教授主编的《法律职业伦理》教材(北京大学出版社2014年版),在编写体系方面就很值得学习借鉴。

本书编写过程中借鉴和参考了国内外学人的已有成果,在此对他们表示衷心的感谢!本书在参考国内相关教材编写基础上,以法律职业人员的行为准则、行为规范为中心,分法官、检察官、律师、公证员及其他法律职业人员几个部分进行编写。在编写过程中,初稿参照的是 2017 年修正的《法官法》与《检察官法》,由于 2019 年修订的《法官法》与《检察官法》即将生效实施,所以在后期修改过程中以 2019 年修订版为依据。本书编写过程中曾尝试有所创新,但由于水平有限,未能在体系等方面有所建树,内容上难免也会存在一些不当甚至错误之处,还需要日后进一步完善,也欢迎大家不吝批评指正。

本书编写具体分工如下:

李栋:第一章,第七章第一节、第二节;

李培锋:第二章、第七章第三节;

巢容华:第三章;

李艳华:第四章;

陈敬刚:第五章;

罗鑫:第六章;

伊万(Ivan Cardillo):附录。

# 目　录

## 第一章　法律职业 …………………………………………………………（1）
第一节　法律职业概述 ………………………………………………（1）
第二节　法律职业的准入条件 ………………………………………（3）
第三节　法律职业精神 ………………………………………………（5）

## 第二章　法律职业伦理 ……………………………………………………（8）
第一节　法律职业伦理概述 …………………………………………（8）
第二节　法律职业人员的基本行为准则 ……………………………（11）
第三节　法律职业伦理的学科地位 …………………………………（16）

## 第三章　法官职业伦理 ……………………………………………………（18）
第一节　法官职业伦理概述 …………………………………………（18）
第二节　法官执业中的行为准则与行为规范 ………………………（22）
第三节　法官执业中的行为责任 ……………………………………（42）

## 第四章　检察官职业伦理 …………………………………………………（53）
第一节　检察官职业伦理概述 ………………………………………（53）
第二节　检察官执业中的行为准则与行为规范 ……………………（57）
第三节　检察官执业中的行为责任 …………………………………（64）

## 第五章　律师职业伦理 ……………………………………………………（88）
第一节　律师职业伦理概述 …………………………………………（88）
第二节　律师执业中的行为准则 ……………………………………（94）
第三节　律师执业中的行为规范 ……………………………………（98）
第四节　律师执业中的行为责任 ……………………………………（123）

## 第六章　公证员职业伦理 …………………………………………………（129）
第一节　公证员职业伦理概述 ………………………………………（129）
第二节　公证员执业中的行为准则与行为规范 ……………………（131）
第三节　公证员执业中的行为责任 …………………………………（134）

**第七章 其他法律职业人员的职业伦理** …………………………… （141）
 第一节 法律顾问职业伦理 ……………………………………… （141）
 第二节 仲裁员职业伦理 ………………………………………… （147）
 第三节 行政机关中从事行政处罚决定审核、行政复议、行政裁决的
     公务员职业伦理 ………………………………………… （150）

**附录 意大利法律职业伦理法典** ……………………………………… （160）

# 第一章 法律职业

## 第一节 法律职业概述

### 一、法律职业的涵义

"职业"一词在西方传统社会中是指本身蕴含着常人无法掌握的深奥的某种专业知识和技能而享有特权并承担特殊责任的某些特定的服务性行业。职业者运用自身职业知识通过各行各业的实践服务社会公众,这种职业特性与社会价值有机统一,因此"职业"具有特殊的权力与威望。关于"职业"的概念,有学者认为:"所谓职业,是指人们在社会生活中所负担的特定职责和所从事的专门工作、业务,它是一个人具有的权利、义务、权益、职责乃至社会地位的一般性表征,也是对人们的生活方式、经济状况、文化水平、行为方式、思想情趣、道德品质等的一种综合性的反映。"[1]对于"法律职业"这一概念并没有一个统一明确的定义。《不列颠百科全书》将其定义为"通晓法律和法律应用为基础的职业"。我们通常将法律职业统称为那些从事与法律相关的各种工作类型。美国著名法律学者将法律职业定义为一群人从事一种有学问修养的艺术,共同发挥为公共服务的精神,虽然附带地以它谋生,但仍不失其为公共服务的宗旨。我国著名学者王利明也指出:"法律职业者是一群精通法律专门知识并实际操作和运用法律的人……他们受过良好的法律训练,具有娴熟地运用法律的能力和技巧。由于他们以为公共服务为宗旨,又不同于虽有一定技巧,但完全追逐私利的工匠,在现代社会,他们不仅实际操作着法律机器,而且保障着社会机制的有效运作,而整个社会的法治状况在很大程度上要依赖于他们的工作和努力。"[2]

我们通常将法律职业统称为那些从事与法律相关的各种工作类型。从世界各国情况看,法律职业人员广义上一般分为三种:一是应用类,主要指律师、法官和检察官,有的还包括立法人员、仲裁员、公证员;二是学术类,主要指法律教师和法律研究人员;三是法律辅助技术类,主要职责是辅助律师、法官和检察官。在我国,学者们对法律职业也有广义狭义之分。狭义的主要指法官、检察官、律师。广义的也包括书记员、法律助理、法律文秘、司法警察等辅助型法律职业,以

---

[1] 余其营、吴云才:《法律伦理学研究》,西南交通大学出版社2009年版,第191页。
[2] 王利明:《司法改革研究》,法律出版社2000年版,第396页。

及法律教师及法律研究人员、公证人员、仲裁人员甚至行政执法人员等。在建设社会主义法治国家的战略方针下,法律职业越来越受到重视,法治国家的建设也需要大量合格的法律职业人员。法律职业经过长期的发展,形成了高度专业化的法律共同体,有自身的法律知识和话语体系、法律语言与意识、法律伦理与信仰等。综上所述,法律职业可归纳为具有共同的政治素养、专业能力、职业伦理和从业资格要求,专门从事立法、执法、司法、法律服务和法律教育研究等工作的职业。在我国,法律职业是广义上的法律职业,主要是指担任法官、检察官、律师、公证员、法律顾问、仲裁员(法律类)及政府部门中从事行政处罚决定审核、行政复议、行政裁决的人员,也包括了立法工作者、其他行政执法人员、法学教育工作者等。

**二、法律职业的特征**

法律职业拥有自身的独特之处。国外学者格林伍德在《职业特征》一书中将法律职业的特征总结为:(1) 职业人员的技能以系统的理论知识为基础,而不仅仅根据特殊技术的训练;(2) 职业人员对他们的工作有相当大的自主性;(3) 职业人员形成联合体,它调整职业内部事务,对外则代表职业人员的利益;(4) 加入一个职业,受到现有成员的认真审查,要成为一个职业成员往往要参加职业考试,获得许可证,得到头衔,这个过程受到有关组织的调整;(5) 职业拥有道德法典,要求其所有成员遵守它,违反者可能被开除该职业。[1] 法律职业的特征也可以总结为法律职业主义的三大基石:专业性、公共性和自治性。专业性指法律职业是建立于精深理论基础上的专业技术,区别于仅满足于实用技巧的工匠型专才,法律职业人员需要系统的法律理论教育和法律职业训练,从事法律职业必须要有相当高的法律专业素养。公共性指法律职业是以公共服务为宗旨,其活动有别于追逐私利的商业,法律职业群体在从事具体的法律活动时不可避免地会涉及政治因素,因此也需要法律职业人员拥有一定的政治素养,承担一些公共活动角色。自治性是指形成某种具有资格认定、纪律惩戒和身份保障等一整套规章制度的自治性团体。自治性是职业主义最根本的特征和追求目标,一旦形成行业自治便取得了对职业者的有效管理和约束,进而需要伦理和道德规范的制约。[2] 也有学者指出,法律职业的特征包括了学识性、独立性、同质性、组织性、规范化和垄断性。[3]

法律职业的特征也正是对法律职业群体的要求,既需要有别于其他职业的

---

[1] 朱景文:《现代西方社会学》,法律出版社1994年版,第103页。
[2] 李学尧:《法律职业主义》,中国政法大学出版社2007年版,第5页。
[3] 黄文艺、卢学英:《法律职业的特征解析》,载《法制与社会发展》2003年第3期。

法律专业理论素养,也必须承担社会公共服务的责任并基于行业自治遵守职业伦理规范。当代中国的法治建设离不开法律职业共同体的努力。法律职业共同体是法律职业群体形成的专业和伦理共同体。它的组成成员必须经过专门法律教育和职业训练,具有共同的法律话语知识体系,以从事法律事务为根本,共同维护职业群体的利益,在以法律为谋生手段的同时,达成职业伦理共识并恪守职业伦理规范,形成高度统一的法律信仰共同体,投身于公共服务,致力于国家法治建设。

## 第二节 法律职业的准入条件

### 一、法律职业的统一准入条件

由于法律职业的高度专业性并事关国家法治水平,各个国家都对从事法律职业的资格和条件作了严格规定,既对所有的法律职业设置了统一的准入条件,也对具体不同的法律职业设置更为详细和不同的准入条件。我国对法律职业人员的年龄、学历、经历都作了相关规定。2015年12月20日中共中央办公厅、国务院办公厅印发《关于完善国家统一法律职业资格制度的意见》详细规定:"法律职业人员是指具有共同的政治素养、业务能力、职业伦理和从业资格要求,专门从事立法、执法、司法、法律服务和法律教育研究等工作的职业群体。担任法官、检察官、律师、公证员、法律顾问、仲裁员(法律类)及政府部门中从事行政处罚决定审核、行政复议、行政裁决的人员,应当取得国家统一法律职业资格。国家鼓励从事法律法规起草的立法工作者、其他行政执法人员、法学教育研究工作者,参加国家统一法律职业资格考试,取得职业资格。"

与此同时,要取得国家统一法律职业资格必须同时具备下列条件:拥护中华人民共和国宪法,具有良好的政治、业务素质和道德品行;具备全日制普通高等学校法学类本科学历并获得学士及以上学位,或者全日制普通高等非法学类本科及以上学历并获得法律硕士、法学硕士及以上学位或获得其他相应学位且从事法律工作三年以上;参加国家统一法律职业资格考试并获得通过。但是法律另有规定的除外。

### 二、法律职业的特别准入条件

(一)法官

法官是依法行使国家审判权的审判人员,包括最高人民法院、地方各级人民法院和军事法院等专门人民法院的院长、副院长、审判委员会委员、庭长、副庭长和审判员。

根据 2019 年 10 月 1 日开始实施的《法官法》的规定,法官的准入条件可分为一般条件和禁止条件。《法官法》第 3 章第 12 条详细规定了任职法官的一般条件:(1) 具有中华人民共和国国籍;(2) 拥护中华人民共和国宪法,拥护中国共产党领导和社会主义制度;(3) 具有良好的政治、业务素质和道德品行;(4) 具有正常履行职责的身体条件;(5) 具备普通高等学校法学类本科学历并获得学士及以上学位;或者普通高等学校非法学类本科及以上学历并获得法律硕士、法学硕士及以上学位;或者普通高等学校非法学类本科及以上学历,获得其他相应学位,并具有法律专业知识;(6) 从事法律工作满五年。其中获得法律硕士、法学硕士学位,或者获得法学博士学位的,从事法律工作的年限可以分别放宽至四年、三年;(7) 初任法官应当通过国家统一法律职业资格考试取得法律职业资格。适用前款第五项规定的学历条件确有困难的地方,经最高人民法院审核确定,在一定期限内,可以将担任法官的学历条件放宽为高等学校本科毕业。《法官法》第 13 条还规定了任职法官的禁止条件:(1) 因犯罪受过刑事处罚的;(2) 被开除公职的;(3) 被吊销律师、公证员执业证书或者被仲裁委员会除名的;(4) 有法律规定的其他情形的。

(二) 检察官

检察官是依法行使国家检察权的检察人员,包括最高人民检察院、地方各级人民检察院和军事检察院等专门人民检察院的检察长、副检察长、检察委员会委员和检察员。

根据 2019 年 10 月 1 日开始实施的《检察官法》的规定,检察官的准入条件可分为一般条件和禁止条件。《检察官法》第 3 章第 12 条详细规定了任职检察官的一般条件:(1) 具有中华人民共和国国籍;(2) 拥护中华人民共和国宪法,拥护中国共产党领导和社会主义制度;(3) 具有良好的政治、业务素质和道德品行;(4) 具有正常履行职责的身体条件;(5) 具备普通高等学校法学类本科学历并获得学士及以上学位;或者普通高等学校非法学类本科及以上学历并获得法律硕士、法学硕士及以上学位;或者普通高等学校非法学类本科及以上学历,获得其他相应学位,并具有法律专业知识;(6) 从事法律工作满五年。其中获得法律硕士、法学硕士学位,或者获得法学博士学位的,从事法律工作的年限可以分别放宽至四年、三年;(7) 初任检察官应当通过国家统一法律职业资格考试取得法律职业资格。适用前款第五项规定的学历条件确有困难的地方,经最高人民检察院审核确定,在一定期限内,可以将担任检察官的学历条件放宽为高等学校本科毕业。《检察官法》第 13 条还规定了任职法官的禁止条件:(1) 因犯罪受过刑事处罚的;(2) 被开除公职的;(3) 被吊销律师、公证员执业证书或者被仲裁委员会除名的;(4) 有法律规定的其他情形的。

### (三) 律师

律师是指依法取得律师执业证书,接受委托或者指定,为当事人提供法律服务的执业人员。律师应当维护当事人合法权益,维护法律正确实施,维护社会公平和正义。我国对律师的准入条件规定也十分严格,早在1980年便出台了《律师暂行条例》,1996年制定了《律师法》,并经过数次修订和修正。2017年最新修正的《律师法》规定,申请律师执业,应当具备下列条件:(1)拥护中华人民共和国宪法;(2)通过国家统一法律职业资格考试取得法律职业资格;(3)在律师事务所实习满一年;(4)品行良好。实行国家统一法律职业资格考试前取得的国家统一司法考试合格证书、律师资格凭证,与国家统一法律职业资格证书具有同等效力。特殊情况下,具有高等院校本科以上学历,在法律服务人员紧缺领域从事专业工作满十五年,具有高级职称或者同等专业水平并具有相应的专业法律知识的人员,申请专职律师执业的,经国务院司法行政部门考核合格,准予执业。

### (四) 公证员

公证是公证机构根据自然人、法人或者其他组织的申请,依照法定程序对民事法律行为、有法律意义的事实和文书的真实性、合法性予以证明的活动。公证员是指在公证机构从事公证业务的执业人员。2005年我国便出台了《公证法》,根据2017年修正的《公证法》第3章的规定,担任公证员,应当具备下列条件:(1)具有中华人民共和国国籍;(2)年龄二十五周岁以上六十五周岁以下;(3)公道正派,遵纪守法,品行良好;(4)通过国家统一法律职业资格考试取得法律职业资格;(5)在公证机构实习二年以上或者具有三年以上其他法律职业经历并在公证机构实习一年以上,经考核合格。此外从事法学教学、研究工作,具有高级职称的人员,或者具有本科以上学历,从事审判、检察、法制工作、法律服务满十年的公务员、律师,已经离开原工作岗位,经考核合格的,可以担任公证员。

但有下列情形之一的,不得担任公证员:(1)无民事行为能力或者限制民事行为能力的;(2)因故意犯罪或者职务过失犯罪受过刑事处罚的;(3)被开除公职的;(4)被吊销公证员、律师执业证书的。担任公证员,应当由符合公证员条件的人员提出申请,经公证机构推荐,由所在地的司法行政部门报省、自治区、直辖市人民政府司法行政部门审核同意后,报请国务院司法行政部门任命,并由省、自治区、直辖市人民政府司法行政部门颁发公证员执业证书。

## 第三节 法律职业精神

### 一、法律职业精神的由来与内涵

我们对法律职业的渊源可以追溯到古罗马社会时期,它随着法律的出现而诞生,而法律职业精神最早也可以从这里发现。罗马共和国时便涌现了一批从事律师和法律顾问的人,他们替代古老的雄辩士,参与公众审判和法律事务。这些法律人在其所从事的职业中形成了一种正当的自豪感以及一种职业感——团体精神。"被他们所求助、被请求去捍卫他人、被置于公众信任之位,这些都在挑战他们的品行,激发他们的忠诚感和服务欲。"[1]这样的职业感来自一种共同的理想、目标与实践,虽然罗马当时的法律者并不具有与现代社会的律师行业和团体组织相当的"职业"性质,但是这种精神内涵确是一种原生的状态和标志——追求善与正义,也是当代同样秉承的法律职业精神内核。西方这种古老的传统一直延续至今,深刻影响着法律职业的发展和传承,并催生出普世的法律职业精神。当今世界各国无不在大力呼吁法律职业精神的培育和促进。中国当下正加快推进法治建设,培育新时代的法律人才,法律职业精神的灌注不可或缺。

"法律人不仅是法律的代言人,还是人类灵魂的发言人。法律职业不应仅为一己之私利而离群索居,而应为了回应人类内心的一种原始的渴望而产生和存续。"[2]法律不仅仅是一项赖以谋生的专业,更是维护社会公平正义的事业,需要法律职业人员在以法律谋生时,也要承担起社会责任,为建设法治国家作出贡献,因此法律职业是神圣而崇高的。法律职业人员不仅要有良好的专业素质,还要有优良的职业品质,也就是法律职业精神。

法律职业精神是指法律职业群体在长期的专业服务实践中逐渐形成的价值理念、行为方式、职业操守、精神风貌、制度规范以及相关物质表现的总称,是法律职业群体共同具备的人文素养和专业水平的集中反映。法律职业精神要求法律工作者必须具备国家法律信念、正确的法律价值观和现代法治理念,并以优秀的法律业务素质为基础、以法律职业道德为核心、以现代法治理念为指导,以实现法治国家、法治社会作为职业价值追求。法律职业精神的独特品性及其具有的重要社会功能决定了法律从业人员必须以法律职业精神的不断培养为目标。

法律职业精神具有精神引领功能,作为一种理性和自觉的文化,法律职业精神蕴含着法律职业界普遍认同的价值观念,使法律职业具有认同感、归属感、使命感,能够增强法律职业的凝聚力、向心力和感召力。法律职业精神具有理念导向功能,引导法律职业群体的行为举止,让专业服务更具高尚目的,使法律职业向外释放出文化张力。法律职业精神具有行为约束功能,引导法律职业行为在法治的轨道内进行。法律职业精神具有行为评价功能,作为关于法律职业信念、倾向、主张和态度的价值取向,法律职业精神起着评价标准、评价原则和尺度的作用。法律职业精神还具有形象塑造功能,先进的法律职业精神可以培养起法

---

[1] 〔美〕罗伯特·N.威尔金:《法律职业的精神》,王俊峰译,北京大学出版社2013年版,第8页。
[2] 同上书,第25页。

律职业群体崇高的职业道德,展现出法律职业良好的精神面貌,有效提升公信力,扩大影响力。[①] 法律职业群体能否坚守法律职业精神,关乎着法律职业群体的职业素养和价值,进而关系着国家法治建设的进程。

**二、法律职业精神与法律职业伦理的关系**

法律职业伦理是与法律职业活动紧密相连、符合法律职业特点所要求的伦理规范、道德品质的总和,它既是对法律职业人员在从事法律业务、为社会提供法律服务时的行为标准和要求,同时又是法律职业本身对社会所负的道德责任与义务。以此观之,法律职业精神与法律职业伦理相辅相成,二者互相作用,共同保障并提高法律职业共同体的职业素养和职业价值。坚守并培育良好的法律职业精神是法律职业伦理的内在目标和追求,而遵守并维护法律职业伦理是法律职业精神的外在体现和要求。

法律职业精神要求每一个法律人怀有对社会整体公平、正义的追求,和对自身法律职责的守护。其所体现的价值观念能涵养法律职业群体的职业伦理,潜移默化,深入每个法律职业人员的心中,指引法律职业人员自觉遵守法律职业伦理。精神的指引往往具有长久性和深刻性,引导职业者的行为举止,并形成职业者对职业的认同感、归属感,使职业者具有崇高的信念,并展现出崇高的职业道德。法律职业伦理蕴含着对法律职业精神的追求和向往,它通过一系列的伦理道德规范和准则,约束并指导法律职业人员的行为活动,使法律职业人员在从事法律事务时践行法律职业的价值理念并提高职业操守,逐渐培育法律职业人员的法律职业精神。由此可见,法律职业精神与法律职业伦理密不可分,法律职业伦理可以看作是法律职业精神的最低要求,而法律职业精神则是法律职业伦理的理想状态。二者的价值和作用在司法实践中比比皆是,法律职业人员一旦克服急功近利的心态和一己之私,便能更好地塑造法律职业人员的形象。恪守职业伦理的律师更能赢得委托人的信任;一个不炒作宣传,重视公益诉讼的事务所更会受到社会的赞誉;同样,高素质的法官、检察官,良好的裁判能力和诉讼技巧,辅之以廉洁奉公的人格魅力和敬业精神,会提升司法判决的公信力,树立良好的司法形象。

法律职业人员在从事具体法律事务时,应时刻践行法律职业伦理的规范准则,摆脱庸俗的功利主义观,秉持法律人的正义感和使命感,追求崇高的法律职业精神,为法治国家的建设做出贡献,以此方能凸显法律职业的神圣崇高使命和价值。

---

[①] 王俊峰:《坚守律师职业道德 培育法律职业精神》,载《中国律师》2017年第2期。

# 第二章 法律职业伦理

## 第一节 法律职业伦理概述

**一、法律职业伦理的涵义与特征**

对于伦理(ethics)的含义,学界目前没有统一的界定。国外在定义"伦理"一词时,许多学者都追溯到"ehikos"(遵循风俗)和"ethos"(特质)这两个拉丁词,将伦理界定为对道德的研究或特定社会中的惯常规范。从汉字词源来看,"伦"字意为条理、道理之意,"伦,从人,辈也,明道也","伦"是指人与人之间的关系;"理"即道理、规则。所以,"伦理"也通常被视为人们处理相互关系中应遵循的准则和规范。伦理与道德的含义既有相似与交叉之处,又有一些细微甚至明显的区别。伦理范畴侧重于反映人伦关系以及维持人伦关系所必须遵循的规则,道德范畴侧重于反映道德活动或道德活动主体自身行为的应当。道德强调自律,伦理则是自律与他律的有机统一。

职业伦理(professional ethics)是职业人士在从业过程中发展出来的道德价值准则与行为规范,是在该职业领域中遇到问题时如何抉择的依据和工作指南。职业伦理不是全体社会成员共有的伦理,它与一般社会伦理相比有如下几个特征:(1)职业伦理产生并适用于特定共同体范围。职业伦理是职业共同体的产物,当社会确实形成某个职业时,就会产生或形成属于这个职业的、相应的职业伦理,借以规范和约束其从业者。(2)职业伦理基于特定职业共同体的需要,内容有明显独立性。职业伦理以职业特点和需要为基础,不同的职业共同体会有不同的职业伦理。每一种职业伦理也都不同于一般的社会公众伦理,有时甚至与社会的普通价值观念有所冲突,有显著的职业特性。(3)职业伦理以职业共同体的力量保证其实施。职业伦理是依赖整个职业共同体的力量来推行的,这既包括职业共同体成员的内在认同,也包括职业共同体的共同捍卫。

法律职业伦理是指法官、检察官、律师及公证员等法律职业人员在其职务活动中所应遵循的行为准则和行为规范的总和。法律职业伦理有如下几个特征:(1)规范主体的同质性与多样性的统一。法律职业伦理的规范对象是法律职业共同体,这跟其他职业伦理是一致的;但法律职业伦理的规范对象又分为多种类型的法律职业人员,如法官、检察官、律师、公证员、仲裁员,主体的多样性也体现得十分突出。(2)规范内容的普遍性与特殊性的统一。法律职业伦理的内容拥有共性,是法律职业共同体应当具有的共同价值追求,如公平、公正、廉洁、为民等;但法律职业伦理的内容也有鲜明的个性,检察官遵循的职业伦理跟公证员遵循的职业伦理存在一定差别,律师的职业伦理也不同于法官的职业伦理。(3) 实施的他律性与自律性的统一。法律职业伦理一方面具有很强的他律性,另一方面也强调自律和自我约束。

与其他职业伦理相比,法律职业伦理最显著的特征是具有更强的他律性。法律职业伦理除了包括自治性的职业行为规范(如《律师执业行为规范(试行)》)外,大量内容直接体现在法律法规中,如《法官法》《检察官法》《律师法》《公证法》《仲裁法》等,这种他律性的高强度是法律职业伦理最为明显的特征。法律职业伦理除了对法律职业人员的业内活动进行规范外,还对法律职业人员的业外活动进行了约束,约束范围更宽。

**二、法律职业伦理的分类**

法律职业伦理的分类有多种,如按照涉及的法律领域进行分类,但其中最为重要的是按照关系进行分类和按照主体进行分类。

第一,关系分类。与其他职业伦理一样,法律职业伦理可以按照职业所触及的社会关系进行分类。如法律人和当事人之间的伦理,不同类型的法律人之间的伦理,同行法律人之间的伦理,法律人与社会之间的伦理。

第二,主体分类。法律职业最常见的分类是按照主体进行分类,这是法律职业伦理分类的一个特点。根据法律职业共同体中的法官、检察官、律师、公证员、仲裁员的主体类型差异,法律职业伦理可分为法官伦理、检察官伦理、律师伦理、公证员伦理、仲裁员伦理、法律顾问伦理等多种类型。

**三、法律职业伦理相关理论**

目前国内外与法律职业伦理相关的理论大致可归纳为如下三种:

(一) 后果论

后果论的主要代表是边沁的功利主义。功利即人的行为活动对人的状况的增益,其活动指任何能够为利益相关者(个人或社会)带来实惠、好处、快乐、利益或幸福的活动。功利原则就是依据这样一种功利概念进行行为或政策价值判断的原理。在英国哲学家边沁看来,无论是政治领域还是个人道德行为领域,功利原理(原则)都是衡量其决策和行为对错的真正标准。他说:"功利原理是指这样的原理:它按照看来势必增大或减少利益有关者之幸福的倾向,亦即促进或妨碍此种幸福的倾向,来赞成或非难任何一项行动。我说的是无论什么行动,因而不仅是私人的每项行动,而且是政府的每项措施。"①

功利主义的后果论是指评价行为依据非道德意义的行为后果,行为正确与否和是否符合道德取决于行为的后果。行为后果可以分为有道德意义的后果和非道德意义的后果。所谓有道德意义,如善、正直等后果。所谓非道德意义,即行为所产生的后果可用自然性质的语言表述,如"欲望的满足"或"不满足"。欲望是一种自然事实,还有快乐与痛苦等,都是人的自然感受、自然事实。后果论的伦理学主张行为对错取决于行为后果,强调行为自然性质的后果(快乐、痛苦等)决定行为的道德价值(善恶等)。

根据功利主义后果论,法律职业行为是否具有道德价值,就是要看行为带来的后果是否合乎功利主义原则。

(二) 义务论

义务论的典型代表是康德。康德的进路是从善良意志开始。善良意志就是善良的意愿,或动机善良。康德说:"在世界之中,一般地,甚至在世界之外,除了善良意志,不可能设想一个无条件善的东西。"②康德认为,善良意志是无条件的善。善良意志并不因它所促成的事物而善,并不因它所期望的事物而善,也不因它善于达到预定的目标而善。善良意志不是有条件的善或有条件的价值。所谓有条件的价值,即某种行为或某种东西的价值依赖于它的条件。如手段的价值取决于它所实现的目的的价值。欲求对象的价值取决于如果实现这个欲望是否就可以对行为者的幸福有所助益。一个东西具有无条件的价值不取决于外在的任何东西而取决于它本身,"它是自在的善"。因而它在任何条件下都有价值。善良意志就是这种无条件的价值(善)。并且,它就是普通人正常的善良意志。善良意志使得"最普通的人,都能知道,每个人必须做什么,必须知道什么"。康德认为,善良意志实际上是意志本身或动机的善的问题。一个行动的善不需要问它的后果。

康德认为,只有一种动机才称得上是道德的,那就是出于义务的动机,为了正确的理由做正确的事情。其他动机是什么呢?康德把它们统统归于"偏好"。如果我们行事的动机是为了满足我们自己的欲望或偏好,去追求某些利益,我们就是根据偏好在行事。康德认为,人们在做事的时候通常都有自利的动机,康德不会去反驳这个事实,但是康德认为我们在多大程度上按道德动机行事,我们的行为就会有多大的道德价值。赋予一种行为以道德价值的,是我们超脱自利和欲望,根据义务的要求行事的能力。做事的时候,我们有其他能够促使我们行善的情感是可以的,只要这种情感不是自利的。康德认为,一项行动要有道德价

---

① 〔英〕边沁:《道德与立法原理导论》,时殷弘译,商务印书馆 2005 年版,第 58 页。
② 〔德〕康德:《道德形而上学原理》,苗力田译,上海人民出版社 1986 年版,第 42 页。

值,它就必须是出自义务动机,而不是出于偏好。

根据义务论,法律职业行为是否具有道德价值,就是要看行为是否符合绝对的道德原则,而不管所造成的结果是怎样的。

(三)权衡论

法律职业行为是否具有道德价值,现在实践中使用较多的是权衡论。权衡论比较有代表性的人物是美国法学家弗里德曼。

权衡论是在批评与反思后果论与义务论的过程中发展起来的。后果论与义务论虽被用于解释法律职业伦理问题,但在有些方面受到一些批评。在一些特别的法律伦理问题中,后果论与义务论的局限表现得尤为明显。"比如说,当应该遵守保守秘密的承诺这一道德义务与应该诚实这一道德义务相互冲突的时候,律师在实践中该做何选择?"[1]再如如果委托人有作伪证的意图,律师的很多义务是相互冲突的,会存在二难甚至三难困境,既要从当事人那里获悉事实信息,又要对当事人的言论保密,还要对法院坦诚披露必要信息,律师很难同时尽到两个或三个义务。[2]

## 第二节 法律职业人员的基本行为准则

法律职业人员的基本行为准则是指法律职业人员从业中所遵循的基本伦理规范要求。它不仅是从业人员进行职业活动的根本指导思想,而且也是对每个从业人员的职业行为进行评价的重要标准。

法律职业人员的基本行为准则有共同遵循的基本尺度和基本要求,但在不同社会制度中会有一些差别。我国法律职业人员的基本行为准则就反映了中国特色社会主义法治理念的要求,呈现出明显的个性特征。

### 一、忠于党、忠于国家、忠于人民、忠于法律

忠于党、忠于国家、忠于人民和忠于法律是法律职业人员必须首先遵循的行为准则。

法律职业人员要忠于国家。国家是法律的制定者,法律是国家(统治阶级)意志的体现和国家权力的象征,是随着国家产生而产生,随着国家的变化发展而变化发展,随着国家的消亡而消失的。国家意志是统治阶级意志的集中表现,法律作为统治阶级的意志,只能由国家的强制力来保证、来实现。法律绝对不能脱离国家而存在。因此,法律职业人员必须无条件地忠于国家。

---

[1] 〔美〕弗里德曼:《对抗制下的法律职业伦理》,吴洪淇译,中国人民大学出版社2017年版,序言。
[2] 同上书,第35页。

法律职业人员要忠于人民。我们社会主义国家是人民的国家，人民是国家的主人，我国宪法规定国家的一切权力属于人民。因此，法律职业人员也必须无条件地忠于人民。全心全意为人民服务是社会主义法律职业人员的行为准则，服务人民是法律工作者的职业宗旨和职业责任。

法律职业人员要忠于法律。宪法是国家的根本法，各项法律是宪法精神在社会生活各个方面的具体贯彻。社会主义国家的宪法和法律是由国家制定和认可的，是为了维护国家、民族和人民的利益，维护社会生产和生活的正常秩序，巩固人民民主专政。而宪法和法律的执行和实施，则是司法机关和司法工作者的基本职责。所以，法律职业人员忠于国家和人民，也具体地表现为忠于社会主义宪法和法律。宪法和法律是法律职业人员进行职业活动的根据，法律职业人员的一切活动都是围绕着宪法和法律来进行的。维护宪法是法律职业人员必须具备的道德素质和要求。

法律职业人员忠于国家、忠于人民、忠于法律的同时，还必须毫不动摇地忠于党。作为有中国特色的社会主义法治国家，法律职业人员忠于党与忠于国家、忠于人民、忠于法律是一致的，这是社会主义法治理念的内在要求。社会主义法治理念的核心和精髓是坚持党的领导、人民当家作主和依法治国有机统一。首先，坚持中国共产党的领导是人民当家作主和依法治国的根本保证。中国共产党是中国特色社会主义事业的领导核心，党的宗旨就是全心全意为人民服务。中国共产党自成立起就以实现人民当家作主为己任，中国共产党建立人民民主专政的国家政权，就是要组织和支持人民依法管理国家和社会事务、管理经济和文化事业，实现当家作主，维护和实现人民群众的根本利益。其次，依法治国与人民当家作主、党的领导是紧密联系、相辅相成、相互促进的。依法治国不仅从制度上、法律上保证人民当家作主，而且也从制度上、法律上保证党的执政地位。我国的宪法和法律是党的主张和人民意志相统一的体现。人民在党的领导下，依照宪法和法律治理国家，管理社会事务和经济文化事业，保障自己当家作主的各项民主权利，这是依法治国的实质。依法治国的过程，实际上就是在党的领导下，维护人民主人翁地位的过程，保证人民实现当家作主的过程。党领导人民通过国家权力机关制定宪法和各项法律，又在宪法和法律范围内活动，严格依法办事，保证法律的实施，从而使党的领导、人民当家作主和依法治国有机统一起来。

**二、以事实为根据，以法律为准绳**

以事实为根据，以法律为准绳，是我国所有法律职业人员处理各种法律问题都必须遵循的行为准则。

以事实为根据，以法律为准绳，是我国三大诉讼法中明确规定的法律适用原则。1979年7月1日，第五届全国人民代表大会第二次会议通过的首部《中华人民共和国刑事诉讼法》第一次提出了"以事实为根据以法律为准绳"这条基本原则。该法第 4 条规定:"人民法院、人民检察院和公安机关进行刑事诉讼,必须依靠群众,必须以事实为根据,以法律为准绳。对于一切公民,在适用法律上一律平等,在法律面前,不允许有任何特权。"1982 年 3 月 8 日,第五届全国人民代表大会常务委员会第 22 次会议通过的首部《中华人民共和国民事诉讼法(试行)》第 5 条也规定:"人民法院审理民事案件,必须以事实为根据,以法律为准绳;对于诉讼当事人在适用法律上一律平等;保障诉讼当事人平等地行使诉讼权利。"1989 年 4 月 4 日,第七届全国人民代表大会第二次会议通过的首部《中华人民共和国行政诉讼法》第 4 条同样规定:"人民法院审理行政案件,以事实为根据,以法律为准绳。"自此,不论上述三大诉讼法有什么样的修改和补充,"以事实为根据,以法律为准绳"的原则始终没有改变。

以事实为根据就是必须以事实作为办案的科学依据,而不能凭主观想象、推测或想当然地处理案件,更不能弄虚作假,掩盖或假造事实。以事实为根据是实事求是的唯物主义思想路线在法律适用中的运用,是我国特有的一项原则。以事实为根据包括两方面要求:一方面,它要求法律职业人员在执业活动中,深入调查研究,认真查阅案卷,掌握确实、充分的证据,查明事物的本来面目,弄清事实和情节,并以此为根据来办理各种法律事务或提出解决问题的意见,而不轻信口供或当事人的陈述。另一方面,还要求法律职业人员在执业过程中要坚持原则,不能屈服于外部干涉而歪曲事实真相为他人谋取非法利益。

以法律为准绳就是以国家有关法律规定作为标准来处理案件与问题。对于法律职业人员来讲,以法律为准绳意味着对于国家颁布的一切法律、法规,无论是实体法还是程序法,都必须严格遵守,认真执行。既要严格适用法律条文,又要尊重立法原意,把"维护法律的正确实施"作为自己的根本任务和崇高目标,绝不允许随心所欲,规避法律,曲解法律,甚至公然违反法律,破坏法律的尊严。如果在执业活动中遇有法律不完备的情况,法律职业人员应当根据法规的精神,从有利于社会主义事业、有利于人民利益出发,妥善地处理有关问题,而不应钻法律不完备的空子,做有损于国家和人民的事情。此外,法律职业人员还要密切注意新的法律、法规、条例以及司法解释,要及时学习并认真贯彻实施。

以事实为根据,以法律为准绳,是一个统完整统一不可分割的整体。以事实为根据是正确适用法律的前提和基础,以法律为准绳是正确处理案件的标准和保障,二者相互联系,缺一不可。法律职业人员认真遵循这一行为准则,处理法律问题的质量就能得到有效保障。

### 三、严明纪律,保守秘密

严明纪律是法律职业人员依法履行职责的基本要求。法律职业人员所从事的工作如审判、提起公诉、辩护、代理、公证等,都有严格的纪律要求,这些纪律要求是完成职业任务的基本保障,是调整个人与集体、个人与社会关系的重要手段。人民法院制定的《法官职业道德基本准则》《人民法院工作人员处分条例》,人民检察院制定的《检察官职业道德基本准则(试行)》《检察人员纪律处分条例》,司法部制定的《律师执业管理办法》《律师执业行为规范(试行)》《公证员执业管理办法》等,全面、具体地规定了法官、检察官、律师和公证员应当遵守的职业纪律。

保守秘密是法律职业伦理的重要内容。法律职业的特点使得法律职业人员在日常的工作中直接接触到各种秘密,包括国家秘密、审判秘密、商业秘密、个人隐私等。《法官法》10条第5项规定:法官应当"保守国家秘密和审判工作秘密,对履行职责中知悉的商业秘密和个人隐私予以保密"。《检察官法》第10条第5项规定:检察官应当"保守国家秘密和检察工作秘密,对履行职责中知悉的商业秘密和个人隐私予以保密"。《律师法》第38条规定:"律师应当保守在执业活动中知悉的国家秘密、商业秘密,不得泄露当事人的隐私。律师对在执业活动中知悉的委托人和其他人不愿泄露的有关情况和信息,应当予以保密。但是,委托人或者其他人准备或者正在实施危害国家安全、公共安全以及严重危害他人人身安全的犯罪事实和信息除外。"如果法律职业人员泄露职业活动中知悉的秘密就会给国家和人民或者当事人的利益造成不同程度的损害,同时也会严重损害法律职业严肃公正的形象。因此,保守秘密是对法律职业人员的基本要求。

**四、互相尊重,相互配合**

法律职业人员只有发挥相互协作、相互配合的精神,才能顺利完成职业任务。在刑事诉讼领域,法官、检察官、律师各自担负着不同的职责,但在追求依法惩罚犯罪和切实维护当事人合法权益这一点上是相同的,这决定了不同法律职业人员之间要互相尊重、相互配合。同时,法律职业人员在人格和依法履行职责方面是平等的,因此也应当互相尊重,而不能互相贬低、互相拆台,否则就会严重损害法律职业在人们心目中的形象。

法律职业人员之间的相互配合表现在:一方面,法律职业中同一行业之间的法律职业人员之间的相互配合,如法官之间、检察官之间、律师之间、公证员之间的相互配合、相互协作;另一方面,法律职业中的不同行业的相互配合,即法官、检察官、律师和公证员之间的相互配合。

互相尊重,相互配合,要求法律职业人员在履行法律职责的过程中做到严格执行职业纪律,依法执业,而不能擅自干预和妨碍其他法律职业人员的正常办案,不能随便过问其他法律职业人员正在办理的案件。法官、检察官、律师在办理案件的过程中,不能先入为主、固执己见、刚愎自用,而要耐心听取其他法律职业人员的意见。有的法官、检察官对于律师提出的代理意见、辩护意见置之不理或心不在焉;有的法官、检察官在法庭上盛气凌人、颐指气使;有的律师在法庭上目中无人,无理取闹。这些现象都是法律职业人员正常履行职责中的大忌,必须克服和避免。

互相尊重、相互配合,还要求法律职业人员谦恭有礼,遵守有关的法庭礼仪。如《法官职业道德基本准则》第 14 条规定:"尊重其他法官对审判职权的依法行使,除履行工作职责或者通过正当程序外,不过问、不干预、不评论其他法官正在审理的案件";第 22 条规定:"尊重当事人和其他诉讼参与人的人格尊严,避免盛气凌人、'冷硬横推'等不良作风;尊重律师,依法保障律师参与诉讼活动的权利。"

**五、恪尽职守,勤勉尽责**

恪尽职守,勤勉尽责,这是对法律职业人员业务素质的基本要求。法律职业人员应当热爱法律职业,安心工作、热爱工作、献身法律职业;珍惜职业荣誉,坚持职业操守,恪守职业良知,以恭敬、严肃的态度对待自己的职业,对本职工作一丝不苟,尽心尽力、忠于职守、精研业务,保持良好的职业修养。

如《法官职业道德基本准则》第 23 条规定:"坚持学习,精研业务,忠于职守,秉公办案,惩恶扬善,弘扬正义,保持昂扬的精神状态和良好的职业操守。"《法官行为规范》第 7 条规定:"敬业奉献。热爱人民司法事业,增强职业使命感和荣誉感,加强业务学习,提高司法能力,恪尽职守,任劳任怨,无私奉献,不得麻痹懈怠、玩忽职守。"

**六、清正廉洁,遵纪守法**

清正廉洁和遵纪守法,是保证法律职业人员公正执业的重要前提,也是其获得社会信任的重要前提。法律职业人员应当树立正确的权力观、地位观、利益观,坚守廉洁底线,切实做到自重、自省、自警、自励,清白做人、干净做事,永葆清正廉明、无私奉献的本色。法律职业人员要强化廉洁从业观念,常修为政之德、常思贪欲之害、常怀律己之心,不接受案件当事人及相关人员的请客送礼,不利用职务便利或者法律职业人员身份谋取不正当利益,杜绝以权谋私、贪赃枉法行为。法律职业人员应当自觉遵守法律职业道德,在本职工作和业外活动中严格要求自己,维护法律职业形象和司法公信力。一个法官、检察官、律师或公证人员,如果缺乏无私奉献、敬业献身的精神,很容易为了一己之私而损害国家和人民利益,无法做到秉公执法,不能取信于民。

总之,法律职业人员应当始终保持高尚的职业追求,自觉养成良好的职业操守,严格遵循职业行为准则,坚守职业伦理底线。

## 第三节 法律职业伦理的学科地位

法律职业伦理作为一门法学教育课程,在法治人才培养中占据重要位置,现已成为世界共识。英国律师协会在 2001 年发表的一份咨询报告中将法律伦理教育跟法律知识与法律技能教育放在同等重要地位,即"法学教育的核心自始至终都是法律知识、法律技能和法律伦理"。我国在 2018 年颁布的《普通高校法学本科专业教学质量国家标准》中已明确规定,法律职业伦理是法学十门核心课程之一,这就从根本上改变了法律职业伦理过去基本是一门可有可无的选修课局面。

### 一、法律职业伦理在国外的学科地位

法律职业伦理在国外法学人才培养与课程体系中占有十分重要的地位,很多国家几十年前就给予高度重视。美国自 1970 年开始,就在全国法学院中推广法律职业伦理教育。之后,加拿大、英国、澳大利亚、新西兰等国家也开始重视法律职业伦理教育。现在,美国和澳大利亚的法律伦理是法律学位课程的必修课程,法科生只有在通过考试的情况下才能毕业。英国律师协会倾向于将法律伦理教育设为必修课程,所以英国也可能会将其纳入必修课。

法律职业伦理教育在培养合格法律人才的过程中发挥着重要作用。根据 1992 年美国律师协会发布的一份报告(MacCrate Report),法律职业人员的核心价值之一就是"认识和解决法律伦理困境"。根据英国 1998 年的法律教育报告(Marre Report)定义的十四项律师职业人员核心技能,"对法律伦理具备足够的知识"就是其中之一。国外法学院通过开设法律职业伦理课程,利用"问题法""渗透法""技能伦理结合法""仿真教学法"和"诊所教学法",帮助法科生了解职业伦理的相关内容,学会评估并防止伦理风险,并对风险进行防控。

### 二、法律职业伦理在国内的学科地位

在 2018 年之前,法律职业伦理在法学课程体系中处于边缘地位。国内 600 多所法学院校中,只有吉林大学法学院、苏州大学法学院、华南理工大学法学院等几所院校将法律职业伦理列入法学本科必修课程,还有几十所院校将其列为选修课程,大部分学校则没有开设这门课程。法律职业伦理在法学课程体系中的整体地位不高。国内即便师资条件相对较好的法学院校,法律职业伦理教育的开展也严重不足,大部分院校没有该领域教学科研的专职教师,法律职业伦理很少作为必修课程开设。但这种情况也有个别例外。例如,中国政法大学早在 2000 年以后就开设了法律职业伦理课程,课程建设起步早,成果卓著。该校现

已有一批有多年授课经验的教师团队,编写了一批法律职业伦理教材、法律职业伦理案例教材和涉及法律职业伦理的实践教学手册,在法律职业伦理课程建设方面确立了国内的领先地位。

但就整体而言,法律职业伦理在法学课程体系中的地位直到 2018 年才获得根本改变。2018 年《普通高校法学本科专业教学质量国家标准》明确规定,法学专业核心课程采取"10+X"分类设置模式。"10"指法学专业学生必须完成的 10 门专业必修课,包括:"法理学、宪法学、中国法律史、刑法、民法、刑事诉讼法、民事诉讼法、行政法与行政诉讼法、国际法和法律职业伦理"。其中,法律职业伦理第一次从选修课明确列为 10 门专业核心课程之一,成为全国所有法学院校的必修课程。而在"国家标准"发布之前,作为法学专业行业标准的《立格联盟院校法学专业教学质量标准》就已明确规定,所有立格联盟院校课程体系中都应包括法律职业伦理,要将《法律职业伦理》教育贯穿于人才培养全过程。可见,法学专业国家标准与行业标准都明确要求,法律职业伦理课程是法学专业必修课程,是法学教学的一块重要内容。

过去,法律职业伦理教育的缺失一定程度上造成了法律职业共同体中职业伦理问题的频频出现,比较典型的有律师伪证问题、律师的利益冲突问题、律师的保密问题、律师的庭外言论问题、律师收费问题、律师业务推广问题,这些都严重影响了法律职业共同体的公众形象,进而造成了法律职业精神的丧失和法律职业自身的危机。因此,加强法律职业伦理教育有助于提高法学人才的职业道德素质与职业伦理水准,逐步化解法律职业共同体目前面临的诸多伦理问题,摆脱当前的法律职业伦理困境。

现在,法律职业伦理课程作为贯彻落实法学人才培养"立德树人,德法兼修"的重要支点与依托,在实现"德才兼备"的卓越法治人才过程中占有重要地位。2017 年习近平总书记在考察中国政法大学时明确强调,法治人才培养应"立德树人,德法兼修"。2018 年教育部发布的《普通高校法学本科专业教学质量国家标准》也明确规定,法学类专业人才培养目标要"坚持立德树人、德法兼修,适应建设中国特色社会主义法治体系,建设社会主义法治国家的实际需要"。因此,新时期高校法学教育要实现法学类专业人才培养目标,重视开展法律职业伦理教育十分必要。

# 第三章 法官职业伦理

## 第一节 法官职业伦理概述

司法是社会正义的最后一道防线,因此,切实做到司法忠诚、司法公正、司法廉洁和司法为民,对落实"让人民群众在每一个司法案件中感受到公平正义"具有十分重要的意义。美国当代著名法学家德沃金在其《法律的帝国》中,形象地将法院比作"法律帝国"的首都,而法官则恰恰是这个"帝国"的"王侯"。由于司法适用并非"自动售货机",因此,离开"王侯"的"帝国"将无法正常运转,同样离开"法官"的"法律",难以自我运行,即"徒法不足以自行"。

法官是法律帝国的王侯,是社会纠纷的终局裁决者,是社会正义的最终维护者,其享有国家法律赋予的审判权,其手握可以影响、改变,甚至剥夺一个人的财产、人身自由乃至生命的权力。由于审判权的行使是法官运用法律思维和理性判断进行法律推理的过程,而这种思维和理性并非是整齐划一的,于不同案件、不同法官中有所不同。所以说,每一具体案件的裁判过程都彰显鲜明的法官个性。法官手握他人生杀大权,与其他职业相比,毫无疑问,更需有一套与其职业相一致的行为规范和道德准则。

### 一、法官职业伦理的概念

美国学者罗斯科·庞德曾言:"所谓职业,就是富有为公众服务精神的,并把一门有学问的艺术作为共同的天职来追求的一群人。"[①]任何职业活动都必须有自己伦理,因为一个缺乏共同伦理的群体是一个没有凝聚力、没有稳定性且无力对抗冲击的群体。法官职业伦理要求,法官除需要具备高超的法律专业技能外,更需要具备一套与职业特点相一致的行为规范和道德准则,即法官在从事业内行为和业外活动中应遵循的行为规范和道德准则的总和。法官职业伦理与司法目的、司法行为、司法环境、文化传承等因素密切相关,随着社会的进步和国家法治进程的需要,法官职业群体承担的社会功能、社会责任范围的调整逐步发展、不断更新。法官职业伦理既是约束法官行为的潜在规则,也是法官实现自律的内在动力,体现了法官群体自身的价值取向,又是法官享有良好社会地位和声誉的保障,折射了公众对于法官角色的期待以及社会对于公平正义价值的期待,调

---

[①] 〔美〕罗斯科·庞德:《法理学》(第一卷),邓正来译,中国政法大学出版社 2004 年版,第 354 页。

节职业内部法官之间以及法官与社会各方面的关系,是评价法官职业行为善恶、荣辱的标准。①

**二、法官职业伦理的特征**

(一)法官职业伦理的主体是法官

法官是法官职业伦理的主体,这是毋庸置疑的。然而,问题的症结在于我们应该如何对法官进行定义。2019年《中华人民共和国法官法》第2条规定:"法官是依法行使国家审判权的审判人员,包括最高人民法院、地方各级人民法院和军事法院等专门人民法院的院长、副院长、审判委员会委员、庭长、副庭长和审判员。"而现行有效的2010年最高人民法院重新印发的《中华人民共和国法官职业道德基本准则》第27条规定:"人民陪审员依法履行审判职责期间,应当遵守本准则。人民法院其他工作人员参照执行本准则。"这里的"人民法院其他工作人员"根据分工的不同,有书记员、执行员、司法警察、行政后勤人员等。由《中华人民共和国法官职业道德基本准则》可知,法官的职业道德准则对《法官法》中定义的法官之外的其他法官队伍中的工作人员也具备约束力,但是我们应该认识到不同职位的工作人员所履行的工作职责大相径庭,因此,就司法改革之法官员额制实施的现阶段来看,法官职业伦理的法官主体不应该泛化为法官队伍中不同职责的所有工作人员,而是应该严格地适用于专门行使国家审判权的法官,即《法官法》第2条所包括的人员。

(二)法官职业伦理约束的客体是法官的行为

法官职业伦理既约束法官的业内行为,也约束法官的业外活动。职业伦理约束业内行为是不言而喻的。但是,与其他行业不同的是,法官职业伦理不仅约束法官的业内行为,对法官的业外活动也有着较为严格地要求。这是因为,作为法律帝国的王侯——法官,其在法庭审理案件过程中的各种行为以及形象固然重要,但不可否认的是,即使是脱下法袍、走出法庭的法官个人,在其普通社会生活中也难免会由于其职业的原因,无形之中给人一种神圣、庄严的感觉。因为,在社会公众心中,法官应该是严肃认真、一丝不苟、公正庄重的化身,法官代表着公平与正义,法官的言行与举止对公众会产生较强的引导和示范作用。总之,司法所具有的特殊性质,会在其具体的执行者——法官身上一一反映出来,法官的业内业外行为会成为社会大众言行的"风向标",所以,与法官的职业形象相关的一些业外活动,也就当然应当受到法官职业伦理的约束。

(三)法官职业伦理兼具法律与道德的双重性

林肯曾经说过,法律是显露的道德,道德是隐藏的法律。法官职业伦理中存

---

① 陆俊松、杨曼:《伦理与法律职业实务》,中国政法大学出版社2018年版,第22页。

在着林林总总的内容,诸多内容之间或并行不悖,或有些许的不和谐,但究其根本,则是为了寻求法律与道德之间的平衡,如在实体公正与程序公正、司法公开与保密职责、司法公正与司法效率、审判独立与言论自由等之间都需要在法律的理想与道德的现实中进行理性的权衡,使得法律与道德在最大程度上兼容。作为法官职业伦理的主体,法官的业内与业外行为当然要受到法律与道德的双重约束。这是因为,首先,法官的底色是普通公民,因此其必须像普通公民一样,做"守法者",这既是法律的要求,也是道德的要求。其次,法官作为一种职业,其负有合法合理运用法律解决纠纷的职责。因此,其应该是"以事实为依据,以法律为准绳"的"用法者",故而,需要受到法律的约束。最后,"法官"这一职业,要求法官在合法的基础上灵活运用法律的同时遵循内心良知,做出同时符合法律效果和社会效果,即兼具合法性与合理性的判决。因此,其还应该是"护法者"——守护法律的同时维持社会正义,体现法官职业伦理应具有的法律性与道德性。总而言之,法律与道德相互融合于法官的职业伦理之中,对法官的业内、业外活动进行双重的规范和约束。

(四)法官职业伦理具有很强的他律性

我国对法官职业伦理具有规范作用的法律规范和司法解释有很多,在传统的三大诉讼法之外,最主要的法律是先后经过多次修订的《中华人民共和国法官法》。2019年《法官法》旨在全面推进高素质法官队伍建设,加强对法官的管理和监督,维护法官合法权益,保障人民法院依法独立行使审判权,保障法官依法履行职责,保障司法公正。

除《法官法》外,我国规范法官职业行为的法规还有《法官职业道德基本准则》《法官行为规范》和《人民法院文明用语基本规范》(以下简称《文明用语规范》)。《法官职业道德基本准则》的目的在于加强法官职业道德建设,保证法官正确履行法律赋予的职责,其对法官的职业伦理提出了忠诚司法事业、保证司法公正、确保司法廉洁、坚持司法为民和维护司法形象的基本要求。《法官行为规范》则旨在规范法官基本行为,树立良好的司法职业形象,其对法官的职业伦理提出了忠诚坚定、公正司法、高效办案、清正廉洁、一心为民、严守纪律、敬业奉献、加强修养的一般要求,同时对立案、庭审、诉讼调解、文书制作、执行以及涉诉信访、业外活动和监督惩戒进行了具体规范。《文明用语规范》的目标在于规范法院工作人员工作用语,提高文明司法水平,树立法院工作人员良好职业形象,维护人民法院司法公信力,其对法官职业中的接待来访、立案、庭外调查、庭审、诉讼调解、执行以及安全检查和送达法律文书等各环节的职业伦理用语进行了概括性的规范,并有列举示范。这些法律法规大力弘扬了"公正、廉洁、为民"司法核心价值观,有助于规范法官树立良好司法职业形象。

此外,规范法官职业行为的还有由最高人民法院印发的《人民法院工作人员处分条例》和《最高人民法院关于完善人民法院司法责任制的若干意见》《人民法院落实〈保护司法人员依法履行法定职责规定〉的实施办法》《中华人民共和国人民法院组织法》以及《关于建立法官、检察官惩戒制度的意见(试行)》。其中,《中华人民共和国人民法院组织法》对司法独立、司法平等、司法公正、司法民主、司法公开以及司法责任制等职业伦理进行了规范。而《人民法院工作人员处分条例》和《人民法院监察工作条例》则主要是针对法官违背职业伦理的行为应如何进行惩处的规定。

**三、法官职业伦理的作用**

"没有规矩不成方圆",详尽完备的法官职业伦理体系的构建具有重要意义。法官职业伦理的作用主要表现为以下三个方面:

(一)对法官的规范作用

法官职业伦理对法官的业内行为与业外活动都具有较高的要求。首先,对法官业内行为的规范性。法官职业伦理有利于促使法官保持裁判的中立性,合理行使裁量权,能够有效监督法官审判工作,提高司法审判质量,最终树立良好的司法形象,彰显社会正义。其次,对法官业外活动具有约束力。法官职业伦理要求法官即使在工作之外,也不可实施可能对司法公正造成影响的行为,如从事或参与营利性活动。法官应该保持清正廉洁之心,培养健康的兴趣爱好,自觉抵制社会不良诱惑,传递职业正能量。

(二)对司法公信的促进作用

法官职业伦理对法官的审判工作和道德水准都提出了较高的要求。因此,法官只能不断更新自身知识结构,丰富和充实自身理论知识,以此来增加智识积累,提高案件分析与判断、庭审把控与驾驭、裁判说理和写作等业务水平,督促自己做出更加公平合理且具有高度可接受性的判决。在获得了公正裁判的各方诉讼参与人心中,其合法权益得到了应有的保护,因此,对法官更加信服,也更多认可。从而带动社会公众对法官的信赖,对司法工作者的尊重,对法律的信仰。最终,更好地树立司法权威与公信力。

(三)对社会风气的引领作用

虽然我们倡导司法独立,但法官职业伦理对法官行为的约束所产生的作用并不是独立的。法官职业道德对社会风气有一定的示范与指导的作用。法官在执业过程中遵从职业伦理要求,有助于树立良好的司法形象,进而,传递出忠于法律、刚正不阿、清正风骨、严守法律、公正司法、惩恶扬善、弘扬正义的司法正能量;同时体现出敬业奉献、正直善良、诚实忠信、积极进取、品德高尚的道德正能量。法官的司法形象与个人形象通过公众媒体、风俗习惯、思想教育等方式,将潜移默化地带动社会风气的变动,最终营造全民守法、全民信法的社会新气象。

## 第二节　法官执业中的行为准则与行为规范

随着依法治国基本方略的逐步实施,法院在建设社会主义法治国家、构建和谐社会方面,负担的职责显得尤为重要,作为审判中心的法官越来越受到社会大众的关注,人们对于法官应当遵循的行为规范和职业伦理的要求也愈发的严格,不仅法官的职业内行为,包括一些与职业相关的职业外行为都会直接影响社会公众对司法形象的认知与评价。作为一门特殊的职业,法官在执业过程中的行为受到诸多规范和约束。在我国,对法官执业进行规范的法律性文件正如上节所述,纷繁复杂,但又存在些许的交叉与重叠。总的来看,文件对法官职业伦理进行规范的核心要点为"公正、廉洁、为民"的六字诀,其基本的要求概而观之,即为法官必须忠诚司法事业、保证司法公正、确保司法廉洁、坚持司法为民、维护司法形象。

### 一、忠诚司法事业

相较于立法、执法事业而言,司法事业更为特殊。司法事业从广义上来说,是包括了审判事业和检察事业。但是从狭义上讲,司法事业仅仅是指审判事业。本章所言的司法事业是狭义上的,也即审判主体——法官的事业。忠诚于司法事业,简单地说,就是法官要忠实履行司法职责,主动遵守职业伦理对之提出的要求,维护司法公正的形象、树立司法的权威和公信力。对此,《法官行为规范》进行了一般规定,要求法官对司法做到忠诚坚定,具体包括坚持党的事业至上、人民利益至上、宪法法律至上,在思想上和行动上与党中央保持一致,不得有违背党和国家基本政策以及社会主义司法制度的言行。具体来说,则主要是以下四个方面:

首先,牢固树立社会主义法治理念,忠于党、忠于国家、忠于人民、忠于法律,做中国特色社会主义事业建设者和捍卫者。无论是对一般人抑或是对法官而言,思想意识决定行为方式。由于法治理念是一种能够对法官的思想意识产生重要影响的因素,所以,法官必须要树立适合于我国国情、贴近于我国现实情况的正确的理念——社会主义法治理念,也只有理念根基坚定,才可以成为真正的中国特色社会主义事业的建设者和坚决的捍卫者,才可以咬定青山不放松,为社会主义司法建设贡献自身的力量。从本质上说,人民是国家的主人;党是中国特色社会主义最本质的特征,是历史和人民的选择;法律则是由人民选举产生的代表组成的人民代表大会进行制定和认可的,而国家则是保证法律执行的强有力后盾,因此,作为法律帝国的"王侯"——法官,忠于法律,就是忠于人民,忠于国家、忠于党。

其次,坚持和维护中国特色社会主义司法制度,认真贯彻落实依法治国基本方略,尊崇和信仰法律,模范遵守法律,严格执行法律,自觉维护法律的权威和尊严。在树立了坚定的社会主义法治理念之后,对于战斗在司法一线的法官来说,他们不仅仅是法律的适用者,更是普法中的重要一员,具体的司法制度和法律在法官的坚守与维护、尊崇与信仰、遵守与执行之下,更为形象和通俗的为社会公众所知晓,进而遵守,最终形成公众知法、懂法、用法、守法和信仰法律的社会新局面。

再次,热爱司法事业,珍惜法官荣誉,坚持职业操守,恪守法官良知,牢固树立司法核心价值观,以维护社会公平正义为己任,认真履行法官职责。法官作为一种职业,寄托了社会公众对司法公正的期许;作为一类主体,享受着社会群体对其的尊敬与仰慕。所以,法官应该恪尽职守、勤勉敬业、加强修养、乐于奉献,不因个人私事及利益影响司法工作的正常进行,珍视社会给予的荣誉和信任,增强法官职业的使命感与归属感,坚守法官的司法职业底线,营造良好的司法解决纠纷的氛围,树立公正的司法形象。

最后,维护国家利益,遵守政治纪律,保守国家秘密和审判工作秘密,不从事或参与有损国家利益和司法权威的活动,不发表有损国家利益和司法权威的言论。司法工作所固有的中立性及国家权威性,致使司法权在行使过程中极具涉密性,如相关的国家秘密、商业秘密、个人隐私、合议庭笔录等。不偏不倚,公正裁判是法官的职业追求,出于对法官独立行使裁判权,排除外界干扰以及对诉讼参加人个人信息保护的考虑,法律赋予法官保密义务,要求法官谨言慎行。此外,由于法官是我国的国家公职人员,肩负着维护国家形象的职责,因此,法官不得散布有损国家声誉的言论,不得参加非法组织,不得参加旨在反对国家的集会、游行、示威等活动,不得参加罢工。同时,法官是司法工作队伍中的一员,因此,也肩负着维护司法中立公正形象的职责。所以,法官在写作、授课过程中,应该避免对具体案件和有关当事人进行评论;在接受采访时,不得发表有损司法公正的言论,不得对正在审理中的案件和有关当事人进行评论。

**二、保证司法公正**

公正,蕴含着公平和正义两层含义。公正是社会公众对司法的最大期望,是司法核心价值观的首要内容,是法治的生命线和魂魄。司法是维护社会公平正义的最后一道防线,司法公正对社会公正具有重要引领作用,司法不公对社会公正具有致命的破坏作用。法官是法律纠纷的居中裁判者,所以,其工作的定位决定了其必须以公正作为自身的追求。司法公正要求法官坚持以事实为根据、以法律为准绳,平等对待各方当事人,确保实体公正、程序公正,最终实现司法的形象公正,并努力实现办案的法律效果和社会效果的有机统一,禁止滥用职权、枉法裁判。

保证司法公正作为法官的职业伦理主要表现为：

（一）维护审判独立

我国《宪法》《人民法院组织法》《刑事诉讼法》《民事诉讼法》《行政诉讼法》都对审判独立原则进行了规定，即"人民法院依照法律规定独立行使审判权，不受行政机关、社会团体和个人的干涉。"所以，从广义上看，审判独立，首先，是指法院较其之外的行政机关、社会团体和个人的独立。其次，是指每一个法院较其系统之内的同级、上下级法院之间的独立。这是由于在我国法院系统之内，上下级法院是一种监督关系，上级法院可以通过二审、再审等程序，对下级法院的审判行为进行监督，但不可影响其独立审判权的行使，因此，各法院都享有独立的审判权。最后，是指法官个体较其自身之外任何主体的审判独立，包括其所在法院其他法官和上级法院法官在内的任何人的干预和影响。但就法官职业伦理而言，此处的审判独立则主要是指最后一种情况，即作为职业伦理主体的法官个体的审判独立。

法官个体的审判独立主要体现于法官审判过程中，包括法官个体思想独立、行为独立、决定独立。就自身所承办的纠纷案件，以诉讼各方所提供的证据为基础，结合自身对法律的认知以及专业的法学逻辑和严谨的法学思维，在服从生效法律规定、遵循法定程序以及契合法律职业伦理要求的前提下，排除法律之外的任何干扰和压力，逻辑的推导出裁判结果，使之既符合法律的明文规定，又符合理性社会公众对案件的期许，最终达到法律效果与社会效果相统一的目标，使诉讼各方信服司法，从而维护司法公正的形象。习近平总书记在《〈中共中央关于全面深化改革若干重大问题的决定〉的说明》中强调指出：健全司法权力的运行机制，完善主审法官、合议庭办案责任制，让审理者裁判，由审判者负责，其在落实主审法官办案责任制的同时也展现出法官个人审判独立的现实需求。法官作为审理者、裁判者，需要对自己的审理行为、裁判行为担负行政乃至刑事责任，然而，假使法官的审判独立无法确保，那法官之职必将让人望而止步，因为其面临着手中无权但责任重大的现实，同时缺乏独立审判权的法官，必将受到外界各种因素的影响，因此，也就很难保证不偏不倚，公正裁判。所以，法官独立是司法公正的前提之一，倘若法官个体无法做到独立，那么司法的公正便更加无从谈起。因此，法官个体独立是法官应当具备的职业伦理。然而，需要特别说明，我国职业伦理中法官个体依法独立行使审判权的职业伦理，不同于西方国家三权分立之下的审判独立。我国法官职业伦理中审判权的独立行使是指在党的领导之下，在国家权力机关的监督之下，法官保持独立的职业品格——独立履行其负担的司法职能。具体来说，法官保持独立的职业品格，具体包括以下三个方面：

首先，必须做到外部独立。法官在履行司法职能时，外部的干扰和压力将纷至沓来,如政治、舆论、关系人情等,但法官应当严守职业伦理底线,坚决抵制来自于司法体系之外的一切不当影响,依法独立行使审判权。《法官法》第7条规定:"法官依法履行职责,受法律保护,不受行政机关、社会团体和个人的干涉。"

其次,必须坚持体系内独立。对法官个体依法独立行使审判权产生干扰的不仅有司法体系之外的行政机关、社会团体、舆论等因素,而且会有部分是来自于司法体系内部,其主要包括上下级法院及法官之间、同一法院中法官与法官之间及法院内部领导与法官之间三种情况。司法体系之内,法官个体审判权的独立行使,就是要求法官与法官之间、法官内部领导与法官之间乃至上下级法院中不同法官之间都应该相互尊重、相互独立、不得无端干涉。需要注意的是,对于法官行使审判权过程中由于对法律理解上的偏差,所导致的法律适用错误,上级法院的法官可以根据两审终审等制度安排,加以纠正,但不得以此为借口对法官的独立审判进行干涉或惩戒,不得对其他法官负责的案件妄加干涉与评论,真正做到法官内部审判独立。

最后,思想独立。法官的思想独立是指负责审理特定案件的法官在行使审判权的过程中,应该将自身置于理性第三人的位置进行考量,不为当事人的权钱、身份地位等外部因素所动,就案件在审理过程中所呈现的法律事实为依据,以现行有效的法律规定为准则,以职业法官应有的法律思维与法学修养为思考工具,运用自身的专业法学知识对案件作出判断,坚持自我对案件的理性认知,做真正的守法者、用法者、护法者,维护司法公正。根据《法官职业道德基本准则》第8条的规定,为保证司法公正,法官在审判活动中应独立思考、自主判断,敢于坚持原则,不受任何行政机关、社会团体和个人的干涉,不受权势、人情等因素的影响。

(二) 确保案件裁判结果公平公正

法官审判的目标是定纷止争,而对于胸怀怒火的诉讼各方而言,法官的裁判结果要想达到审判的目的,首先,要确保裁判的结果体现出公平公正,以公平正义说服当事人,因为公正是公众对司法的终极追求。《法官职业道德基本准则》第9条规定:"坚持以事实为根据,以法律为准绳,努力查明案件事实,准确把握法律精神,正确适用法律,合理行使裁量权,避免主观臆断、超越职权、滥用职权,确保案件裁判结果公平公正。"虽然片面的追求裁判结果的公平公正会为人诟病,但不可否认的事实却是强调程序公正的最终目的也是实现结果的公正。就目前中国的现实情况来看,导致涉诉上访、缠诉等非正常现象发生的重要原因之一,即为诉讼当事人对裁判结果的不认同。而解决这些问题则需要法官在审理、裁判过程中切实履行自身职责,认真审查相关证据,不可进行无端猜测,在职权范围内审慎使用自由裁量权,制裁违法犯罪行为,保障各方应有的合法权益,不允许麻痹懈怠、玩忽职守。裁判结果公平公正是法官说服诉讼当事人的重要前提,所以,法官职业伦理要求法官做出的裁判结果必须满足公众对公平公正的基本要求。

(三)坚持实体公正与程序公正并重

现代法治的重要特征即为强调司法的实体公正兼顾程序公正,正如英国哲学家培根所言:"一次不公正的审判比多次不当的举动为祸尤烈,因为后者不过弄脏了水流,而前者败坏了水源。"① 因为在程序公正得以确保的情形下,实体毫无例外的是彰显公正的,而反之则存在极为不确定的情形。本着保障人权与有利于被告人,甚至于刑法中的无罪推定等理念,为了防止刑讯逼供、暴力取证等程序不当的存在,我国《法官职业道德基本准则》第 10 条规定:"牢固树立程序意识,坚持实体公正与程序公正并重,严格按照法定程序执法办案,充分保障当事人和其他诉讼参与人的诉讼权利,避免执法办案中的随意行为。"程序公正虽然具有保证实体公正的重要作用,但是程序公正也具有其自身的独立价值。所以,虽然程序公正与实体公正在很多情况下是相辅相成的,但是在某些程度上依旧存在一定的矛盾和冲突,急需进一步予以协调。对此,《中共中央关于全面推进依法治国若干重大问题的决定》提出,"坚持以事实为依据、以法律为准绳,健全事实认定符合客观真相、办案结果符合实体公正、办案过程符合程序公正的法律制度。"总之,法官职业伦理要求法官把握好实体与程序之间并重的关系,以程序公正促实体公正,最终实现司法整体上的公正。

(四)提高司法效率

根据《法官行为规范》第 3 条的规定,法官应该树立效率意识,科学合理安排工作,在法定期限内及时履行职责,努力提高办案效率,不得无故拖延、贻误工作、浪费司法资源。司法效率同司法公正一样,是司法所必须追求的主题。不讲求效率的司法在实质上也就无公正可言,正所谓"迟来的正义非正义"。倘若司法不讲求效率,案件常常久拖不决,正义时常姗姗来迟,那么,司法正义又将如何彰显?司法权威又应如何树立?注重司法效率既是对当事人权利的一种关注与重视,也是增加当事人对最终司法裁决的可接受度的重要方法,更是树立司法高效公正形象的重要途径。

随着经济的快速发展和普法活动的不断深入,社会公众的生活日渐丰富,维权意识也不断提高,越来越多的纠纷被诉诸法院,面对更多更新更难的案件,司法效率成为司法改革之下员额法官必须面对和解决的问题。《法官职业道德基本准则》第 11 条规定:"严格遵守法定办案时限,提高审判执行效率,及时化解纠纷,注重节约司法资源,杜绝玩忽职守、拖延办案等行为。"因此,在确保司法公正的前提下,法院及法官应该积极探讨法官业绩考核、案件分流程序以及智慧法院

---

① 〔英〕培根:《培根论说文集》,水天同译,商务印书馆 1983 年版,第 135 页。

等可以提高办案效率的方法,缩短诉讼周期、减少诉讼投入、节约司法资源,保证案件在法定期限内尽早结案。法官职业伦理在高效办案方面要求法官做到以下几点:

1. 树立效率意识

效率是指投入与产出之间的比例关系。司法效率则是司法资源的投入与办结案件及质量之间的比例关系。[①] 司法效率的目标是消耗尽可能少的司法资源,取得最大可能的结案量,同时最大限度地维护社会公平与正义。法官职业伦理要求法官树立效率意识,科学合理的安排工作。法官审判活动中的效率问题,体现于法官工作的立案、庭审、执行等各个环节。例如,在立案阶段,《法官行为规范》规定,要确保立案质量,提高立案效率。具体又有,符合起诉条件的,在法定时间内应及时立案;立案时以提交书面起诉状为原则,以口头起诉为例外,此外,为提高办案效率,法院开通了上门立案与远程立案等立案新形式。而在庭审阶段,法官要根据案情和审理需要,对诉讼各方的陈述、辩论时间进行合理的分配与控制,适当制止与案件无关的以及重复的意见,其目的即为提高庭审效率,节约司法资源。判决执行过程中的效率则更为重要,任何案件诉诸法律的最终目的即为获得具有国家强制力的法院执行,如果法院对于判决内容久拖而不执行,那么,法院的前期审判工作就犹如水中之月,是一种缥缈虚无的美好,法院的司法对于当事人及社会公众而言,将毫无权威可言,司法的公信力也将逐渐被磨灭。所以,法官应该严格遵循职业伦理的要求,树立效率意识,对所承办案件进行科学合理安排,严于律己,杜绝粗心大意、玩忽职守、拖延办案等影响司法效率的不负责任行为,同时充分发挥自身的主观能动性,关注并监督双方当事人的工作进度,有效把握各项诉讼活动的时间,把握案件进展的程度,在保证审判质量的前提下,尽力节省当事人及其代理人、辩护人的时间,如无故临时取消开庭时间,折腾外地律师的法官行为,就是法官心中无司法效率意识的体现,同时注重与其他法官和工作人员共事的有效性,以较高的责任心与使命感开展司法工作,在整个案件进行过程中,控制好大局,提高司法效率。

2. 严守时限规定

严守时限不仅要求法官严格遵守开庭、闭庭的时间,同时课予法官不得随意更改庭期的责任,如根据《法官行为规范》第 28 条的规定,原定开庭时间不得无故更改;根据第 29 条的规定,法官应准时出庭,不迟到,不早退,不缺席。此外,我国三大诉讼法以及最高人民法院的司法解释对法官工作中的立案、审理、裁判、执行等各个环节应遵循的期限也进行了明确规定,法官在法律规定的时间期限内,应该积极合理安排并开展工作,如因特殊情况,不能在法定期限内结案的,

---

① 刘正浩、胡克培主编:《法律伦理学》,北京大学出版社 2010 年版,第 203 页。

应该按照法定程序办理延长审限的手续,未经批准不得超期审理,也不得无故超越审限。即使是经当事人各方协商确定、由法院认可的期限,原则上也要严格遵守,不得随意变更,如取证时限等。严格遵守时限的法官职业伦理,不仅是对法官职业活动效率上的一种要求与约束,更是树立司法权威、实现司法公正的一种体现。

3. 勤勉敬业

无论是司法权威的树立,还是司法公信力的提升,都有赖于法官于审判工作中忠于法律、忠于职守,即人民的司法受益权必须通过法官妥善行使审判权来实现。勤勉敬业是法官优质、高效履行其司法职责的必要保证,是法官工作状态与工作作风的重要表现,是衡量一个法官合格与否的重要标准。根据《法官行为规范》第7条的规定,法官要有敬业奉献的高尚精神,要热爱人民司法事业,增强职业使命感和荣誉感,加强业务学习,提高司法能力,恪尽职守,任劳任怨,无私奉献,不得麻痹懈怠、玩忽职守。勤勉敬业的职业伦理,一方面要求法官敬重自己的职业,在执业过程中积极有效地完成工作,并引以为傲;另一方面要求法官坚持不懈的深入钻研自己的业务领域,以更加及时、有效、审慎地追求专业上的精益求精。因此,在法庭上开展审判工作时,法官应当尽职尽责,同时注重提升审判效率,进而科学合理安排庭审活动,认真听取各方当事人意见,端正工作态度,遵守工作纪律,理性作出判决,不得滥用职权;而在庭审之外,也应当勤奋学习,勤研法理,勇于创新,不断提高自身的专业水平与业务能力,树立良好的工作作风。

(五) 公开审判

公开是公正的前提,阳光是最好的防腐剂。作为司法化身的法官如果能够坚持审判工作各环节的依法公开,那么当事人以及社会公众对该法官司法的公正性将无从怀疑。具体来讲,审判公开针对对象的不同,又可分为三个层面:首先,对当事人公开。作为与案件直接相关的主体,审判情况对当事人的公开程度,直接决定了其对案件裁判结果的可接受程度,也直接影响着司法在人民群众心中的形象。因此,审判工作的各个环节应当尽可能在双方当事人都在场的情况下于法庭上公开进行,公开举证、公开质证、公开认证、公开辩论、公开判决。其次,对社会公众公开。除法律另有特殊规定外,法官应该将案件进行公开审理,公开审理的案件应在规定的时间内将案件审理的时间、地点和场所,提前向社会公众公开,允许社会公众依法自由旁听。以上两点是满足人民群众知情权的重要体现。最后,对新闻媒体公开。对于符合法律关于公开审理的案件,在新闻媒体人员遵守法庭纪律,依法进行追踪报道的前提下,法官应当基于公正公开的精神允许新闻媒体进行采访,并给予尊重与理解。总之,审判公开进行,无论是面对当事人、社会公众还是新闻媒体,其对于法官而言,既是一种行为监督,又是一种行为保护,因为在保证审判公开的同时也能够对法官独立开展审判工作、免于外界不当干预具有一定意义上的作用。《法官职业道德基本准则》第12条,要求法官"认真贯彻司法公开原则,尊重人民群众的知情权,自觉接受法律监督和社会监督,同时避免司法审判受到外界的不当影响"。而对法官审判活动的监督除上述之外,还有一个重要的途径,即裁判文书公开。裁判文书说理,上网公开,意味着法官要接受同行、学界、社会乃至时间的二次监督与检验,而这无疑是法官职业伦理对法官司法公正的要求。

法院的裁判文书体现着法官对案件事实和证据的认定,裁判文书承载着法官对案件整个过程的认定与思考,蕴含着法官的法学逻辑与思维,彰显着法官专业的法学素养与知识技能。裁判文书作为法官审判活动最终结果的重要体现之一,既是体现司法形象公正度的重要载体,又是诉讼各方乃至社会公众共同努力和期待的最终目标。裁判文书原则上应该做到事实清楚、证据充分、论证充分、逻辑清晰、结论说理有力,使得诉讼各方心服口服,以此来说服,而非判服当事人。其必须既经得起当事人、普通社会公众乃至法律界专业学者的推敲,又经得起时间和人民群众的检验,只有这样才可以真正达到减少缠诉、定纷止争的效果,使胜诉方体会到司法的公正,使败诉方面对合理判决无以争论,以此达到理想效果。提高裁判文书的说理性,充分发挥其定纷止争的特性,增强裁判文书的可接受性,是法官接受法律监督和社会监督的重要体现,是职业伦理的应有内容。

过去,裁判文书一般只在当事人、诉讼代理人、辩护人等有限范围内进行公开,但2014年中国实施了除法律规定不适合在网上公开的案件外,其他裁判文书一律上网的新要求。裁判原则上应上网公开,体现了我国司法中的制度自信。因为,裁判公开一方面能够增强当事人及社会公众对司法的理解度和认同感;另一方面也是对法官自由裁量权的一种有效约束,其在一定程度上有利于保证司法公正、提高审判质量。具体来说,裁判文书的公开说理是彰显司法公正的重要渠道,是司法公开的视窗,其既可以有效防止公众对司法公正的无端猜疑,又能够有效激励司法机关提高司法行为的质量。

(六)遵守回避规定,保持客观中立

法官回避制度是指审判人员由于与其承办的案件或案件当事人存在某种特殊关系,可能影响案件的公正处理,因而不得参与该案件审判活动的制度。[①] 根据《法官职业道德基本准则》第13条的规定,法官应自觉遵守司法回避制度,审理案件应保持中立公正的立场;根据《法官行为规范》第27条的规定,法官应自觉遵守关于回避的法律规定和相关制度,对当事人提出的申请回避请求不予同

---

① 谭世贵:《中国司法制度》,法律出版社2005年版,第173页。

意的,应当向当事人说明理由。这是因为,法官虽然是公正的化身,但法官并非神的化身,其处于社会环境之中,而非仙坛之上,在承办与其自身有特殊关系案件时,我们不能将司法的公正完全寄托于法官的个人品德,即使有些法官品行超脱,堪比包公,也难以确保对方当事人以及社会公众对审判的信服,法谚云"任何人不能成为自己案件的法官",否则司法的天平将失去平衡,其一方面,是对法官行为的一种约束,是法官职业道德的一种要求,另一方面,则是为了确保司法公信力。

依据法官申请回避的主动性之不同,法官回避制度可以分为法官的自行回避、当事人的申请回避与法官的指定回避。依据回避的理由的不同,我们可以将其分为身份回避和行为回避。以下重点讲这两种回避类型。

首先,身份回避。根据《最高人民法院关于审判人员在诉讼活动中执行回避制度若干问题的规定》第 1 条可知,公务回避具体包括以下情形:"第一,审判人员是本案当事人或者与当事人有近亲属关系的;第二,本人或者其近亲属与本案有利害关系的;第三,担任过本案的证人、翻译人员、鉴定人、勘验人、诉讼代理人、辩护人的;第四,与本案的诉讼代理人、辩护人有夫妻、父母、子女或者兄弟姐妹关系的;第五,与本案当事人之间存在其他利害关系,可能影响案件公正审理的。"根据《关于对配偶子女从事律师职业的法院领导干部和审判执行岗位法官实行任职回避的规定(试行)》第 1 条至第 4 条的规定,人民法院领导干部和在立案、审判、执行、审判监督、国家赔偿等部门从事审判、执行工作的法官,其配偶、子女在其任职法院辖区内从事律师职业的,应当实行任职回避。人民法院在选拔任用干部时,不得将具备任职回避条件的人员作为法院领导干部和审判、执行岗位法官的拟任人选;在补充审判、执行岗位工作人员时,不得补充具备任职回避条件的人员;在补充非审判、执行岗位工作人员时,应当向拟补充的人员释明本规定的相关内容。在本规定施行前具备任职回避条件的法院领导干部和审判、执行岗位法官,应当自本规定施行之日起 6 个月内主动提出任职回避申请;相关人民法院应当自本规定施行之日起 12 个月内,按照有关程序为其办理职务变动或者岗位调整的手续。在本规定施行前不具备任职回避条件,但在本规定施行后具备任职回避条件的法院领导干部和审判、执行岗位法官,应当自任职回避条件具备之日起 1 个月内主动提出任职回避申请;相关人民法院应当自申请期限届满之日起 6 个月内,按照有关程序为其办理职务变动或者岗位调整的手续。《法官法》第 23 条、24 条规定了任职回避,"法官之间有夫妻关系、直系血亲关系、三代以内旁系血亲以及近姻亲关系的,不得同时担任下列职务:(1) 同一人民法院的院长、副院长、审判委员会委员、庭长、副庭长;(2) 同一人民法院的院长、副院长和审判员;(3) 同一审判庭的庭长、副庭长、审判员;(4) 上下相邻两级人民法院的院长、副院长。""法官的配偶、父母、子女有下列情形之一的,法官应当实行任职回避:(1)担任该法官所任职人民法院辖区内律师事务所的合伙人或者设立人的;(2)在该法官所任职人民法院辖区内以律师身份担任诉讼代理人、辩护人,或者为诉讼案件当事人提供其他有偿法律服务的。"《法官法》第36条规定了离职回避,"法官从人民法院离任后两年内,不得以律师身份担任诉讼代理人或者辩护人。法官从人民法院离任后,不得担任原任职法院办理案件的诉讼代理人或者辩护人,但是作为当事人的监护人或者近亲属代理诉讼或者进行辩护的除外。法官被开除后,不得担任诉讼代理人或者辩护人,但是作为当事人的监护人或者近亲属代理诉讼或者进行辩护的除外。"

其次,行为回避。根据《关于人民法院落实廉政准则防止利益冲突的若干规定》第6条的规定,人民法院工作人员在审理相关案件时,以本人或者他人名义持有与所审理案件相关的上市公司股票的,应主动申请回避。根据《最高人民法院关于审判人员在诉讼活动中执行回避制度若干问题的规定》第2条的规定,不当行为引发的回避具体是:"第一,审判人员私下会见本案一方当事人及其诉讼代理人、辩护人的;第二,为本案当事人推荐、介绍诉讼代理人、辩护人,或者为律师、其他人员介绍办理案件的;第三,索取、接受本案当事人及其受托人的财物、其他利益,或者要求当事人及其受托人报销费用的;第四,接受本案当事人及其受托人的宴请,或者参加由其支付费用的各项活动的;第五,向本案当事人及其受托人借款,借用交通工具、通信工具或者其他物品,或者索取、接受当事人及其委托人在购买商品、装修住房以及其他方面给予的好处的;第六,有其他不正当行为,可能影响案件公正审理的。"

由上述法律规定可知,法官职业伦理要求法官依照法律规定,严格遵循回避原则。但即便是在法律如此明文规定的情况下,如果只有法官个人知晓自己具有回避事由,而他人却不知晓时,对法官个人的职业伦理来说仍然是一种挑战。因此,法官必须始终保持较高的职业伦理敏感度,以更高的职业道德要求自己,时刻警醒自己权为民所系,坚守司法中立的公正心,保障司法公正。

遵循回避规定的法官职业伦理旨在平等对待各方当事人,保持审判客观中立的特质。因此,法官在案件审理的整个过程中,应该保持理性第三人的中立性,以理性的认知去评判诉讼各方的活动,不可将自己的主观好恶带入审判,否则在心理上会有所偏向,进而违背法官职业伦理的要求。法官应保持善良、公允且不偏不倚,以中立的形式表明司法的公正,维护司法形象。

具体讲,《中华人民共和国人民法院组织法》第5条规定:"人民法院审判案件在适用法律上一律平等,不允许任何组织和个人有超越法律的特权,禁止任何形式的歧视。"这就要求法官充分发挥司法的能动性,体察民情、倾听民声,在法律允许的范围内,在条件差异较大的情况下,法官应该本着机会平等的心态,通过技术、程序等方法的应用,尽力避免或缩小因上述差异而可能导致的司法不公,同时法官也不应以自身生活条件与所处社会环境为标准,而是要充分了解当事人各方的实际情况,从实际出发,始终以公允的理性中立者自居,否则将违反法官职业伦理的要求。根据《法官职业道德基本准则》第 13 条的规定,为了保证司法公正,法官审理案件应保持中立公正的立场,平等对待当事人和其他诉讼参与人,不偏袒或歧视任何一方当事人,不私自单独会见当事人及其代理人、辩护人。《法官行为规范》对法官在庭审过程中的基本要求为,平等保护当事人诉讼权利;具体又包括出庭时,不得与诉讼各方随意打招呼,不得与一方有特别亲密的言行;庭审中,平等对待与庭审活动有关的人员,不与诉讼中的任何一方有亲近表示;在陈述、辩论上,根据案情和审理需要,公平、合理地分配诉讼各方在庭审中的陈述及辩论时间;诉讼调解时,法官在与一方当事人接触时,应当保持公平,避免他方当事人对法官的中立性产生合理怀疑。总之,客观形式上的平等对待当事人,在一定程度上能够提高当事人对司法公正的认同度,使实体上的裁判结果更加具有可接受性。

(七) 不办关系案、人情案、金钱案

传统中国社会比较重视家族关系、亲友之情,费孝通先生将其提炼为"熟人社会"。虽然市场经济的发展对传统中国社会关系的影响很大,"熟人社会"在逐步地瓦解,但是传统的力量仍有些许的影响。反映到司法上,即为法官在执业过程中会受到关系、人情等非司法因素的影响,而市场经济的发展又给法官带来了新的诱惑因素——金钱。所以,现阶段确保法官司法公正,必须将关系案、人情案、金钱案一一击破。对此,《法官职业道德基本准则》第 14 条要求法官,"尊重其他法官对审判职权的依法行使,除履行工作职责或者通过正当程序外,不过问、不干预、不评论其他法官正在审理的案件"。《中共中央关于全面推进依法治国若干重大问题的决定》强调,"坚决破除各种潜规则,决不允许法外开恩,决不允许办关系案、人情案、金钱案;坚决反对和克服特权思想、衙门作风、霸道作风,坚决反对和惩治粗暴执法、野蛮执法行为。对司法领域的腐败零容忍,坚决清除害群之马。"该决定还提出"依法规范司法人员与当事人、律师、特殊关系人、中介组织的接触、交往行为。严禁司法人员私下接触当事人及律师、泄露或者为其打探案情、接受吃请或者收受其财物、为律师介绍代理和辩护业务等违法违纪行为,坚决惩治司法掮客行为,防止利益输送"。而"对因违法违纪被开除公职的司法人员、吊销执业证书的律师和公证员,终身禁止从事法律职业,构成犯罪的要依法追究刑事责任"。这就为包括法官在内的司法人员设定了高压线,而严厉的惩处措施则能够有效地防止关系案、人情案、金钱案的发生。

为了杜绝关系案、人情案等损害司法权威与公信力的行为,最高人民法院 2011 年颁布了《关于在审判工作中防止法院内部人员干扰办案的若干规定》,从法院内部着手,防微杜渐。根据这一规定,人民法院工作人员及退休人员不得违反规定为案件当事人及其近亲属、代理人、辩护人或者其他关系人转递涉案材料;不得违反规定打听正在办理的案件情况;不得以任何理由为案件当事人说情打招呼。人民法院工作人员及其退休人员在其职责之外收到案件当事人及关系人转交、邮寄的涉案材料,应该送交本案立案信访部门处理;不得直接转交案件承办法院、案件承办部分及相关审判组织或审判人员,也不得在涉案材料上签批任何意见。该规定还对人民法院领导干部和上级人民法院工作人员进行了约束。该《规定》强调,人民法院领导干部非因履行职责,不得向审判组织和审判人员过问正在办理的案件;不得向审判组织和审判人员批转涉案材料。上级人民法院工作人员非因履行职责,不得向下级人民法院过问正在办理的案件;不得向下级人民法院批转涉案材料。如果需要对正在办理的案件提出指导性意见,上述人员也应当以书面形式提出,或者由案件承办人记录在案。案件承办人则应该将载有指导性意见的批示、函文、记录等文字材料存入案件副卷备查,并在审判组织评议和讨论案件时作出说明。而为了防止金钱案的出现,最高人民法院印发的《关于人民法院落实廉政准则防止利益冲突的若干规定》,特别指出,"人民法院工作人员不得接受可能影响公正执行公务的礼金、礼品、宴请以及旅游、健身、娱乐等活动安排。"

此外,《领导干部干预司法活动、插手具体案件处理的记录、通报和责任追究规定》《司法机关内部人员过问案件的记录和责任追究规定》也对影响司法公正的关系案、人情案、金钱案进行了规范。根据相关规定,人民法院依照宪法和法律规定独立公正行使审判权,不受行政机关、社会团体和个人的干涉,不得执行任何组织、个人违反法定职责或者法定程序、有碍司法公正的要求;人民法院工作人员遇有案件当事人及其关系人请托过问案件、说情打招呼或者打探案情的,应当予以拒绝;人民法院办案人员在办案工作中遇有司法机关内部人员在法定程序或相关工作程序之外过问案件情况的,应当及时将过问人的姓名、单位、职务以及过问案件的情况全面、如实地录入司法机关内部人员过问案件信息专库,并留存相关资料,做到有据可查。人民法院以外的组织、个人在诉讼程序之外递转的涉及具体案件的函文、信件或者口头意见,人民法院工作人员均应当全面、如实、及时地予以记录,并留存相关材料,做到全程留痕、永久存储、有据可查;领导干部以个人或者组织名义向人民法院提出案件处理要求的,或者领导干部身边工作人员、亲属干预司法活动、插手具体案件处理的,人民法院均应当记录,并留存相关材料。

在诉讼过程中,除法官与当事人之外,比较重要的角色即为律师,不可否认,法官与律师都是法律职业共同体的重要成员。在诉讼过程中,律师在很大程度上是法官与当事人进行有效沟通与交流的桥梁,为了防止当事人通过律师这一渠道影响法官公正司法,最高人民法院和司法部颁布了《关于规范法官和律师相互关系维护司法公正的若干规定》,提出法官应当严格依法办案,不受当事人及其委托的律师利用各种关系、以不正当方式对案件审判进行的干涉或者施加的影响。律师在代理案件之前及其代理过程中,不得向当事人宣称自己与受理案件法院的法官具有亲朋、同学、师生、曾经同事等关系,并不得利用这种关系或者以法律禁止的其他形式干涉或者影响案件的审判。综上,相关规定对法官独立审判排除了各方面的干扰,创造了干净的审判环境,所以,法官需要严格遵守职业伦理要求,保证司法公正。

### 三、确保司法廉洁

法官作为国家公职人员,被社会公众期待具有高尚的品格与廉洁的操守。考虑到司法工作的目的和性质,以及社会公众对法官工作的期许,法官不仅应该具有良好公民所拥有的高尚品格,还应当具备较一般公众而言更高的道德涵养、无可怀疑的职业操守以及依据内心确信而为的职责坚定性。法官的清正廉明,是全社会廉洁风尚的重要方面,如果法官自身不廉洁,不具备克己奉公的奉献精神,司法腐败必将泛滥成灾,社会公正也将丧失。而在法官应当具备的诸多高尚品性之中,廉洁尤其为社会公众看中。"找法官"更通俗的意义上可以理解为找具有高素质、多知识、更理性的中间人,法官的职责是身居中立之处,平衡天平两侧,定分止争,做出有说服力的裁决。审判工作对于诉诸法律解决纠纷的人们来说,具有天然的公正性与神圣性。然而,倘若当事人对于法官个人职业操守的廉洁性产生怀疑,则无论审判工作公正与否,在当事人心目中,审判都有所偏颇,不具公正性,裁判不具权威性,司法的公信力将遭到质疑,司法形象随之将彻底坍塌。所以,司法工作中法官的清正廉洁是体现法官审判立场中立、审判过程公正以及审判结果权威的基本前提。

#### (一)树立正确的三观,坚守廉洁底线

法官作为司法审判人员,肩负着神圣的职责,手握生杀予夺的裁判权力,由国家财政保证其劳动报酬、保险及福利待遇,因此,法官的职业伦理要求其不仅在物质需求,而且在精神生活上,坚持洁身自好、坚守廉洁底线,不为贫贱所移,不为富贵所淫,不为威武所屈,时时刻刻以公正为准则,须臾不离。《法官职业道德基本准则》第15条要求法官"树立正确的权力观、地位观、利益观,坚持自重、自省、自警、自励,坚守廉洁底线,依法正确行使审判权、执行权,杜绝以权谋私、贪赃枉法行为"。法官应当时刻警醒自己,手中之权力,取之于民,就应用之于民,法官作为国家公职人员之一,现有之身份与地位,均为人民信任之结果,因此,必须做好人民的公仆,要落实司法为民的规定,做到听民声、察民情、知民意,树立服务意识,做好诉讼指导、风险提示、法律释明等便民服务,避免"冷硬横推"等不良作风;更要时刻提醒自己君子爱财,取之有道,坚决鄙视权钱交易,坚决抵

御司法腐败之风,坚守司法公正廉洁之职。

(二) 禁止获取不正当利益

在市场经济快速发展、人心浮躁的社会之中,不免存在一些想走捷径之人,他们意图利用更好职位、金钱或人情等为筹码,诱惑法官进行权权交易、权钱交易、权情交易甚至于权色交易,以使法官做出有违司法公正与廉洁的裁决。除了上述这种相对被动的获得不正当利益之外,也有少数法官为诱惑所动,意志薄弱,主动寻求不正当利益。但无论是何种利益的输送,都是违背法官职业伦理要求的不当行为。《法官职业道德基本准则》第16条规定法官要"严格遵守廉洁司法规定,不接受案件当事人及相关人员的请客送礼,不利用职务便利或者法官身份谋取不正当利益,不违反规定与当事人或者其他诉讼参与人进行不正当交往,不在执法办案中徇私舞弊。"《法官行为规范》第4条规定,法官要清正廉洁,"遵守各项廉政规定,不得利用法官职务和身份谋取不正当利益,不得为当事人介绍代理人、辩护人以及中介机构,不得为律师、其他人员介绍案源或者给予其他不当协助。"这种利益不论法官主动与被动、直接与间接,也不分利益之大与小,只要存在着或曾经存在过,都会不可避免的侵犯到国家司法人员工作的廉洁性,危害到司法工作的公正性与神圣性。所以,法官必须树立正确的利益观,提高拒腐防变的抵御能力,严守廉洁底线。

(三) 限制从事或参与营利性业外活动

法官是一种要求从业者必须拥有法学专业知识与技能,并能够运用法学逻辑思维解决问题的职业。而与法官职业者业务相通的其他相关职业,如法律顾问、律师、法律服务工作者等,法官也当然可以胜任。然而,为避免其行为对法官职业的廉洁性产生不当影响,法官在任职期间,甚至是离任后的特定时间内,都不可以从事相关职业,否则将违反法官职业伦理的要求。所以,《法官职业道德基本准则》第17条规定,法官要确保司法廉洁,"不从事或者参与营利性的经营活动,不在企业及其他营利性组织中兼任法律顾问等职务,不就未决案件或者再审案件给当事人及其他诉讼参与人提供咨询意见。"最高人民法院《关于人民法院落实廉政准则防止利益冲突的若干规定》第7条指出,人民法院工作人员不得违反规定在律师事务所、中介机构及其他经济实体、社会团体中兼职,不得违反规定从事为案件当事人或者其他市场主体提供信息、介绍业务、开展咨询等有偿中介活动;第8条强调,人民法院工作人员在离职或者退休后的规定年限内,不得具有下列行为:(1) 接受与本人原所办案件和其他业务相关的企业、律师事务所、中介机构的聘任;(2) 担任原任职法院所办案件的诉讼代理人或者辩护人;(3) 以律师身份担任诉讼代理人、辩护人。

除与法官相关职业受到限制外,法官亦不得进行营利性的经营活动,因为法官工作具有天然的中立性与公正性,且法官职业伦理要求法官坚持清正廉洁,倘若法官在审判工作之外,从事其他经营性活动,则在某种程度上,为当事人甚至是法官个人开辟了权钱交易的腐败之口,即使法官个人职业道德品德高尚,坚决抵制当事人呈送的不当利益,但是也难免当事人一方对法官的经营性活动非正当光顾,此时,法官个人虽然问心无愧,然而,在对方当事人甚至社会公众的眼中,法官将不再是公正的化身,法官判决的权威性将大大削弱,司法的公信力也将随之丧失。试想同等情况下,倘若法官本人尚且做不到两袖清风,则其营利性活动对司法职业的廉洁性危害,将无法想象。就此,除《法官职业道德基本准则》第17条外,《关于人民法院落实廉政准则防止利益冲突的若干规定》第3条也明确提出,人民法院工作人员不得从事下列营利性活动:(1)本人独资或者与他人合资、合股经办商业或者其他企业;(2)以他人名义入股经办企业;(3)以承包、租赁、受聘等方式从事经营活动;(4)违反规定拥有非上市公司(企业)的股份或者证券;(5)本人或者与他人合伙在国(境)外注册公司或者投资入股;(6)以本人或者他人名义从事以营利为目的的民间借贷活动;(7)以本人或者他人名义从事可能与公共利益发生冲突的其他营利性活动。而且,人民法院工作人员不得为他人的经济活动提供担保;不得利用职权和职务上的影响,买卖股票或者认股权证;不得利用在办案工作中获取的内幕信息,直接或者间接买卖股票和证券投资基金,或者向他人提出买卖股票和证券投资基金的建议;不得违反规定干预和插手市场经济活动,从中收受财物或者为本人的配偶、子女及其配偶,以及其他特定关系人谋取利益;不得违反规定干扰妨碍有关机关对建设工程招投标、经营性土地使用权出让、房地产开发与经营等市场经济活动进行正常监管和案件查处。

(四)约束个人及家庭成员的行为

法官作为一种由国家财政供给的职业,享有较高的社会地位,较稳定的工作收入。然而,即使是在高薪养廉的司法改革如火如荼进行的当下,法官的工资水平也不可能满足奢侈生活的需求。因此,法官的生活方式和消费水平应该与其自身的合法收入保持一致。试想如果一个法官的生活情趣极为奢侈,消费水平远远超出其工资水平,其收入来源必将受到社会公众的关注,法官的廉洁性也将受人质疑,最终影响到司法公正、廉洁的形象。因此,法官必须时刻用职业伦理告诫自己,远离一切可能使社会公众产生怀疑、可能危及司法工作廉洁性的生活方式。正如《法官职业道德基本准则》第25条的规定,法官应加强自身修养,培养高尚道德操守和健康生活情趣,杜绝与法官职业形象不相称、与法官职业道德相违背的不良嗜好和行为,遵守社会公德和家庭美德,维护良好的个人声誉。而且,法官也不得利用其身份寻求特殊利益,《关于人民法院落实廉政准则防止利益冲突的若干规定》要求法官不得利用职权和职务上的影响,指使他人提拔本人的配偶、子女及其配偶、以及其他特定关系人;不得利用职权和职务上的影响,为本人的配偶、子女及其配偶、以及其他特定关系人支付、报销学习、培训、旅游等费用;不得利用职权和职务上的影响,为本人的配偶、子女及其配偶、以及其他特定关系人出国(境)定居、留学、探亲等向他人索取资助,或者让他人支付、报销上述费用;不得利用职权和职务上的影响妨碍有关机关对涉及本人的配偶、子女及其配偶、以及其他特定关系人案件的调查处理。

由于法官属于国家公职人员,被赋予国家司法审判权,在案件审理过程中既有发言权,又有自由裁量权。因此,在法官本人坚守职业伦理底线,未有丝毫逾越的情况下,意图徇私的当事人或相关人员很可能以法官的家庭成员为其"突破口",以达到向法官间接示好的目的。然而,由于法官家属并不一定能够深刻领会法官职业的神圣性,再加上缺乏坚定的法律理想,所以,很容易为他人利诱,做出不当之行为。此外,并不排除法官的家庭成员由于思想意志不坚定或追求奢侈的生活,而利用法官家属的身份地位,对外私自允诺,主动寻求利益。对此,《关于人民法院落实廉政准则防止利益冲突的若干规定》第13条要求,人民法院工作人员不得利用职权和职务上的影响进行下列活动:(1)放任本人的配偶、子女及其配偶,以及其他特定关系人收受案件当事人及其亲属、代理人、辩护人、执行中介机构人员以及其他关系人的财物;(2)为本人的配偶、子女及其配偶、以及其他特定关系人经商、办企业提供便利条件;(3)放任本人的配偶、子女及其配偶、以及其他特定关系人以本人名义谋取私利。《法官职业道德基本准则》第18条要求,法官妥善处理个人和家庭事务,不利用法官身份寻求特殊利益。按规定如实报告个人有关事项,教育督促家庭成员不利用法官的职权、地位谋求不正当利益。除此之外,在日常生活中,通常会有家庭成员就业于相同或相关行业,如父母子女之中,有人就职于国家公职之法官,而有人从事于律师行业,因此,会有个别家庭成员企图利用亲情关系获取不正当利益。对此,最高人民法院和地方人民法院已经相继出台了许多规定,限制法官家属从事司法或与此相关的活动,如《关于人民法院落实廉政准则防止利益冲突的若干规定》第14条提出,人民法院领导干部和审判执行岗位法官不得违反规定放任配偶、子女在其任职辖区内开办律师事务所、为案件当事人提供诉讼代理或者其他有偿法律服务。第15条规定,人民法院领导干部和综合行政岗位人员不得放任配偶、子女在其职权和业务范围内从事可能与公共利益发生冲突的经商、办企业、有偿中介服务等活动。其目的就是防止法官或其家庭成员利用法官职权,谋取不正当利益,影响司法公正、廉洁的形象。

**四、坚持司法为民**

我国是人民民主专政的社会主义国家,人民是国家的主人,人民代表大会制度是根本政治制度。人民代表大会是国家的权力机关,行政机关、司法机关由之产生,对之负责。因此,从本质上看,司法权力应该取之于民,用之于民。法官理应遵守司法为民的原则。《法官行为规范》要求法官一心为民,落实司法为民的各项规定和要求,做到听民声、察民情、知民意,坚持能动司法,树立服务意识,做好诉讼指导、风险提示、法律释明等便民服务,避免"冷硬横推"等不良作风。

(一)树立司法为民的理念

《法官职业道德基本准则》第19条明确规定,法官要牢固树立以人为本、司法为民的理念,强化群众观念,重视群众诉求,关注群众感受,自觉维护人民群众的合法权益。法官在工作中应该时刻关注广大人民群众的利益诉求,切实解决人民群众遇到的司法问题,在涉及广大人民群众切身利益的重大案件中,如环境污染、劳动与社会保障、消费者权益保护等,要倾听民声,坚持群众路线,积极稳妥的发挥司法的能动作用,同时做好普法工作的最后一环——裁判文书说理。

(二)发挥司法的能动作用

《法官职业道德基本准则》第20条规定,法官应该注重发挥司法的能动作用,积极寻求有利于案结事了的纠纷解决办法,努力实现法律效果与社会效果的统一。司法活动并非是法条输入与判决输出的机械过程,而是需要法官进行适当权衡,进而合理裁量的行为,法官在司法过程中要充分发挥主观能动性,灵活运用疏导、说服、调解、协商、裁判等多种途径,促使案件解决。如根据《法官行为规范》第19条的规定,法官发现涉及群体性的、矛盾易激化的纠纷,要及时向领导汇报并有关部门联系,积极做好疏导工作,防止矛盾激化。法官要主动探索解决涉诉信访等问题的新方法,将法理、情理、道理集中于司法工作之中,彰显司法活力。

(三)落实司法便民规定

《法官职业道德基本准则》第21条强调,法官应当认真执行司法便民规定,努力为当事人和其他诉讼参与人提供必要的诉讼便利,尽可能降低其诉讼成本。《法官行为规范》强调,法官在立案阶段要便利人民群众诉讼,减少当事人诉累;在当事人不能书写诉状且委托他人代写有困难的情况下,要求其明确诉讼请求、如实提供案件情况和联络方式,记入笔录并向其宣读,确认无误后交其签名或者捺印。此外,法律规定了上门立案、远程立案等便民措施。司法便民是司法为民的重要体现,在社会公众法律知识薄弱的情况下,法官应该增强服务意识,在保持审判中立的前提下,进行客观的法律指导与阐释,树立良好的审判作风。同时,在人员流动性强,居住地、行为地、财产地分离现象司空见惯,而司法管辖多元复杂的情形下,司法应该体察民情,尽力利用现代科学技术为各方当事人提供便利的诉讼条件,禁止滥用职权,刁难当事人的不当司法行为。

### （四）尊重诉讼参与人

《法官职业道德基本准则》第 22 条规定，法官应该尊重当事人和其他诉讼参与人的人格尊严，避免盛气凌人、"冷硬横推"等不良作风；尊重律师，依法保障律师参与诉讼活动的权利。法官应该以为民解决纠纷、伸张正义为己任，对于处于不同认知水平的诉讼参与人，法官应该以礼相待、一视同仁，给予充分平等的尊重，以现行法律规定和内心道德良知为标准进行案件审理与裁判。庭审中，法官应该礼貌示意当事人及其他诉讼参加人发言，不得随意打断当事人、代理人、辩护人等的陈述，即使遇到诉讼参加人发表意见重复或案件无关，也应适当提醒制止，不得以生硬言辞进行指责。律师作为欠缺专业知识的当事人的代理人或辩护人，其目的虽然是保护其委托人的最大权益，但其对于旨在查明案件事实的审判工作也具有一定的积极作用，律师也是当事人之间以及当事人与法官进行专业交流的最好桥梁，因此，法官应该给予律师必要的尊重。在审判实践中，最高人民法院为了增强广大司法工作人员自觉行使文明用语的意识，养成自觉使用文明用语的习惯，并使文明用语内化于心外化为言，印发了《人民法院文明用语基本规范》，该规范第 1 条，对法院工作人员提出了"对待当事人及其他诉讼参与人，应当做到称谓恰当、语言得体、语气平和、态度公允，避免盛气凌人、语言生硬、态度粗暴，严禁使用伤害群众感情、可能激化矛盾的语言，防止因用语不当对司法公信力产生不良影响"等基本要求；并列举了法院工作人员于接待来访、立案、庭外调查、庭审、诉讼调解、执行以及安全检查和文书送达等各个环节可参考适用的规范用语。

### 五、维护司法形象

司法形象是社会公众对司法进行评价的最终结果。良好的司法形象具有十分重要的价值，其对法官而言，不仅有利于营造司法的神圣性与庄严性，而且有利于唤醒其自身的使命感与责任感；对当事人及社会公众而言，则有利于激发其对于司法审判的敬畏感与信赖感。维护司法形象要求法官做到以下几点：

### （一）精研业务，匡扶正义

《法官职业道德基本准则》第 23 条，要求法官坚持学习，精研业务，忠于职守，秉公办案，惩恶扬善，弘扬正义，保持昂扬的精神状态和良好的职业操守。法官职业的专业性，对法官主体的业务素质提出了较高的标准。法官业务素质的高低对司法的权威性与公信力以及司法形象具有直接的影响。法官职业要求法官具有问题意识、善于总结争议焦点、具有较好的语言沟通能力、具有专业的法律知识、熟练掌握的审判技巧、能够进行严密的法律论证与推理、具备较好的文书写作功底与裁判说理能力、具有丰富的社会阅历等。除此之外，由于社会政治经济文化的不断发展，法律法规也在不断地变化，因此，法官应该坚持自我学习、精研业务与法理,不断增强学习能力,不断补充、更新已有知识,保持昂扬的精神状态,积极主动参加审判业务培训,与同行多多进行业务沟通与学习,在实践训练的同时加强理论学习,全面提高自身的司法业务素质。在业务独到的基础之上,审慎用权,坚守司法公正的理念。

(二)坚持文明司法,遵守司法礼仪

司法礼仪是指,法官、检察官、律师等法律职业人员在进行司法活动的过程中遵循的礼节、仪式等。①《法官行为规范》第 8 条要求法官,"遵守司法礼仪,执行着装规定,言语文明,举止得体,不得浓妆艳抹,不得佩戴与法官身份不相称的饰物,不得参加有损司法职业形象的活动。"《法官职业道德基本准则》第 24 条要求法官,"坚持文明司法,遵守司法礼仪,在履行职责过程中行为规范、着装得体、语言文明、态度平和,保持良好的职业修养和司法作风。"

1. 严守法庭礼节

法庭是进行司法审判活动最重要的场所,法官在法庭上对礼节的遵守,包括法官对审判规则与具体礼仪上的双重遵守。法庭上对规则、礼仪的严格履行最能体现司法的严肃性与仪式感,法官的权威性也是通过法官法庭上的具体行为彰显出来的。因此,法官职业伦理要求法官在法庭上严守礼节。对此,《法官行为规范》第 29 条、30 条对法官在法庭上的行为提出了以下要求:准时出庭,不迟到,不早退,不缺席;严禁酒后出庭;以及庭审中要端正坐姿,杜绝吸烟、闲聊、打瞌睡、接打电话等各种不当言行,同时集中精力,专注庭审,不得随意离席,不做与庭审无关的事;等等。

2. 注重自身仪表

谈到法官,人们首先会不约而同地构想出身穿制服、胸佩徽章、整洁干练、庄严肃穆的样子。可见,法官在人们心中有其自身的职业形象。因此,法官职业伦理要求法官注重自身仪表,不得穿戴与法官职业形象不相符的服饰,不得浓妆艳抹。对此,《法官行为规范》要求法官在进入法庭前必须更换好法官服或者法袍,并保持整洁和庄重,严禁着便装出庭;合议庭成员出庭的着装应当保持统一。整齐的仪表,不仅展现出法官严谨的工作状态与激昂的精神样貌,而且加强了司法工作在人们心中的庄重性。

(三)培养健康情趣,约束业外活动

在工作中有公正庄重之形象的法官,在业外活动中也应该培养健康的生活习惯与业余爱好,如读书、书法、作画等,远离吸毒、赌博、嫖娼等低俗堕落的业外活动,否则将有违法官职业伦理的要求。《法官行为规范》第 80 条对法官的社会活动提出了基本要求:法官应遵守社会公德,遵纪守法;应加强修养,严格自律;

---

① 李本森主编:《法律职业伦理》(第 3 版),北京大学出版社 2016 年版,第 106 页。

应约束业外言行,杜绝与法官形象不相称的、可能影响公正履行职责的不良嗜好和行为,自觉维护法官形象。第 88 条规定,法官不得参加邪教组织或者参与封建迷信活动,并要向家人和朋友宣传科学,引导他们相信科学、反对封建迷信;对利用封建迷信活动违法犯罪的,应当立即向有关组织和公安部门反映。《法官职业道德基本准则》第 25 条也规定,法官要加强自身修养,培育高尚道德情操和健康生活情趣,杜绝与法官职业形象不相称、与法官职业道德相违背的不良嗜好和行为,遵守社会公德和家庭美德,维护良好的个人声誉。

法官作为社会成员中的一分子,理应拥有自己的正常生活与社会经历,毕竟法官职业不仅需要法官对法条的理解与应用,而且优秀的法官也应该具备丰富的社会阅历。然而,又由于法官职业的特性,其即使是在日常生活中也有维护法官形象的义务。因此,法官既不能由于职业选择的原因而与社会绝对隔绝,也不能由于公民自由的原因而完全无原则地融进社会。《法官法》第 22 条规定:"法官不得兼任人民代表大会常务委员会的组成人员,不得兼任行政机关、监察机关、检察机关的职务,不得兼任企业或者其他营利性组织、事业单位的职务,不得兼任律师、仲裁员和公证员。"根据《法官行为规范》的有关规定,法官在受邀请参加与案件有利害关系的机关、企事业单位、律师事务所、中介机构等的座谈、研讨活动时,应当谢绝;即使是对与案件无利害关系的党、政、军机关、学术团体、群众组织的邀请,也要经向单位请示获准后,方可参加。法官在受邀请参加社团组织或者联谊活动时,如果是确需参加在各级民政部门登记注册的社团组织的,应及时报告并由所在法院按照法官管理权限审批;但不得参加营利性社团组织;不得接受有违清正廉洁要求的吃请、礼品和礼金。法官在不影响审判工作的前提下,可以利用业余时间从事写作、授课等活动;但对于参加司法职务外活动获得的合法报酬,应当依法纳税。法官在接受新闻媒体与法院工作有关的采访时,必须经组织安排或批准。法官在出入社交场所时,要自觉维护法官形象;尤其严禁乘警车、穿制服出入营业性娱乐场所。法官因私出国(境)探亲、旅游时,应该如实向组织申报所去的国家、地区及返回的时间,并须提前经组织同意;同时要准时返回工作岗位;此外,还要遵守当地法律,尊重当地民风民俗和宗教习惯;注意个人形象,维护国家尊严。

(四)退休后的自我约束

在美国,国家对法官职业实施终身制,因此,法官也就无所谓退休之说。然而,在我国,法官与其他国家公职人员一样,达到法定年龄或符合其他法定条件,按照规定依法办理退休手续。法官职业伦理规定法官在退休离职之后,仍然负有维护法官集体形象,约束自身行为举止的义务。如《法官法》第 36 条第 1 款规定:"法官从人民法院离任后两年内,不得以律师身份担任诉讼代理人或者辩护人。"《法官职业道德基本准则》第 26 条规定:"法官退休后应当遵守国家相关规定,不利用自己的原有身份和便利条件过问、干预执法办案,避免因个人不当言行对法官职业形象造成不良影响。"《关于人民法院落实廉政准则防止利益冲突的若干规定》第 8 条要求,人民法院工作人员在离职或者退休后的规定年限内,不得具有下列行为:(1)接受与本人原所办案件和其他业务相关的企业、律师事务所、中介机构的聘任;(2)担任原任职法院所办案件的诉讼代理人或者辩护人;(3)以律师身份担任诉讼代理人、辩护人。

## 第三节 法官执业中的行为责任

### 一、法官履职行为中的审判责任

法官履行职务的行为主要表现在审判过程中,法官职业伦理强调法官在从事审判活动时,不得违法乱纪、滥用职权、玩忽职守,要排除干扰、秉公执法,保证案件审判质量,自觉维护当事人的合法权益,主动接受内部、外部监督。具体体现为以下方面:

(一)审判责任范围

2015 年 9 月,为了明确审判组织权限,完善人民法院的司法责任制,建立健全符合司法规律的审判权力运行机制,增强法官审理案件的亲历性,确保法官依法独立公正履行审判职责,《最高人民法院关于完善人民法院司法责任制的若干意见》规定,法官应当对其履行审判职责的行为承担责任,在职责范围内对办案质量终身负责。法官在审判工作中,故意违反法律法规的,或者因重大过失导致裁判错误并造成严重后果的,依法应当承担违法审判责任。法官有违反职业道德准则和纪律规定,接受案件当事人及相关人员的请客送礼、与律师进行不正当交往等违纪违法行为,依照法律及有关纪律规定另行处理。其中,有下列情形之一的,应当依纪依法追究相关人员的违法审判责任:(1)审理案件时有贪污受贿、徇私舞弊、枉法裁判行为的;(2)违反规定私自办案或者制造虚假案件的;(3)涂改、隐匿、伪造、偷换和故意损毁证据材料的,或者因重大过失丢失、损毁证据材料并造成严重后果的;(4)向合议庭、审判委员会汇报案情时隐瞒主要证据、重要情节和故意提供虚假材料的,或者因重大过失遗漏主要证据、重要情节导致裁判错误并造成严重后果的;(5)制作诉讼文书时,故意违背合议庭评议结果、审判委员会决定的,或者因重大过失导致裁判文书主文错误并造成严重后果的;(6)违反法律规定,对不符合减刑、假释条件的罪犯裁定减刑、假释的,或者因重大过失对不符合减刑、假释条件的罪犯裁定减刑、假释并造成严重后果的;(7)其他故意违背法定程序、证据规则和法律明确规定违法审判的,或者因重大过失导致裁判结果错误并造成严重后果的。负有监督管理职责的人员等因故意或者重大过失,怠于行使或者不当行使审判监督权和审判管理权导致裁判错误并造成严重后果的,依照有关规定应当承担监督管理责任。追究其监督管理责任的,依照干部管理有关规定和程序办理。

(二)审判责任承担

《最高人民法院关于完善人民法院司法责任制的若干意见》明确规定,独任制审理的案件,由独任法官对案件的事实认定和法律适用承担全部责任。合议庭审理的案件,合议庭成员对案件的事实认定和法律适用共同承担责任。进行违法审判责任追究时,根据合议庭成员是否存在违法审判行为、情节、合议庭成员发表意见的情况和过错程度合理确定各自责任。审判委员会讨论案件时,合议庭对其汇报的事实负责,审判委员会委员对其本人发表的意见及最终表决负责。案件经审判委员会讨论的,构成违法审判责任追究情形时,根据审判委员会委员是否故意曲解法律发表意见的情况,合理确定委员责任。审判委员会改变合议庭意见导致裁判错误的,由持多数意见的委员共同承担责任,合议庭不承担责任。审判委员会维持合议庭意见导致裁判错误的,由合议庭和持多数意见的委员共同承担责任。合议庭汇报案件时,故意隐瞒主要证据或者重要情节,或者故意提供虚假情况,导致审判委员会作出错误决定的,由合议庭成员承担责任,审判委员会委员根据具体情况承担部分责任或者不承担责任。审判委员会讨论案件违反民主集中制原则,导致审判委员会决定错误的,主持人应当承担主要责任。审判辅助人员根据职责权限和分工承担与其职责相对应的责任。法官负有审核把关职责的,法官也应当承担相应责任。法官受领导干部干预导致裁判错误的,且法官不记录或者不如实记录,应当排除干预而没有排除的,承担违法审判责任。

(三)违法审判责任追究程序

关于违法审判责任的追究程序,《最高人民法院关于完善人民法院司法责任制的若干意见》强调,需要追究违法审判责任的,一般由院长、审判监督部门或者审判管理部门提出初步意见,由院长委托审判监督部门审查或者提请审判委员会进行讨论,经审查初步认定有关人员具有本意见所列违法审判责任追究情形的,人民法院监察部门应当启动违法审判责任追究程序。各级人民法院应当依法自觉接受人大、政协、媒体和社会监督,依法受理对法官违法审判行为的举报、投诉,并认真进行调查核实。人民法院监察部门应当对法官是否存在违法审判行为进行调查,并采取必要、合理的保护措施。在调查过程中,当事法官享有知情、辩解和举证的权利,监察部门应当对当事法官的意见、辩解和举证如实记录,并在调查报告中对是否采纳作出说明。人民法院监察部门经调查后,认为应当追究法官违法审判责任的,应当报请院长决定,并报送省(区、市)法官惩戒委员会审议。高级人民法院监察部门应当派员向法官惩戒委员会通报当事法官的违法审判事实及拟处理建议、依据,并就其违法审判行为和主观过错进行举证。当事法官有权进行陈述、举证、辩解、申请复议和申诉。法官惩戒委员会根据查明的事实和法律规定作出无责、免责或者给予惩戒处分的建议。对应当追究违法审判责任的相关责任人,根据其应负责任依照《中华人民共和国法官法》等有关规定处理,主要包括:(1)应当给予停职、延期晋升、退出法官员额或者免职、责令辞职、辞退等处理的,由组织人事部门按照干部管理权限和程序依法办理;(2)应当给予纪律处分的,由纪检监察部门依照有关规定和程序依法办理;(3)涉嫌犯罪的,由纪检监察部门将违法线索移送有关司法机关依法处理。免除法官职务,必须按法定程序由人民代表大会罢免或者提请人大常委会作出决定。

**二、法官依法履职行为的免责保护**

《法官法》第 7 条规定了法官依法履行职责,受法律保护,不受行政机关、社会团体和个人的干涉。在我国,为了给予法官只忠于法律,依法独立行使审判权的自由,司法部、最高人民法院出台了很多落实"让审理者裁判、由裁判者负责"的规定。为了不桎梏法官依法履行职务的行为,《最高人民法院关于完善人民法院司法责任制的若干意见》强调,因下列情形之一,导致案件按照审判监督程序提起再审后被改判的,不得作为错案进行责任追究:(1)对法律、法规、规章、司法解释具体条文的理解和认识不一致,在专业认知范围内能够予以合理说明的;(2)对案件基本事实的判断存在争议或者疑问,根据证据规则能够予以合理说明的;(3)当事人放弃或者部分放弃权利主张的;(4)因当事人过错或者客观原因致使案件事实认定发生变化的;(5)因出现新证据而改变裁判的;(6)法律修订或者政策调整的;(7)裁判所依据的其他法律文书被撤销或者变更的;(8)其他依法履行审判职责不应当承担责任的情形。

该《意见》同时规定,加强法官的履职保障。强调在案件审理的各个阶段,除非确有证据证明法官存在贪污受贿、徇私舞弊、枉法裁判等严重违法审判行为外,法官依法履职的行为不得暂停或者终止;任何组织和个人违法干预司法活动、过问和插手具体案件处理的,应当依照规定予以记录、通报和追究责任;法官因依法履职遭受不实举报、诬告陷害,致使名誉受到损害的,或者经法官惩戒委员会等组织认定不应追究法律和纪律责任的,人民法院监察部门、新闻宣传部门应当在适当范围以适当形式及时澄清事实,消除不良影响,维护法官良好声誉;人民法院或者相关部门对法官作出错误处理的,应当赔礼道歉、恢复职务和名誉、消除影响,对造成经济损失的依法给予赔偿;法官因接受调查暂缓等级晋升的,后经有关部门认定不构成违法审判责任,或者法官惩戒委员会作出无责或者免责建议的,其等级晋升时间从暂缓之日起连续计算;依法及时惩治当庭损毁证据材料、庭审记录、法律文书和法庭设施等妨碍诉讼活动或者严重藐视法庭权威的行为;依法保护法官及其近亲属的人身和财产安全,依法及时惩治在法庭内外恐吓、威胁、侮辱、跟踪、骚扰、伤害法官及其近亲属等违法犯罪行为;侵犯法官人格尊严,或者泄露依法不能公开的法官及其亲属隐私,干扰法官依法履职的,依法追究有关人员责任。加大对妨碍法官依法行使审判权、诬告陷害法官、藐视法庭权威、严重扰乱审判秩序等违法犯罪行为的惩罚力度,研究完善配套制度,推动相关法律的修改完善。

**三、法官执业中违纪行为的责任**

法官执业中的违纪行为责任,是指法官在执行职务过程中违反法官职业伦理的相关要求,而需要承担的纪律处分。《法官法》第46条规定,法官有下列行为之一的,应当给予处分;构成犯罪的,依法追究刑事责任:(1)贪污受贿、徇私舞弊、枉法裁判的;(2)隐瞒、伪造、变造、故意损毁证据、案件材料的;(3)泄露国家秘密、审判工作秘密、商业秘密或者个人隐私的;(4)故意违反法律法规办理案件的;(5)因重大过失导致裁判结果错误并造成严重后果的;(6)拖延办案,贻误工作的;(7)利用职权为自己或者他人谋取私利的;(8)接受当事人及其代理人利益输送,或者违反有关规定会见当事人及其代理人的;(9)违反有关规定从事或者参与营利性活动,在企业或者其他营利性组织中兼任职务的;(10)有其他违纪违法行为的。法官的处分按照有关规定办理。第47条规定,法官涉嫌违纪违法,已经被立案调查、侦查,不宜继续履行职责的,按照管理权限和规定的程序暂时停止其履行职务。

(一)违纪行为责任的种类

《人民法院工作人员处分条例》第6条规定,处分的种类为:警告、记过、记大过、降级、撤职和开除。其中开除是最严厉的形式,要解除法官与人民法院的人事关系,且不得再担任公务员职务。法官受处分期间不得晋升职务、级别,其中,受记过、记大过、降级、撤职处分的,不得晋升工资档次;受撤职处分的,应当按照规定降低级别。对违纪违法取得的财物和用于违纪违法的财物,应当没收、追缴或者责令退赔。没收、追缴的财物,一律上缴国库。对违纪违法获得的职务、职称、学历、学位、奖励、资格等,应当建议有关单位、部门按规定予以纠正或者撤销。

(二)违纪行为责任的适用

违反法律、法规、相关条例等法官职业伦理要求的法官,应该承担相应的纪律责任。《人民法院工作人员处分条例》第4条规定,给予人民法院工作人员处分,应该坚持实事求是,客观公正的原则;纪律面前人人平等原则;处分与违纪行为相适应原则;惩处与教育相结合原则。上述原则的落实,就需要依据法官实施违纪行为的客观情况、主观过错以及后果影响等不同情况给予不同处分。如,对违纪违法行为情节轻微,经过批评教育后改正的,可以免予处分;对本应当给予警告处分,又有减轻处分情形的,免予处分;在法官退休之后违纪违法,或者在任职期间违纪违法、在处分决定做出前已经退休的,不再给予纪律处分;但是,应当给予降级、撤职、开除处分的,应当按照规定相应降低或者取消其享受的待遇。此外,还包括以下不同处分情形:

1. 从重处分

《人民法院工作人员处分条例》第12条规定,有下列情形之一的,应当在本条例分则规定的处分幅度以内从重处分:(1)在共同违纪违法行为中起主要作用的;(2)隐匿、伪造、销毁证据的;(3)串供或者阻止他人揭发检举、提供证据材料的;(4)包庇同案人员的;(5)法律、法规和本条例分则中规定的其他从重情节。

2. 从轻、减轻处分

《人民法院工作人员处分条例》第13条规定,有下列情形之一的,应当在本条例分则规定的处分幅度以内从轻处分:(1)主动交待违纪违法行为的;(2)主动采取措施,有效避免或者挽回损失的;(3)检举他人重大违纪违法行为,情况属实的;(4)法律、法规和本条例分则中规定的其他从轻情节。第14条规定,主动交待违纪违法行为,并主动采取措施有效避免或者挽回损失的,应当在本条例分则规定的处分幅度以外降低一个档次给予减轻处分。

3. 解除、变更和撤销处分

《人民法院工作人员处分条例》第19条规定,受开除以外处分的,在受处分期间有悔改表现,并且没有再发生违纪违法行为的,处分期满后应当解除处分。解除处分后,晋升工资档次、级别、职务不再受原处分的影响。但是,解除降级、撤职处分的,不视为恢复原级别、原职务。第20条规定,有下列情形之一的,应当变更或者撤销处分决定:(1)适用法律、法规或者本条例规定错误的;(2)对违纪违法行为的事实、情节认定有误的;(3)处分所依据的违纪违法事实证据不足的;(4)调查处理违反法定程序,影响案件公正处理的;(5)作出处分决定超越职权或者滥用职权的;(6)有其他处分不当情形的。第21条规定,处分决定被变更,需要调整被处分人员的职务、级别或者工资档次的,应当按照规定予以调整;处分决定被撤销的,应当恢复其级别、工资档次,按照原职务安排相应的职务,并在适当范围内为其恢复名誉。因变更而减轻处分或者被撤销处分人员的工资福利受到损失的,应当予以补偿。

(三)违纪行为责任的内容

《人民法院工作人员处分条例》为了规范人民法院工作人员行为,促进人民法院工作人员依法履行职责,确保公正、高效、廉洁司法,在第2章分7节对人民法院工作人员违反政治纪律、办案纪律、廉政纪律、组织人事纪律、财经纪律、失职行为、管理秩序和社会道德的行为进行了全面的规范。详细内容如下：

1. 违反政治纪律的行为

散布有损国家声誉的言论，参加旨在反对国家的集会、游行、示威等活动的；参加非法组织或者参加罢工的；违反国家的民族宗教政策，造成不良后果的，给予记大过处分；情节较重的，给予降级或者撤职处分；情节严重的，给予开除处分。但因不明真相被裹挟参加上述活动，经批评教育后确有悔改表现的，可以减轻或者免予处分。

在对外交往中损害国家荣誉和利益的；非法出境，或者违反规定滞留境外不归的；未经批准获取境外永久居留资格，或者取得外国国籍的；有其他违反政治纪律行为的，给予警告、记过或者记大过处分；情节较重的，给予降级或者撤职处分；情节严重的，给予开除处分。

2. 违反办案纪律的行为

根据《人民法院工作人员处分条例》第2章第2节的规定，人民法院工作人员有下列行为之一者，给予警告、记过或者记大过处分；情节较重的，给予降级或者撤销处分；情节严重的，给予开除处分：(1) 违反规定，擅自对应当受理的案件不予受理，或者对不应当受理的案件违法受理的；(2) 违反规定应当回避而不回避，造成不良后果的；(3) 违反规定插手、干预、过问案件，或者为案件当事人通风报信、说情打招呼的；(4) 依照规定应当调查收集相关证据而故意不予收集，造成不良后果的；(5) 依照规定应当采取鉴定、勘验、证据保全等措施而故意不采取；(6) 依照规定应当采取财产保全措施或者执行措施而故意不采取，或者依法应当委托有关机构审计、鉴定、评估、拍卖而故意不委托，造成不良后果的；(7) 违反规定采取或者解除财产保全措施，造成不良后果的；(8) 故意违反规定选定审计、鉴定、评估、拍卖等中介机构，或者串通、指使相关中介机构在审计、鉴定、评估、拍卖等活动中徇私舞弊、弄虚作假的；(9) 故意违反规定采取强制措施的；(10) 因徇私而违反规定迫使当事人违背真实意愿撤诉、接受调解、达成执行和解协议并损害其利益的；(11) 故意违反规定拖延办案的；(12) 故意拖延或者拒不执行合议庭决议、审判委员会决定以及上级人民法院判决、裁定、决定、命令的；(13) 违反规定私自办理案件的；(14) 阻挠、干扰外地人民法院依法在本地调查取证或者采取相关财产保全措施、执行措施、强制措施的；(15) 有其他违反办案纪律行为的。

人民法院工作人员有下列行为之一者，给予警告处分；造成不良后果的，给予记过或者记大过处分：(1) 违反规定会见案件当事人及其辩护人、代理人、请托人的；(2) 违反规定为案件当事人推荐、介绍律师或者代理人，或者为律师或者其他人员介绍案件的；(3) 违反规定将案卷或者其他诉讼材料借给他人的。

送达诉讼、执行文书故意不依照规定,造成不良后果的,给予警告、记过或者记大过处分。

人民法院工作人员有下列行为之一者,给予记大过处分;情节较重的,给予降级或者撤职处分;情节严重的,给予开除处分:(1)故意毁弃、篡改、隐匿、伪造、偷换证据或者其他诉讼材料的;(2)故意违反规定采取执行措施,造成案件当事人、案外人或者第三人财产损失的;(3)故意违反规定对具备执行条件的案件暂缓执行、中止执行、终结执行或者不依法恢复执行,造成不良后果的;(4)私放被羁押人员的;(5)伪造诉讼、执行文书,或者故意违背合议庭决议、审判委员会决定制作诉讼、执行文书的。故意泄露合议庭、审判委员会评议、讨论案件的具体情况或者其他审判执行工作秘密的,给予记过或者记大过处分;情节较重的,给予降级或者撤职处分;情节严重的,给予开除处分。

人民法院工作人员有下列行为之一者,给予降级或撤职处分;情节严重的,给予开除处分:(1)指使、帮助他人作伪证或者阻止他人作证的;(2)故意违背事实和法律枉法裁判的。内外勾结制造假案的,给予降级、撤职或者开除处分。

明知诉讼代理人、辩护人不符合担任代理人、辩护人的规定,仍准许其担任代理人、辩护人,造成不良后果的,给予警告、记过或者记大过处分;情节较重的,给予降级处分;情节严重的,给予撤职处分。对外地人民法院依法委托的事项拒不办理或者故意拖延办理,造成不良后果的,给予警告、记过或者记大过处分;情节严重的,给予降级或者撤职处分。

3. 违反廉政纪律的行为

根据《人民法院工作人员处分条例》第2章第3节的规定,人民法院工作人员有下列行为之一者,给予警告、记过或者记大过处分;情节较重的,给予降级或者撤销处分;情节严重的,给予开除处分:(1)接受案件当事人、相关中介机构及其委托人的财物、宴请或者其他利益的;(2)以单位名义集体截留、使用、私分诉讼费、执行款物、罚没款物、案件暂存款、赃款赃物及其孳息等涉案财物或者其他公共财物的;(3)故意违反规定设置收费项目、扩大收费范围、提高收费标准的;(4)有其他违反廉政纪律行为的。违反规定向案件当事人、相关中介机构及其委托人借钱、借物的,给予警告、记过或者记大过处分。

人民法院工作人员有下列行为之一者,给予记过或者记大过处分;情节较重的,给予降级或者撤职处分;情节严重的,给予开除处分:(1)挪用诉讼费、执行款物、罚没款物、案件暂存款、赃款赃物及其孳息等涉案财物或者其他公共财物的;(2)利用司法职权,以单位名义向公民、法人或者其他组织索要赞助或者摊派、收取财物的;(3)违反规定从事或者参与营利性活动,在企业或者其他营利性组织中兼职的;(4)利用司法职权或者其他职务便利,为特定关系人谋取不正当利益,或者放任其特定关系人、身边工作人员利用本人职权谋取不正当利益的;(5)行贿或者介绍贿赂的,向审判、执行人员行贿或者介绍贿赂的,依照前款规定从重处罚。

人民法院工作人员有下列行为之一者,给予记大过处分;情节较重的,给予降级或者撤职处分;情节严重的,给予开除处分:(1)利用职务便利,采取侵吞、窃取、骗取等手段非法占有诉讼费、执行款物、罚没款物、案件暂存款、赃款赃物及其孳息等涉案财物或者其他公共财物的;(2)利用司法职权或者其他职务便利,索取他人财物及其他财产性利益的,或者非法收受他人财物及其他财产性利益,为他人谋取利益的;(3)利用司法职权或者其他职务便利为他人谋取利益,以低价购买、高价出售、收受干股、合作投资、委托理财、赌博等形式非法收受他人财物,或者以特定关系人"挂名"领取薪酬或者收受财物等形式,非法收受他人财物,或者违反规定收受各种名义的回扣、手续费归个人所有的。

4. 违反组织人事纪律的行为

根据《人民法院工作人员处分条例》第2章第4节的规定,人民法院工作人员有下列行为之一者,给予警告、记过或者记大过处分;情节较重的,给予降级或者撤销处分;情节严重的,给予开除处分:(1)违反议事规则,个人或者少数人决定重大事项,或者改变集体作出的重大决定,造成决策错误的;(2)故意拖延或者拒不执行上级依法作出的决定、决议的;(3)在人员录用、招聘、考核、晋升职务、晋升级别、职称评定以及岗位调整等工作中徇私舞弊、弄虚作假的;(4)弄虚作假,骗取荣誉,或者谎报学历、学位、职称的;(5)拒不执行机关的交流决定,或者在离任、辞职、被辞退时,拒不办理公务交接手续或者拒不接受审计的;(6)旷工或者因公外出、请假期满无正当理由逾期不归,造成不良后果的;(7)以不正当方式谋求本人或者特定关系人用公款出国,或者擅自延长在国外、境外期限,或者擅自变更路线,造成不良后果的;(8)有其他违反组织人事纪律行为的。

人民法院工作人员有下列行为之一者,给予记过或者记大过处分;情节较重的,给予降级或者撤职处分;情节严重的,给予开除处分:(1)对职责范围内发生的重大事故、事件不按规定报告、处理的;(2)压制批评,打击报复,扣压、销毁举报信件,或者向被举报人透露举报情况的。对职责范围内发生的违纪违法问题隐瞒不报、压案不查、包庇袒护的,或者对上级交办的违纪违法案件故意拖延或者拒不办理的,给予记大过处分;情节较重的,给予降级或者撤职处分;情节严重的,给予开除处分。

5. 违反财经纪律的行为

根据《人民法院工作人员处分条例》第2章第5节的规定,人民法院工作人员有下列行为之一者,给予警告、记过或者记大过处分;情节较重的,给予降级或者撤销处分;情节严重的,给予开除处分:(1)违反规定进行物资采购或者工程项目招投标,造成不良后果的;(2)伪造、变造、隐匿、毁弃财务账册、会计凭证、财务会计报告的;(3)有其他违反财经纪律行为的。

人民法院工作人员有下列行为之一者,给予警告处分;情节严重的,给予记过或者记大过处分;情节严重的,给予降级或者撤职处分:(1)违反规定擅自开设银行账户或者私设"小金库"的;(2)违反规定挥霍浪费国家资财的。

6. 失职行为

根据《人民法院工作人员处分条例》第2章第6节的规定,人民法院工作人员有下列行为之一者,给予警告、记过或者记大过处分:(1)因过失导致依法应当受理的案件未予受理,或者不应当受理的案件被违法受理,造成不良后果的;(2)因过失导致所办案件严重超出规定办理期限,造成严重后果的;(3)因过失导致诉讼、执行文书内容错误,造成严重后果的。

人民法院工作人员有下列行为之一者,给予警告、记过或者记大过处分;情节较重的,给予降级或者撤销处分;情节严重的,给予开除处分:(1)因过失导致国家秘密、审判执行工作秘密及其他工作秘密、履行职务掌握的商业秘密或者个人隐私被泄露,造成不良后果的;(2)有其他失职行为造成不良后果的。因过失导致错误裁判、错误采取财产保全措施、强制措施、执行措施,或者应当采取财产保全措施、强制措施、执行措施而未采取,造成不良后果的,给予警告、记过或者记大过处分;造成严重后果的,给予降级、撤职或者开除处分。因过失导致被羁押人员脱逃、自伤、自杀或者行凶伤人的,给予记过或者记大过处分;造成严重后果的,给予降级、撤职或者开除处分。因过失导致案卷或者证据材料损毁、丢失的,给予警告、记过或者记大过处分;造成严重后果的,给予降级或者撤职处分。因过失导致职责范围内发生刑事案件、重大治安案件、重大社会群体性事件或者重大人员伤亡事故的,使公共财产、国家和人民利益遭受重大损失的,给予记过或者记大过处分;情节较重的,给予降级或者撤职处分;情节严重的,给予开除处分。

7. 违反管理秩序和社会道德的行为

根据《人民法院工作人员处分条例》第2章第7节的规定,人民法院工作人员有下列行为之一者,给予警告、记过或者记大过处分;情节较重的,给予降级或者撤销处分;情节严重的,给予开除处分:(1)弄虚作假,误导、欺骗领导和公众,造成不良后果的;(2)因酗酒影响正常工作或者造成其他不良后果的;(3)违反规定保管、使用枪支、弹药、警械等特殊物品,造成不良后果的;(4)违反公务车管理使用规定,发生严重交通事故或者造成其他不良后果的;(5)与他人通奸,造成不良影响的;与所承办案件的当事人或者当事人亲属发生不正当两性关系的,依照前款规定从重处罚;(6)拒不承担赡养、抚养、扶养义务,或者虐待、遗弃家庭成员的;(7)为赌博活动提供场所或者其他便利条件的;(8)有其他违反管理秩序和社会道德行为的。参与赌博的,给予警告或者记过处分;情节较重的,给予记大过或者降级处分;情节严重的,给予撤职或者开除处分。在工作时间赌博的,给予记过、记大过或者降级处分;屡教不改的,给予撤职或者开除处分。

人民法院工作人员有下列行为之一者,给予警告、记过或者记大过处分:(1)因工作作风懈怠、工作态度恶劣,造成不良后果的;(2)参与迷信活动,造成不良影响的。

人民法院工作人员有下列行为之一者,给予记过或者记大过处分;情节严重的,给予降职或者撤职处分;情节严重的,给予开除处分:(1)故意泄露国家秘密、工作秘密,或者故意泄露因履行职责掌握的商业秘密、个人隐私的;(2)妨碍执行公务或者违反规定干预执行公务的;(3)以殴打、辱骂、体罚、非法拘禁或者诽谤、诬告等方式侵犯他人人身权利的;体罚、虐待被羁押人员,或者殴打、辱骂诉讼参与人、涉诉上访人的,依照前款规定从重处罚。

人民法院工作人员有下列行为之一者,给予降级处分;情节较重的,给予撤职处分;情节严重的,给予开除处分:(1)组织迷信活动的;(2)违反规定超计划生育的。

人民法院工作人员有下列行为之一者,给予撤职或者开除处分:(1)重婚或者包养情人的;(2)吸食、注射毒品或者参与嫖娼、卖淫、色情淫乱活动的;(3)挪用公款赌博的。

(四)违纪行为责任的惩戒组织

2016年10月,最高人民法院、最高人民检察院印发《关于建立法官、检察官惩戒制度的意见(试行)》规定,法官惩戒工作由人民法院与法官惩戒委员会分工负责,人民法院负责对法官涉嫌违反审判职责行为进行调查核实,并根据法官惩戒委员会的意见作出处理决定。法官惩戒委员会设立于省(自治区、直辖市)一级;惩戒委员会由政治素质高、专业能力强、职业操守好的人员组成,包括来自人大代表、政协委员、法学专家、律师的代表以及法官代表;法官代表应不低于全体委员的50%,从辖区内不同层级人民法院选任;惩戒委员会主任由惩戒委员会全体委员从实践经验丰富、德高望重的资深法律界人士中推选,经省(自治区、直辖市)党委对人选把关后产生;法官惩戒工作办公室设在高级人民法院。惩戒委员会的工作职责是:(1)制定和修订惩戒委员会章程;(2)根据人民法院调查的情况,依照程序审查认定法官是否违反审判职责,提出构成故意违反职责、存在重大过失、存在一般过失或者没有违反职责的意见;(3)受理法官对审查意见的异议申请,作出决定;(4)审议决定法官惩戒工作的其他相关事项;但惩戒委员会不直接受理对法官的举报、投诉。如收到对法官的举报、投诉材料,应当根据受理权限,转交有关部门按规定处理。

**四、法官执业中犯罪行为的刑事责任**

我国《法官法》第46条规定,法官行为构成犯罪的,依法追究刑事责任。作为主体的法官,身份具有双重性,但我们仅讨论其严重违反法官职业伦理而触犯刑事法律的情形。《法官法》第46条要求法官不得有贪污受贿、徇私舞弊、枉法裁判;隐瞒、伪造、变造、故意损毁证据、案件材料;泄露国家秘密、审判工作秘密、商业秘密或者个人隐私等行为。对于法官作出违反上述规定的行为,在刑法中都有具体的规范,甚至有专章、专节的规定,散见于《刑法》第4章——侵犯公民人身权利、民主权利罪、第6章——妨害社会管理秩序罪中之第2节妨害司法罪;集中体现于第八章——贪污贿赂罪、第9章——渎职罪。具体来说,第4章规定,司法工作人员犯诬告陷害罪、利用职权犯非法拘禁罪、非法侵入住宅罪、刑讯逼供致人伤残、暴力取证致人伤残的从重处罚;此外,还规定了报复陷害罪。第6章规定,司法工作人员构成妨害作证罪,帮助毁灭、伪造证据罪的从重处罚;司法工作人员利用职权,与他人共同实施虚假诉讼行为,构成犯罪的,也要从重处罚。第8章具体包括,贪污罪、挪用公款罪、受贿罪、巨额财产来源不明罪、私分罚没财物罪;离职法官还有可能触犯利用影响力受贿罪。第9章具体的罪名有:滥用职权罪;玩忽职守罪;故意及过失泄露国家秘密罪;徇私枉法罪;民事、行政枉法裁判罪;执行判决、裁定失职罪;执行判决、裁定滥用职权罪;私放在押人员罪;失职致使在押人员脱逃罪;徇私舞弊减刑、假释、暂予监外执行罪。此外,我国法律明确规定,法官行为构成犯罪时,同时追究其纪律责任和刑事责任。

# 第四章　检察官职业伦理

## 第一节　检察官职业伦理概述

检察官职业与检察制度紧密联系。检察制度是人类社会发展到一定阶段的产物,近现代以来已成为司法制度的重要组成部分。我国的检察制度又称为人民检察制度,其独特性在于:我国的检察机关在人民代表大会制度下作为与行政、审判等机关平行的国家机关,具有独立的宪法地位;我国的检察机关是国家专门的法律监督机关,通过履行批捕、起诉、诉讼监督等职能,在维护国家法律的统一正确实施、保障社会公平正义等方面发挥着不可替代的作用。

在我国,检察官是代表国家,按照法律程序专门具体实施法律监督职能的群体,这一性质决定了对检察官职业伦理的要求有别于其他法律职业伦理要求的内容。其忠诚的品格、担当的精神、公正的理念、廉洁的操守等职业道德基本要求,奠定了检察职业伦理的基调。强化检察职业伦理既可调整检察机关内部关系,培养检察官的共同体意识,加强检察机关内部人员的凝聚力;也可用来调整检察官与社会民众之间的关系,塑造检察机关和检察官的形象,维护司法权威。检察官作为法律职业共同体中的重要一员,加强其职业道德建设是我国检察官队伍建设的一项重要内容,也是检察机关维护公平正义、加强法律监督的需要。

### 一、检察官职业伦理的概念

检察官职业伦理,是指检察官在履行检察职能的活动中,应当遵守的行为准则和规范。这种行为准则和规范具有道德要求和行为规范相结合的性质,它既关注检察官这种专门的法律职业人员的职业行为,也关注其检察职责之外的非职务行为,还关注检察官的内心道德。它要求检察官作为国家专门的法律监督者,要在内心认知和外在行为上都认可和遵守检察官职业伦理。检察官的职业伦理是检察官的职业义务、职业责任以及职业行为上的道德准则的体现,有职业伦理支撑的检察官职业,才是检察职能充分发挥、法律监督质量不断提高、社会公平正义不断得到维护的有力保障。

### 二、检察官职业伦理的特征

（一）检察官职业伦理的主体是检察官

检察官职业伦理的主体是检察官。我国《检察官法》第 2 条规定:"检察官是依法行使国家检察权的检察人员,包括最高人民检察院、地方各级人民检察院和军事检察院等专门人民检察院的检察长、副检察长、检察委员会委员和检察员。"

按照中央司法体制改革方案,在以司法责任制为核心的新一轮司法体制改革中,我国的检察人员开始实行员额制、分类管理,检察官职业化的道路越来越清晰。当前检察院工作人员具体分为检察官、检察辅助人员、司法行政人员三类。其中,检察辅助人员是协助检察官履行检察职责的工作人员,包括检察官助理、书记员、司法警察、检察技术人员等。司法行政人员是从事行政管理事务的工作人员,主要负责检察院政工党务、行政事务、后勤管理等工作。从人员类别和职责我们可以明确,司法行政人员不参与司法办案,不是检察职业伦理的主体。人民检察院内的司法行政人员,依照国家有关规定进行管理。

因此,检察官职业伦理的检察官主体,现阶段应该明确严格地限定于专门行使国家检察权的检察官,也就是《检察官法》第2条所包括的人员。

(二) 检察官职业伦理约束的是检察官的行为

检察官职业伦理既约束检察官的职业行为,也关注与检察官的职业形象有关的职业外活动,并且对检察官的业外活动有着较为严格的要求。这是因为,检察机关被宪法赋予了特有的法律监督职能,检察官作为具体实现检察职能的主体,有对犯罪行为提起公诉、对法律实施进行监督的职能,也就是说被赋予了法律监督者的身份与职权。在检察官履行职务的过程中,检察官的任务是代表国家通过行使检察权,追究犯罪嫌疑人的违法犯罪活动,保护人民群众的生命、财产和健康安全,保障公民的人身权利、民主权利和其他权利。同时,检察官还通过自己的司法实践,监督法律实施,维护正常的社会秩序,教育公民自觉地遵守宪法和法律。在社会公众心中,检察官就是权力、公正、严谨的化身,这种对检察官形象的认知,使检察官在其职业行为外的与职业形象有关的日常言行,对其他法律职业人员、对普通民众来讲都有着极大的影响。因而,即使当检察官以公民个人身份进行活动时,除了应遵守普通的道德规范外,他也应遵守国家和社会赋予这一职业的道德准则和规范。所以检察官职业伦理约束检察官的行为,包括检察官的职业行为和与其职业形象相关的职业外社会行为。

(三) 检察官职业伦理具有更高的专业性

一般认为检察官主要在刑事司法领域发挥重大的作用,但依据我国法律,我国的检察官不仅承担着刑事追诉的职能,在更广泛的意义上还是国家专门的法律监督者,行使着提起公诉和对法律实施监督的职权。因此,检察官职业群体无论是具体的检察业务行为还是职业伦理规范,相较于其他法律职业群体都必须具备较高的专业性。①

---

① 郭哲主编:《法律职业伦理教程》,高等教育出版社2018年版,第120页。

检察官职业的专业性可以从检察机关的职权体现出来：(1) 对依照法律规定由其办理的刑事案件行使侦查权；(2) 对刑事案件进行审查，决定是否逮捕犯罪嫌疑人；(3) 对侦查终结的刑事案件进行审查，决定是否提起公诉；(4) 对刑事、民事、行政诉讼实行法律监督；(5) 对刑事、民事、行政判决、裁定等生效法律文书的执行工作实行法律监督；(6) 对监狱、社区矫正机构、看守所的执法工作实行法律监督；(7) 依照法律规定提起公益诉讼；(8) 法律规定的其他职权。在本轮司法体制改革中，按照中央司法体制改革方案，检察官的权力清单已经明晰，检察机关法律监督职能的作用主要体现在三个方面：通过公诉等职能追究犯罪嫌疑人的刑事责任，维护国家安全、经济安全和社会稳定；通过对国家机关和国家工作人员遵守法律的情况进行监督，保证公务活动在法律范围内活动，保障国家权力的正确行使；通过对诉讼活动的监督，消除司法不公和司法腐败现象，保障社会公平和正义的实现。[①]

上述检察权的内容，可以让我们看出我国检察官职能定位上的特殊性与专业性，社会公众也自然对其有着较高的预期——"法律的捍卫者""正义的守护神"。因此就要求检察官群体形象必须以优良的品行、规范的行为、专业的技能、高尚的道德等为标志。只有更严的专业性要求，才能使公众认同检察官群体，才能够牢牢地树立检察形象与权威，坚守社会正义。

（四）检察官职业伦理具有更强的他律性

我国对规范检察官职业行为有一整套的体系。从内容角度看，有框架性的、原则性的、配套性的规定（由全国人民代表大会或全国人民代表大会常务委员会制定的宪法、法律），也有直接细致的规定，还有具体性的可供实施的规定（由检察机关制定的内部职业行为规范）。

在原则性规定方面，《宪法》主要从政治伦理和组织架构方面对检察机关的角色定位、产生方式、基本权责等作了框架性规定。而《人民检察院组织法》《公务员法》等对职业伦理的内容的涉及主要是侧重于一般国家工作人员的行为和理念，如《人民检察院组织法》规定了人民检察院的目标原则、法定职权和组织形式，受到立法目标、体例和内容的限制，这两部法律关于检察官职业伦理应当说仍是非常原则性的规定。

在直接性规定方面，1995年2月通过的《检察官法》是我国第一部正式规定检察官职业伦理的法律规范，不仅对检察官的职责、义务和权利予以较多的条文规定，而且对检察官的任职条件、回避、等级、考核培训、奖励惩戒、工资福利、辞职辞退、申诉控告、检察官考评等方面予以了配套性的规范。《检察官法》后来历经了2001年第一次修正、2017年第二次修正和2019年第三次修订。检察官法

---

① 吴建雄：《检察工作科学发展机理研究》，中国检察出版社2009年版，第110页。

的制定与修改,旨在提高检察官素质,加强检察官的管理,保证人民检察院实施法律监督,依法独立行使检察权,保障检察官依法履行职责,保障司法公正。修改后的《检察官法》对检察官主体及其任职条件、责任、权利和义务、任免、回避、等级、考核、奖惩、工资保险福利以及退出和申诉机制等情况进行了全面的规定。《检察官法》的立法、修改与施行,对于加强和规范检察官管理,促进检察官队伍正规化、专业化、职业化建设,提升检察队伍素质能力等方面具有十分重要的意义。

在细致具体性的规定方面,对检察官职业伦理的内容规定得较为细致具体的是检察机关制定的内部职业行为规范。如 2002 年最高人民检察院颁布了《检察官职业道德规范》,明确将"忠诚、公正、廉洁、严明"作为检察官职业道德规范。2009 年最高人民检察院专门制定了《检察官职业道德基本准则(试行)》,此后为规范检察官职业行为又先后出台《检察官职业行为基本规范(试行)》《检察人员纪律处分条例(试行)》(2004)、《检察人员办案纪律》《廉洁从检十项纪律》《人民检察院刑事诉讼规则(试行)》《检察人员执法过错责任追究条例》和《检察人员任职回避和公务回避暂行办法》《检察人员八小时外行为禁令》等等,这些具体规定对检察职业伦理提出了更多具体的指引和要求。近年来,随着我国司法改革的深入、检察改革的启动,检察官的职业伦理规范又有了进一步的发展。最高人民检察院对检察官职业伦理建设尤为关注,近年来在上述规范基础上修订、公布了内容丰富全面的一系列规范检察官职业伦理行为的规范性文件。如 2016 年 10 月最高人民检察院第 12 届检察委员会第 56 次会议修订了《检察人员纪律处分条例》;2016 年 12 月最高人民检察院第 12 届检察委员会第 57 次会议通过了《中华人民共和国检察官职业道德基本准则》,这是我国检察机关建立以来第一部明确稳定、正面倡导、面向全体检察官的职业道德规范。《检察官职业道德基本准则》结合检察机关司法办案的实际和检察机关的职能,赋予检察官职业伦理"忠诚""为民""担当""公正""廉洁"以更深刻的内涵。《检察官职业道德基本准则》去掉了"试行"二字,要求全体检察官遵照执行,检察辅助人员参照执行。

**三、检察官职业伦理的作用**

检察官职业伦理体系的构建具有重要的作用,不仅需要规范详尽完备,更要在司法实践中发挥作用。随着检察改革的深入,检察官员额制改革、检察官司法责任制度改革,对于检察官的职业伦理规范建设提出了更高更新的要求。如何将这些纸面的规则内化于心,如何使检察职业伦理的建设和实行植根于检察官的恪守,是摆在我们面前的一个紧迫问题。综合来看,检察官职业伦理的作用主要表现为以下三个方面:

### (一) 对检察官个人行为起到明确的规范作用

检察官在行使检察职权的过程中,《检察官职业道德基本准则》要求坚持忠诚品格,永葆政治本色;坚持为民宗旨,保障人民权益;坚持担当精神,强化法律监督;坚持公正理念,维护法制统一;坚持廉洁操守,自觉接受监督。这就对检察官提出了明确的较高的要求。有助于促使检察官在职业活动中注意检察官的政治属性;恪守司法为民的职业良知,依法维护和保障诉讼当事人、参与人及其他有关人员的合法权益。有助于检察官勇于承担司法责任,坚守防止冤假错案底线。有助于检察官明晰最基本的职业操守,坚守廉洁,为检察官履行法定职责提供重要的保障。

### (二) 对司法公信力的提高起到促进作用

检察官作为实现检察职能的主体,被赋予了法律监督者的身份与职权,在我国司法公信力的形成中具有重要作用。作为法律职业共同体中的一员,检察官职能定位上的特殊性,使检察官职业伦理的提升深深影响到司法公信力,司法责任制的改革对检察官的检察工作和道德水准也都提出了较高的要求。检察官要坚守公正是司法的生命,恪守客观公正义务,正确行使检察权、遵守证据裁判规则,严格遵循法定程序、支持律师履行法定职责。检察官通过不断充实自身的理论知识,以规范的行为、高尚的道德追求、过硬的专业技能,树立起检察权威,提升社会对检察官的司法信心,进而切实促进司法公信力的提升。

### (三) 对社会正义的实现起到示范和辐射的作用

司法是维护社会公平正义的最后一道防线,司法不公对社会公正具有致命的破坏力。行使刑事起诉、法律监督职能的检察官是保障司法公正的重要力量。英国学者佛兰西斯·培根曾睿智的指出:犯罪虽然触犯了法律,但只是污染了水流,而不公正的裁判则毁坏法律,就好比污染了水源。在检察官职业伦理建设中,要求检察官要让人民群众在每一个司法案件中都感受到检察机关在维护公平正义;要求检察官敢于对司法执法活动进行监督、坚守防止冤假错案的底线;要求检察官突出维护法制的统一、权威和尊严。这些要求,很大程度上反映了社会公众对检察职业群体的期望和要求。检察官不仅要有良好的职业素养,还要有很高的职业道德,不仅有很高的政治素质,还应该是公正司法的化身。检察官在办案中秉持良好的道德品质,遵循职业伦理,将会对社会正义的实现起到示范和辐射的作用。

## 第二节 检察官执业中的行为准则与行为规范

检察官作为实现法律监督职能的主体,在建设社会主义法治国家、构建社会公平正义方面,有非常重要的地位。在司法正义实现的过程中,不仅检察官在职业中的行为受到诸多规范和约束,而且检察官应当遵循的行为规范和职业伦理的要求也越来越受到社会大众的关注。不仅检察官的职业内行为,而且包括一些与职业形象相关的职业外行为都会直接影响到公众对司法形象的认知与评价。

在我国,直接对检察官职业进行规范的法律、法规、政策性文件很多,它们之间也有一些交错。我国《检察官法》对检察官执业的行为准则与行为规范提出了基本要求。该法第3条规定:"检察官必须忠实执行宪法和法律,维护社会公平正义,全心全意为人民服务。"该法第10条规定:"检察官应当履行下列义务:(1)严格遵守宪法和法律;(2)秉公办案,不得徇私枉法;(3)依法保障当事人和其他诉讼参与人的诉讼权利;(4)维护国家利益、社会公共利益,维护个人和组织的合法权益;(5)保守国家秘密和检察工作秘密,对履行职责中知悉的商业秘密和个人隐私予以保密;(6)依法接受法律监督和人民群众监督;(7)通过依法办理案件以案释法,增强全民法治观念,推进法治社会建设;(8)法律规定的其他义务。"

《检察官法》从原则上初步确立了我国检察官应当恪守的职业道德义务,但就内容而言尚嫌简略。为了更好地提高检察官队伍职业化水平,新一轮司法改革启动后,2016年12月5日最高人民检察院通过了《中华人民共和国检察官职业道德基本准则》。该《准则》共5条,是我国第一部正式坚持正面倡导,面向全体检察官的职业道德规范,明确了检察官在履职过程中应该遵守的检察官职业伦理。《检察官职业道德基本准则》结合检察机关司法办案的实际和检察机关的职能,通过五个关键词集中明确了对检察官职业伦理进行规范的核心要点是:"忠诚、为民、担当、公正、廉洁"。《检察官职业道德基本准则》具体表述为:第1条坚持忠诚品格,永葆政治本色;第2条坚持为民宗旨,保障人民权益;第3条坚持担当精神,强化法律监督;第4条坚持公正理念,维护法制统一;第5条为坚持廉洁操守,自觉接受监督。

**一、坚持忠诚品格**

忠诚,是指忠心与实在的良好品质。自检察官职业诞生的那一天起,检察官就是国家利益、公共利益和人民利益的守护者,唯有忠诚才能完成守护者的职责,唯有忠诚才能不辜负检察官的称号。①《检察官职业道德基本准则》把"坚持忠诚品格,永葆政治本色"放在首位,旨在对检察官"忠诚"道德作出规范。忠诚是对检察官政治品性方面的要求,彰显了我国检察官的政治本色。对检察官的"忠诚"的要求,在强调忠于党、坚定维护党中央权威的基础上,突出忠于法律、信

---

① 李本森主编:《法律职业伦理》(第3版),北京大学出版社2016年版,第150页。

仰法治。

"忠诚"具体包括以下几方面的要求:

(一)忠于党、忠于国家

检察官要做中国特色社会主义事业的建设者、捍卫者和社会公平正义的守护者。中国共产党是中国特色社会主义事业的领导核心,忠诚于党,就要坚定对党的信念,执行党的指示,维护党的声誉,服从党的领导。国家作为阶级社会的产物,其意志表现为法律。检察官在履行职责中,是国家权力的代表和具体执行者,检察官必须无条件地毫无保留的忠诚于国家。根据《检察官法》的规定,检察官不得散布毁损国家声誉的言论,不得参加非法组织,不得参加旨在反对国家的集会、游行、示威等活动,也不得参加罢工。检察官应当维护国家安全、荣誉和利益,维护国家统一和民族团结,严守国家秘密和检察工作秘密;保持高度的政治警觉,严守政治纪律,不参加危害国家安全、带有封建迷信、邪教性质等非法组织及其活动。

(二)忠于人民

根据我国《检察官法》第3条的规定,检察官必须忠实执行宪法和法律,全心全意为人民服务。人民是国家的主人,忠诚于人民就要顺乎民心民意,保护人民生活环境的安全。检察官应当坚持立检为公、执法为民的宗旨,维护最广大人民的根本利益,保障民生,服务群众。

(三)忠于宪法和法律

检察官应当尊崇宪法和法律,严格执行宪法和法律的规定,自觉维护宪法和法律的统一、尊严和权威。宪法是国家的根本大法,各项法律制度是宪法原则和精神的具体化,它们是检察官进行职业活动的依据,作为国家权力的代表和具体执行者,忠于宪法和法律是检察官的天职。

在履行检察职务过程中,检察官作为法律和法律监督的具体执行者,一方面依法履行职责,依法办案、侦查、起诉及进行法律监督;另一方面监察督促国家机关、企事业单位、团体和个人自觉遵守法律和执行法律,在追究违法犯罪时应当坚持"以事实为根据,以法律为准绳"原则,实事求是,依法办案。

(四)忠于检察事业

忠于检察事业,要求检察官要做到恪尽职守,乐于奉献。检察官应当热爱人民的检察事业,认同检察职业的价值目标,珍惜检察官荣誉,忠实履行法律监督职责,自觉接受监督制约,自觉维护检察机关的形象和检察权的公信力。要求检察官应当牢记检察官的庄严誓词,弘扬职业精神,践行从业誓言。检察官在本职工作中应当勤勉敬业,尽心竭力,不因个人事务及其他非公事而影响职责的正常履行。

## 二、恪守为民宗旨

检察权来自人民,检察官首先承担的是对人民的责任。《检察官职业道德基本准则》第2条规定为"坚持为民宗旨,保障人民权益"。司法机关要恪守司法为民的职业良知,"让人民群众在每一个司法案件中都感受到公平正义",是《中共中央关于全面深化改革若干重大问题的决定》中对推进法治中国建设提出的新要求。检察官职业伦理中的"为民",就是要突出让人民群众在每一个司法案件中都感受到检察机关在维护公平正义。

"为民"具体包括以下几方面的要求:

### (一)坚持以人民利益为重的理念

人民是一切权力的来源,检察权来源于人民,检察权的行使必须始终坚持司法为民、维护人民权益。这是检察机关正确行使检察权、保证人民群众在每一个司法案件中都感受到公平正义的思想理论基础。检察官应当从思想深处打牢维护人民权益的根基,始终坚持司法为民的理念,自觉从体现人民利益的事情做起,依法履行宪法和法律赋予的职责,更好地尊重和保障人权,维护人民权益,维护公平正义。

### (二)坚持严格、规范、公正、文明司法

检察工作既是整个诉讼活动的一环,又承担着对整个诉讼活动进行法律监督的职责。检察工作对于保证每个司法案件在整个诉讼活动中得到依法公正办理具有重要作用,检察官在诉讼中应充分尊重当事人的人格尊严与权利,保障当事人的权利最终得到有效救济。要让人民群众在每一个司法案件中都感受到公平正义,就需要确保检察职能依法、客观、公正履行,需要深入查找并认真解决检察官在司法办案中存在的不严格司法、司法不规范的具体问题。切实尊重和保障犯罪嫌疑人、被告人的人权,监督诉讼中存在的侵犯人权问题。

### (三)坚持融入群众、解决群众诉求、接受群众监督

检察机关作为国家法律监督的专门机关,虽然工作的专业性比较强,但是中国特色社会主义检察制度的人民性决定了检察工作必须紧密依靠人民,离开了人民群众的信任、支持、监督,检察工作将成为无源之水、无本之木。因此,检察官在工作中必须进一步融入群众、服务群众、依靠群众和接受人民群众监督。让人民群众切实感受到检察机关以人为本,执法为民的良好作风,树立亲民、为民、利民、便民的良好形象。

## 三、坚持担当精神

担当,就是承担并能负起责任。《检察官职业道德基本准则》第3条规定为"坚持担当精神,强化法律监督"。法律监督是宪法赋予检察机关的职责,检察官

作为行使检察职权的具体主体,对于司法不公、执法不严等问题如果不敢监督、不愿监督,就失去了起码的职业伦理。"担当"突出的就是检察官要敢于对司法执法活动进行监督、坚守防止冤假错案的底线。

"担当"具体包括以下几方面的要求:

(一) 敢于担当,敢于监督

检察官通过承担的检察职责,如出庭支持公诉、讯问关键证人和对案件具有重大影响的诉讼参与人、代表检察机关当面提出监督意见、采取涉及人身权利的强制措施等办案职责,坚决打击发生在人民群众身边损害社会利益的各类犯罪,让人民群众在司法案件中,切身感受到检察机关在维护公平正义。对于重大案件,特别是人民群众高度关注的案件,果断决策、坚决查办;对于人民群众反映的司法不严、司法不公的现象,要敢于监督,提高执法公信力和人民群众的满意度。

(二) 敢于担当,善于监督

敢于担当还体现在善于运用法治思维和法治方式,将不公平、不公正的现象纳入法治轨道来解决。法律监督的方式方法决定了其效果和权威,法律监督中要注意法律监督的有效性与树立司法权威的关系。一方面坚守司法良知、以公开促公正,自觉接受人民群众和社会的监督,另一方面要注意确定监督思路和有效的监督措施,促使监督效果整体提高。

(三) 敢于担当,直面矛盾正视问题

检察官要善于发现、勇于承认检察工作中存在的问题,在深入分析问题症结中找到化解矛盾的办法;对检察工作出现的失误和错误,主动承担,认真吸取教训。要坚持从严治检,对违法违纪的检察人员要以零容忍的态度严肃查处,坚决清除害群之马。

## 四、强化公正理念

《检察官职业道德基本准则》第4条要求检察官"坚持公正理念,维护法制统一"。作为国家法律监督机关的一员,检察工作的性质和工作主题决定了"公正"是检察官履职的最基本要求,是检察官的法律义务,更是检察官职业伦理的核心内容。"公正"作为检察工作的核心目标,要求突出维护法制的统一、权威和尊严,弘扬我国检察官的法治精神。"公正"要求检察官树立忠于职守、秉公办案的观念,坚守惩恶扬善、伸张正义的良知,保持客观公正、维护人权的立场,养成正直善良、谦抑平和的品格,培育刚正不阿、严谨细致的作风。"公正"要求检察官打击犯罪与保障人权并重、公平与效率兼顾、程序正义和实体正义并重,正确处理好办案质量与办案数量、执行实体法和执行程序法的关系。只有检察官不断强化公正司法的理念,依法公正执法,才能实现通过行使检察权追诉犯罪,保障法律正确实施,维护社会公平正义,维护国家法制的统一、尊严和权威目标。

"公正"具体包括以下几方面的要求：

（一）独立履职

检察官应当坚持法治理念，坚决维护法律的效力和权威。依法履行检察职责，不受行政机关、社会团体和个人的干涉，敢于监督，善于监督，不为金钱所诱惑，不为人情所动摇，不为权势所屈服。

（二）理性履职

检察官应当客观、理性地履行职务，避免滥用职权的行为发生。要求检察官应当以事实为根据，以法律为准绳，不偏不倚，不主观意气办事，不滥用职权和漠视法律，正确行使检察裁量权。

（三）履职回避

检察官应当自觉遵守法律规定的法定回避制度。《检察官法》第24条、25条规定了检察官的任职回避：检察官之间有夫妻关系、直系血亲关系、三代以内旁系血亲以及近姻亲关系的，不得同时担任下列职务：(1) 同一人民检察院的检察长、副检察长、检察委员会委员；(2) 同一人民检察院的检察长、副检察长和检察员；(3) 同一业务部门的检察员；(4) 上下相邻两级人民检察院的检察长、副检察长。检察官的配偶、父母、子女有下列情形之一的，检察官应当实行任职回避：(1) 担任该检察官所任职人民检察院辖区内律师事务所的合伙人或者设立人的；(2) 在该检察官所任职人民检察院辖区内以律师身份担任诉讼代理人、辩护人，或者为诉讼案件当事人提供其他有偿法律服务的。

《检察官法》第37条规定了离任回避制度：检察官从人民检察院离任后两年内，不得以律师身份担任诉讼代理人或者辩护人。检察官从人民检察院离任后，不得担任原任职检察院办理案件的诉讼代理人或者辩护人，但是作为当事人的监护人或者近亲属代理诉讼或者进行辩护的除外。检察官被开除后，不得担任诉讼代理人或者辩护人，但是作为当事人的监护人或者近亲属代理诉讼或者进行辩护的除外。

另外，我国2018年《刑事诉讼法》第29条也有相关诉讼回避制度的规定。其中检察人员有下列情形之一的，应当自行回避，当事人及其法定代理人也有权要求他们回避：(1) 是本案的当事人或者是当事人的近亲属的；(2) 本人或者他的近亲属和本案有利害关系的；(3) 担任过本案的证人、鉴定人、辩护人、诉讼代理人的；(4) 与本案当事人有其他关系，可能影响公正处理案件的。同时，对法定回避事由以外可能引起公众对办案公正产生合理怀疑的，应当主动请求回避。

（四）重视证据

检察官应当树立证据意识。依法客观全面地收集、审查证据，不伪造、隐瞒、毁损证据，不先入为主、主观臆断，严格把好事实关、证据关。检察官在办理案件过程中，要防止主观臆断，重调查研究，依照法定程序搜集能够证实犯罪嫌疑人、被告人有罪或者无罪、犯罪情节轻重的各种证据,不得隐瞒证据、伪造证据或妨害作证、帮助当事人毁灭、伪造证据。

(五)遵循程序

检察官应当树立程序意识。坚持程序公正与实体公正并重,严格遵循法定程序,维护程序正义。

(六)保障人权

检察官应当树立人权保护意识。尊重诉讼当事人、参与人及其他有关人员的人格,保障和维护其合法权益。

(七)尊重法官和律师

在诉讼活动中检察官要注意控辩审三方的关系。检察官应当出席法庭审理活动,应当尊重庭审法官,遵守法庭规则,维护法庭审判的严肃性和权威性。检察官应当尊重律师的职业尊严,支持律师履行法定职责,依法保障和维护律师参与诉讼活动的权利。

(八)遵守检察纪律

检察官应当严格遵守检察纪律。不得违反规定过问、干预其他检察官、其他人民检察院或者其他司法机关正在办理的案件,不私自探询其他检察官、其他人民检察院或者其他司法机关正在办理的案件情况和有关信息,不泄露案件的办理情况及案件承办人的有关信息,不违反规定会见案件当事人、诉讼代理人、辩护人及其他与案件有利害关系的人员。

(九)提高效率

检察官要注意公平与效率之间的关系。应当在努力提高案件质量和办案水平的同时,严守法定办案时限,提高办案效率,节约司法资源。检察官应当提高责任心,在确保准确办案的前提下,尽快办结案件,禁止拖延办案,避免贻误工作。同时要严格执行检察人员执法过错责任追究制度,对于执法过错行为,要实事求是,及时纠正,勇于承担责任。

**五、保持廉洁操守**

《检察官职业道德基本准则》第 5 条规定检察官要"坚持廉洁操守,自觉接受监督"。"廉洁"要求突出强调检察官作为监督者更要自觉接受监督。廉洁是检察官职业道德的职业本色,体现了我国检察官的浩然正气。检察官要以社会主义核心价值观为根本的职业价值取向,遵纪守法,严格自律,并教育近亲属或者其他关系密切的人员模范执行有关廉政规定,秉持清正廉洁的职业操守。《检察人员纪律处分条例》和《关于最高人民检察院机关实行〈廉洁从检十项纪律〉的决定》,强化了检察官清正廉洁的职业伦理要求。

"廉洁"具体包括以下几方面的要求:

### (一) 筑牢廉洁操守的防线

检察官应当树立正确的价值观、权力观、金钱观、名利观。检察官应怀有朴实的平常心,不能以权谋私,以案谋利,借办案插手经济纠纷。

筑牢廉洁操守的防线就是要求检察官不能利用职务便利或者检察官的身份、声誉及影响,为自己、家人或者他人谋取不正当利益;不从事、参与经商办企业、违法违规的营利活动,以及其他可能有损检察官廉洁形象的商业、经营活动;不参加营利性或者可能借检察官影响力营利的社团组织。

筑牢廉洁操守的防线就是要求检察官不能收受案件当事人及其亲友、案件利害关系人或者单位及其所委托的人以任何名义馈赠的礼品礼金、有价证券、购物凭证以及干股等;不参加其安排的宴请、娱乐休闲、旅游度假等可能影响公正办案的活动;不接受其提供的各种费用报销、出借的钱款、交通通信工具、贵重物品及其他利益。

### (二) 注意避免检察官自身行为的不当影响

坚持廉洁操守要求检察官从职权行使的纯洁性、独立性和公正性出发,不得兼任律师、法律顾问等职务,不得私自会见所办案件当事人及其代理人,不私下为所办案件的当事人介绍辩护人或者诉讼代理人等。廉洁操守还要求已经退休的检察官应当继续保持良好操守,退休后不能再延用原检察官的身份和职务,不利用原地位、身份形成的影响和便利条件,过问、干预执法办案活动,不能为承揽律师业务或者其他请托事宜打招呼、行便利,避免因不当言行给检察机关带来不良影响。

### (三) 自觉接受监督制约

坚持廉洁操守要求检察官树立"监督者更要接受监督"的意识,应当慎微慎独,妥善处理个人事务。如按照有关规定报告个人有关事项,如实申报收入;保持与合法收入及财产相当的生活水平和健康的生活情趣等。

## 第三节 检察官执业中的行为责任

检察官执业中的行为责任是指检察官因业内、业外行为违反法律法规、职业伦理规范和检察工作纪律所应当承担的职业责任。检察官执业中的行为责任以履行检察职责行为所承担的司法责任为核心,2015年为保证检察院独立公正行使检察权,提高司法公信力,中央全面深化改革领导小组第15次会议审议通过了《关于完善人民检察院司法责任制的若干意见》,专门对我国检察官办案责任制改革进行了全面阐述,确定完善人民检察院司法责任制的目标是:健全司法办案组织,科学界定内部司法办案权限,完善司法办案责任体系,构建公正高效的检察权运行机制和公平合理的司法责任认定和追究机制,做到谁办案谁负责、谁决定谁负责。明确检察官应当对履行检察职责的行为承担司法责任,检察人员与司法办案活动无关的其他违纪违法行为,依照法律及《检察人员纪律处分条例》等有关规定处理。

**一、检察官履职行为中的司法责任**

依据《关于完善人民检察院司法责任制的若干意见》,当前我国人民检察院司法责任制的基本原则是坚持遵循司法规律,符合检察职业特点;坚持突出检察官办案主体地位与加强监督制约相结合;坚持权责明晰,权责相当;坚持主观过错与客观行为相一致,责任与处罚相适应。依据这一原则和相关规定,下面归纳整理,依次介绍检察官司法责任的种类、检察官司法责任的承担、检察官司法责任的追究程序。

(一)检察官司法责任的种类

《关于完善人民检察院司法责任制的若干意见》专门对我国检察官办案责任制进行了全面阐述,明确了检察官在办案中有错案发生,依据情形应当对履行检察职责的行为追究三类司法责任。包括:故意违反法律法规责任、重大过失责任和监督管理责任。

1. 故意违反法律法规责任

检察官在司法办案工作中,故意实施下列行为之一的,应当承担司法责任:(1)包庇、放纵被举报人、犯罪嫌疑人、被告人,或使无罪的人受到刑事追究的;(2)毁灭、伪造、变造或隐匿证据的;(3)刑讯逼供、暴力取证或以其他非法方法获取证据的;(4)违反规定剥夺、限制当事人、证人人身自由的;(5)违反规定限制诉讼参与人行使诉讼权利,造成严重后果或恶劣影响的;(6)超越刑事案件管辖范围初查、立案的;(7)非法搜查或损毁当事人财物的;(8)违法违规查封、扣押、冻结、保管、处理涉案财物的;(9)对已经决定给予刑事赔偿的案件拒不赔偿或拖延赔偿的;(10)违法违规使用武器、警械的;(11)其他违反诉讼程序或司法办案规定,造成严重后果或恶劣影响的。

2. 重大过失责任

检察人员在司法办案工作中有重大过失,怠于履行或不正确履行职责,造成下列后果之一的,应当承担司法责任:(1)认定事实、适用法律出现重大错误,或案件被错误处理的;(2)遗漏重要犯罪嫌疑人或重大罪行的;(3)错误羁押或超期羁押犯罪嫌疑人、被告人的;(4)涉案人员自杀、自伤、行凶的;(5)犯罪嫌疑人、被告人串供、毁证、逃跑的;(6)举报控告材料或其他案件材料、扣押财物遗失、严重损毁的;(7)举报控告材料内容或其他案件秘密泄露的;(8)其他严重后果或恶劣影响的。

司法办案工作中虽有错案发生,但检察人员履行职责中尽到必要注意义务,没有故意或重大过失的,不承担司法责任。

3. 监督管理责任

负有监督管理职责的检察人员因故意或重大过失怠于行使或不当行使监督管理权,导致司法办案工作出现严重错误的,应当承担相应的司法责任。

需要注意的是,检察官在办案中如果在事实认定、证据采信、司法作风等方面不符合法律和有关规定,但不影响案件结论的正确与效力的,依照相关纪律规定处理。检察官与具体司法办案无关的其他违法违纪行为,依照法律和《检察人员纪律处分规定》处理。

(二)检察司法责任的承担

检察官履行检察监督职能主要就体现在执法办案中,检察官作为司法办案的主体、司法责任承担的主体,其对检察职业伦理认识的高低,践行的是否突出都体现在执法办案过程中。《关于完善人民检察院司法责任制的若干意见》规定,在实行检察人员分类管理、落实检察官员额制的基础上,司法责任的承担实行谁办案谁负责、谁决定谁负责。通过科学划分司法责任,使办案的检察官对自己的办案行为负责,作出案件处理决定的检察官对自己的决定负责,司法责任具体落实到人,检察官对其履行职能的行为承担司法责任,在职责范围内对办案质量终身负责。根据履行职能需要、案件类型及复杂难易程度,当前我国主要实行独任检察官或检察官办案组的办案组织形式。下面归纳整理不同办案组织形式中相关的责任承担:

1. 独任检察官承办并作出决定的案件,由独任检察官承担责任。检察官在承办案件时,依法应当讯问犯罪嫌疑人、被告人的,至少亲自讯问一次。检察官应当亲自承担下列 7 项办案事项,即询问关键证人和对诉讼活动具有重要影响的其他诉讼参与人;对重大案件组织现场勘验、检查,组织实施搜查,组织实施查封、扣押物证、书证,决定进行鉴定;组织收集、调取、审核证据;主持公开审查、宣布处理决定;代表检察机关当面提出监督意见;出席法庭;其他应当由检察官亲自承担的事项。检察官对上列办案事项的办理承担司法责任。

2. 检察官办案组承办的案件,由其负责人和其他检察官共同承担责任。办案组负责人对职权范围内决定的事项承担责任,其他检察官对自己的行为承担责任。《关于完善人民检察院司法责任制的若干意见》规定,检察官办案组由两名以上检察官组成,配备必要的检察辅助人员,检察官办案组可以相对固定设置,也可以根据司法办案需要临时组成,办案组负责人为主任检察官。主任检察官作为办案组负责人承担案件的组织、指挥、协调以及对办案组成员的管理等工作,在职权范围内对办案事项作出处理决定或提出处理意见,其他检察官在主任检察官的组织、指挥下从事具体的办案活动。其中,主任检察官对职权范围内决定的事项承担责任,其他检察官对自己的行为承担责任。

3. 检察辅助人员参与司法办案工作的,根据职权和分工承担相应的责任。独任检察官和由两名以上检察官组成的检察官办案组承办案件,都可以配备必要的检察辅助人员,其中,检察官有审核把关责任的,应当承担相应的责任。

4. 检察长(副检察长)除承担监督管理的司法责任外,对在职权范围内作出的有关办案事项决定承担完全责任。《关于完善人民检察院司法责任制的若干意见》完善了检察长职责,明确了检察长对案件的处理决定权和行政管理职能。明确规定检察长统一领导检察院的工作,依照法律和有关规定应履行下列职责:决定是否逮捕或是否批准逮捕犯罪嫌疑人;决定是否起诉;决定是否提出抗诉、检察建议、纠正违法意见或提请抗诉,决定终结审查、不支持监督申请;对人民检察院直接受理立案侦查的案件,决定立案、不立案、撤销案件以及复议、复核、复查;对人民检察院直接受理立案侦查的案件,决定采取强制措施,决定采取查封、扣押、冻结财产等重要侦查措施;决定将案件提请检察委员会讨论,主持检察委员会会议;决定检察人员的回避;主持检察官考评委员会对检察官进行考评;组织研究检察工作中的重大问题;法律规定应当由检察长履行的其他职责。《关于完善人民检察院司法责任制的若干意见》规定副检察长、检察委员会专职委员受检察长委托,可以履行检察长的相关职责。

应当注意,对于检察官在职权范围内作出决定的事项,检察长(副检察长)不因签发法律文书承担司法责任。检察官根据检察长(副检察长)的要求进行复核并改变原处理意见的,由检察长(副检察长)与检察官共同承担责任。检察长(副检察长)改变检察官决定的,对改变部分承担责任。

5. 属于检察长(副检察长)或检察委员会决定的事项,检察官对事实和证据负责,检察长(副检察长)或检察委员会对决定事项负责。《关于完善人民检察院司法责任制的若干意见》明确,检察委员会由检察长、副检察长、专职委员和部分资深检察员组成。检察官可以就承办的案件提出提请检察委员会讨论的请求,依程序报检察长决定。设立检察委员会的目的是为了发挥对重大案件和其他重大问题的决策、指导和监督功能。检察委员会讨论决定的案件,主要是检察院办理的重大、疑难、复杂案件,涉及国家安全、外交、社会稳定的案件,下一级检察院提请复议的案件等。《关于完善人民检察院司法责任制的若干意见》规定检察委员会对案件进行表决前,应当进行充分讨论。表决实行主持人末位表态制。检察委员会会议由专门人员如实记录,并按照规定存档备查。

应当注意,检察官向检察委员会汇报案件时,故意隐瞒、歪曲事实,遗漏重要事实、证据或情节,导致检察委员会作出错误决定的,由检察官承担责任;检察委员会委员根据错误决定形成的具体原因和主观过错情况承担部分责任或不承担责任。

6. 上级检察院有关人员和下级检察院有关人员相关司法责任的承担。《关于完善人民检察院司法责任制的若干意见》规定,上级人民检察院不采纳或改变下级人民检察院正确意见的,应当由上级人民检察院有关人员承担相应的责任。下级人民检察院有关人员故意隐瞒、歪曲事实,遗漏重要事实、证据或情节,导致上级人民检察院作出错误命令、决定的,由下级人民检察院有关人员承担责任;上级人民检察院有关人员有过错的,应当承担相应的责任。

(三)检察官司法责任的追究程序

《关于完善人民检察院司法责任制的若干意见》从司法责任的发现途径、调查核实程序、责任追究程序、追责方式、终身追责等几个方面完善了司法责任的认定和追究机制,明确规定检察人员承办的案件确认发生冤假错案等情形一律启动问责机制。

问责机制由检察机关纪检监察机构启动。检察机关纪检监察机构受理对检察人员在司法办案工作中违纪违法行为和司法过错行为的检举控告,并进行调查核实,对检察人员承办的案件发生被告人被宣告无罪,国家承担赔偿责任,确认发生冤假错案,犯罪嫌疑人、被告人逃跑或死亡、伤残等情形的,一律启动问责机制,核查是否存在应予追究司法责任的情形。

检察机关纪检监察机构经调查后,认为应当追究检察官故意违反法律法规责任或重大过失责任的,应当报请检察长决定后,移送省、自治区、直辖市检察官惩戒委员会审议,及时向惩戒委员会通报当事检察官的故意违反法律法规或重大过失事实及拟处理建议、依据,并就其故意违反法律法规或重大过失承担举证责任。当事检察官有权进行陈述、辩解、申请复议,检察官惩戒委员会根据查明的事实和法律规定作出无责、免责或给予惩戒处分的建议,检察人员不服处理决定的,有权提出申诉。

对经调查属实应当承担司法责任的人员,根据《检察官法》《检察人员纪律处分条例》《检察人员执法过错责任追究条例》等有关规定,分别作出如下处理:(1)应当给予停职、延期晋升、调离司法办案工作岗位以及免职、责令辞职、辞退等处理的,由组织人事部门按照干部管理权限和程序办理;(2)应当给予纪律处分的,由人民检察院纪检监察机构依照有关规定和程序办理;(3)涉嫌犯罪的,由人民检察院纪检监察机构将犯罪线索移送司法机关处理。检察人员不服处理决定的,有权依照《人民检察院监察工作条例》等有关规定提出申诉。

## 二、检察官依法履职行为的免责保护

我国《检察官法》规定,检察官是依法行使检察权的国家公职人员;依法履行检察职责不受行政机关、社会团体和个人的干涉;检察官依法履行职责,受法律保护。随着司法责任制改革的深入推进,检察官司法办案主体地位正在逐渐得到确认。但同时一些检察官也担心责任制只是强调问责追责,担心只要工作发生差错,或者未服从领导的某些指令,就可能被追责。因此,在建立依法追究检察官履职行为司法责任制度的基础上,还需要建立健全检察官依法履职行为不受追究的免责制度。

2016年7月中共中央办公厅、国务院办公厅印发的《保护司法人员依法履行法定职责规定》在《关于完善人民检察院司法责任制的若干意见》基础上,重申有关检察官依法办理案件不受行政机关、社会团体和个人的干涉的规定,明确检察官有权拒绝任何单位或者个人违反法定职责或法定程序、有碍司法公正的要求。应当全面、如实记录对任何单位或者个人干预司法活动、插手具体案件处理的情况,有关机关应当根据相关规定对干预司法活动和插手案件处理的相关责任人予以通报直至追究责任。同时,还规定任何单位或者个人不得要求检察官从事超出法定职责范围的事务,防止一些地方摊派招商引资、征地拆迁、行风评议等任务,影响检察官依法履职。《保护司法人员依法履行法定职责规定》在梳理法律规定的基础上,分别对将检察官调离、辞退或者作出免职、降级等处理处分的情形、程序予以明确规定。从以下几个方面建立了检察官依法履职行为不受追究的免责制度:

一是明确了错案责任追究的标准。进一步明确追究错案责任以故意违反法律、法规或者有重大过失导致错案并造成严重后果的为限,防止不当担责,以解除检察官的后顾之忧。《保护司法人员依法履行法定职责规定》第11条规定:"检察官非因故意违反法律、法规或者有重大过失导致错案并造成严重后果的,不承担错案责任。"司法办案工作中虽有错案发生,但检察人员履行职责中尽到必要注意义务,没有故意或重大过失的,不承担司法责任。检察人员在事实认定、证据采信、法律适用、办案程序、文书制作以及司法作风等方面不符合法律和有关规定,但不影响案件结论的正确性和效力的,属司法瑕疵,依照相关纪律规定处理。

二是明确了责任追究的程序。明确检察官履行法定职责的行为,非经检察官惩戒委员会审议不受错案责任追究,明确惩戒委员会审议错案责任的工作程序。根据《保护司法人员依法履行法定职责规定》第14条的规定,检察官履行法定职责的行为,非经检察官惩戒委员会审议不受错案责任追究。检察官因违反党纪,检察纪律,治安及刑事法律,应当追究错案责任之外的其他责任的,依照相关规定办理。检察官惩戒委员会审议检察官错案责任案件,应当进行听证。人民检察院相关机构应当派员向检察官惩戒委员会通报当事检察官违纪违法事实以及拟处理意见、依据。调查核实对检察官履职的举报、控告和申诉过程中,当事检察官享有知情、申辩和举证的权利。人民检察院纪检监察机构应当将检察官的陈述、申辩和举证如实记录,并对是否采纳作出说明。当事检察官有权陈述、申辩,检察官惩戒委员根据查明的事实和法律规定,作出无责、免责或者给予惩戒处分的建议。

三是确立了检察官免责的范围。明确上级机关、单位负责人、检察委员会等依职权改变检察官决定的,检察官对后果不承担责任。根据《保护司法人员依法履行法定职责规定》第12条的规定,案件办理及相关审批、管理、指导、监督工作实行全程留痕。检察官依照司法责任制,对履行审判、检察职责中认定的事实证据、发表的意见、作出的决定负责。上级机关、单位负责人、审判委员会或者检察委员会等依职权改变检察官决定的,检察官对后果不承担责任,但检察官故意隐瞒或者因有重大过失而致遗漏重要证据、重要情节,或者提供其他虚假情况导致该决定错误的除外。

四是多方面健全检察官依法履职保护制度,建立了不实举报的澄清、善后机制。如检察官因依法履职遭受不实举报、诬告陷害、利用信息网络等方式侮辱诽谤,致使名誉受到损害的,人民检察院应当会同有关部门及时澄清事实,消除不良影响,维护检察官良好声誉,并依法追究相关单位或者个人的责任。有关机关对检察官作出错误处理的,应当恢复被处理人的职务和名誉、消除不良影响,对造成的经济损失给予赔偿,并依法追究诬告陷害者的责任。检察官因接受调查暂缓晋级,经有关部门认定不应追究法律或者纪律责任的,晋级时间从暂缓之日起计算。对干扰阻碍司法活动,威胁、报复陷害、侮辱诽谤、暴力伤害司法人员及其近亲属的行为,应当依法从严惩处。

在司法改革中,体现人民检察院司法责任制基本原则的四个坚持不断得到完善——即坚持遵循司法规律,符合检察职业特点;坚持突出检察官办案主体地位与加强监督制约相结合;坚持权责明晰,权责相当;坚持主观过错与客观行为相一致,责任与处罚相适应。为检察官依法履职行为提供免责保护的规定使司法人员多年来呼吁的履职受保护、权益有保障、待遇相配备、生活有尊严的职业愿景在我国开始得到了全面体现,随着检察官职业荣誉感的提升,法律职业伦理的践行也会得到内心的一种确认。

## 三、检察官执业中违纪行为的责任

检察官执行职务中的违纪行为责任,是指检察官违反法律法规、职业道德规范和检察工作纪律所应当承受的纪律处分。为严肃检察纪律,规范检察人员行为,保证检察人员依法履行职责,确保公正廉洁司法,对检察官执行职务中的违纪行为应当追究责任。《检察官法》第47条规定,检察官有下列行为之一的,应当给予处分;构成犯罪的,依法追究刑事责任:(1)贪污受贿、徇私枉法、刑讯逼供的;(2)隐瞒、伪造、变造、故意损毁证据、案件材料的;(3)泄露国家秘密、检察工作秘密、商业秘密或者个人隐私的;(4)故意违反法律法规办理案件的;(5)因重大过失导致案件错误并造成严重后果的;(6)拖延办案,贻误工作的;

(7)利用职权为自己或者他人谋取私利的;(8)接受当事人及其代理人利益输送,或者违反有关规定会见当事人及其代理人的;(9)违反有关规定从事或者参与营利性活动,在企业或者其他营利性组织中兼任职务的;(10)有其他违纪违法行为的。检察官的处分按照有关规定办理。为贯彻落实全面从严治党、从严治检要求,适应新形势下检察工作需要,严肃检察纪律,规范检察人员行为,最高人民检察院自2015年底就开始着手研究修订《检察人员纪律处分条例(试行)》,经过反复研究修改,广泛征求意见,修订后的《检察人员纪律处分条例》于2016年10月20日经最高人民检察院第十二届检察委员会第五十六次会议审议通过,2016年12月16日正式印发执行。下面依据我国《检察官法》《检察人员纪律处分条例》等法律法规对检察官违纪行为责任的种类、违纪行为责任的适用及违纪行为责任的具体内容作一个全面的介绍。

(一)检察官执业中违纪行为责任的种类

《检察人员纪律处分条例》规定检察纪律处分分为:警告、记过、记大过、降级、撤职、开除。并具体规定了纪律处分的期间分别为:警告,6个月;记过,12个月;记大过,18个月;降级、撤职,24个月。检察人员在处分期间不得晋升职务、级别。受记过、记大过、降级、撤职处分的,在处分期间不得晋升工资档次。

受降级处分的,自处分的下个月起降低一个级别;如果受处分人为最低级别的,按降低一个工资档次处理;如果受处分人为最低级别最低档次的,给予记大过处分。

受撤职处分的,撤销其所有行政职务,在处分期间不得担任领导职务,自处分的下个月起按降低一个以上的职务层次另行确定非领导职务;办事员应当给予撤职处分的,给予降级处分。

受开除处分的,自处分决定生效之日起解除其人事关系,其职务、级别自然撤销,不得再被录用为检察人员。

纪律处分决定作出后,应当在1个月内向受处分人所在单位及其本人宣布,并由干部人事管理部门按照干部管理权限将处分决定材料归入受处分人档案;对于受到降级以上处分的,还应当在1个月内办理职务、工资等相应变更手续。

受处分人具有法律职务的,按照有关规定重新确定或者依法罢免、免除法律职务。受开除处分的,依法罢免或者免除法律职务。

对于违纪行为所获得的经济利益,应当收缴或者责令退赔。对于违纪行为所获得的职务、职称、学历、学位、奖励等其他利益,应当建议有关组织、部门、单位按规定予以纠正。

(二)检察官执行职务中违纪行为责任的适用

检察官依法履行职责和其他合法权益受法律保护,非因法定事由、非经法定程序,检察官不受纪律处分。执行检察纪律处分,应坚持实事求是的原则、纪律面前人人平等的原则、宽严相济的原则、惩戒与教育相结合的原则,落实这些原则,就需要对违反检察纪律的检察官依据其实施违纪行为的主观过错、客观情况以及后果影响等不同情况,根据其违纪行为的事实、性质和情节,依照《检察人员纪律处分条例》的规定,给予不同的纪律处分。如情节轻微,经批评教育确已认识错误的,可以免予处分;情节显著轻微,不认为构成违纪的,不予处分。

1. 对违法犯罪、违犯党纪检察人员的处分

《检察人员纪律处分条例》规定的适用于违法犯罪的检察人员的纪律处分主要有:(1)检察人员有贪污贿赂、渎职侵权等刑法规定的行为涉嫌犯罪的,应当给予撤职或者开除处分。(2)检察人员有刑法规定的行为,虽不构成犯罪或者不以犯罪论处,但须追究纪律责任的,应当视具体情节给予警告直至开除处分。(3)检察人员有其他违法行为,须追究纪律责任的,应当视具体情节给予警告直至开除处分。(4)检察人员受到纪律追究,涉嫌违法犯罪的,应当及时移送有关国家机关依法处理;需要给予党纪处分的,应当向有关党组织提出建议。(5)因犯罪被判处刑罚的,应当给予开除处分。因犯罪情节轻微,被人民检察院依法作出不起诉决定的,或者被人民法院免予刑事处罚的,给予降级、撤职或者开除处分。属于前述规定情形的,应当根据司法机关的生效裁判、决定及其认定的事实、性质和情节,依照《检察人员纪律处分条例》规定给予纪律处分。

《检察人员纪律处分条例》规定的适用于违反党纪的检察人员的纪律处分情形:受到党纪处分或者行政处罚,应当追究纪律责任的,可以根据生效的党纪处分决定、行政处罚决定认定的事实、性质和情节,经核实后依照《检察人员纪律处分条例》规定给予纪律处分。纪律处分决定作出后,党组织、司法机关、行政机关等改变原生效决定、裁判,对原处分决定产生影响的,应当根据改变后的生效决定、裁判重新作出相应处理。

2. 从重、加重处分的情况

有下列情形之一的,《检察人员纪律处分条例》规定应当从重或者加重处分:(1)在集中整治过程中,不收敛、不收手的;(2)强迫他人违纪的;(3)本条例另有规定的。另外还规定,故意违纪受处分后又故意违纪应当受到纪律处分的,应当从重处分。

3. 从轻或者减轻处分的情况

有下列情形之一的,依照《检察人员纪律处分条例》可以从轻或者减轻处分:(1)主动交代本人应当受到纪律处分的问题的;(2)检举他人应当受到纪律处分或者法律追究的问题,经查证属实的;(3)主动挽回损失、消除不良影响或者有效阻止危害结果发生的;(4)主动上交违纪所得的;(5)有其他立功表现的。《检察人员纪律处分条例》规定的只有开除处分一个档次的违纪行为,不适用减轻处分的规定。

4. 纪律处分的变更和解除

《检察人员纪律处分条例》规定的纪律处分变更情形有：（1）受处分人在处分期间获得三等功以上奖励的，可以缩短处分期间，但缩短后的期间不得少于原处分期间的二分之一。（2）受处分人在处分期间，发现其另有应当受到纪律处分的违纪行为，应当根据新发现违纪行为的事实、性质、情节和已经作出的处分，重新作出处分决定，处分期间依照《检察人员纪律处分条例》第 14 条的规定重新计算（即"一人有本条例规定的两种以上应当受到处分的违纪行为，应当分别确定其处分种类。应当给予的处分种类不同的，执行其中最重的处分；应当给予撤职以下多个相同种类处分的，执行该处分，并在最高处分期间以上，多个处分期间之和以下，决定应当执行的处分期间。处分期间最长不超过 48 个月。"）已经执行的处分期间应当从重新确定的处分期间中扣除。受处分人在处分期间又犯应当受到纪律处分的违纪行为，应当依照前款规定重新作出处分决定，处分期间为原处分期间尚未执行的期间与新处分期间之和。

《检察人员纪律处分条例》规定的纪律处分解除的情形有：受处分人在处分期间确有悔改表现，处分期满后，经所在单位或者部门提出意见，由处分决定机关作出解除处分的决定。解除处分决定应当在一个月内书面通知受处分人，并在一定范围内宣布。解除处分决定应当在作出后的一个月内，由干部人事管理部门归入受处分人档案。解除降级、撤职处分，不得恢复原职务、级别和工资档次，但以后晋升职务、级别和工资档次不受原处分的影响。

（三）检察官执行职务中违纪行为责任的内容

《检察人员纪律处分条例》为严肃检察纪律，规范检察人员行为，保证检察人员依法履行职责，确保公正廉洁司法，在第 2 章分则部分，分 7 节对检察官执行职务中的违纪行为进行了全面的规范。规定检察人员如有下列行为将被处分，包括：违反政治纪律的行为、违反组织纪律的行为、违反办案纪律的行为、违反廉洁纪律的行为、违反群众纪律的行为、违反工作纪律的行为、违反生活纪律的行为。具体内容整理如下：

1. 违反政治纪律的行为

根据《检察人员纪律处分条例》第 2 章第 1 节的规定，检察官违反政治纪律的行为有：

（1）通过信息网络、广播、电视、报刊、书籍、讲座、论坛、报告会、座谈会等方式，公开发表坚持资产阶级自由化立场、反对四项基本原则，反对党的改革开放决策的文章、演说、宣言、声明等的，给予开除处分。发布、播出、刊登、出版前款所列文章、演说、宣言、声明等或者为上述行为提供方便条件的，对直接责任者和领导责任者，给予记大过或者降级处分；情节严重的，给予撤职或者开除处分。

（2）通过信息网络、广播、电视、报刊、书籍、讲座、论坛、报告会、座谈会等方式,有下列行为之一,情节较轻的,给予警告、记过或者记大过处分;情节较重的,给予降级或者撤职处分;情节严重的,给予开除处分:公开发表违背四项基本原则、违背、歪曲党的改革开放决策,或者其他有严重政治问题的文章、演说、宣言、声明等的;妄议中央大政方针、破坏党的集中统一的;丑化党和国家形象,或者诋毁、诬蔑党和国家领导人,或者歪曲党史、军史的。发布、播出、刊登、出版前款所列内容或者为上述行为提供方便条件的,对直接责任者和领导责任者,给予记过、记大过或者降级处分;情节严重的,给予撤职或者开除处分。

(3) 制作、贩卖、传播前述两条所列内容之一的书刊、音像制品、电子读物、网络音视频资料等,情节较轻的,给予警告、记过或者记大过处分;情节较重的,给予降级或者撤职处分;情节严重的,给予开除处分。私自携带、寄递前述两条所列内容之一的书刊、音像制品、电子读物等出入境,情节较重的,给予警告、记过或者记大过处分;情节严重的,给予降级、撤职或者开除处分。

(4) 组织、参加反对党的基本理论、基本路线、基本纲领、基本经验、基本要求或者重大方针政策的集会、游行、示威等活动的,或者以组织讲座、论坛、报告会、座谈会等方式,反对党的基本理论、基本路线、基本纲领、基本经验、基本要求或者重大方针政策,造成严重不良影响的,对策划者、组织者和骨干分子,给予开除处分。对其他参加人员或者以提供信息、资料、财物、场地等方式支持上述活动者,情节较轻的,给予警告、记过或者记大过处分;情节较重的,给予降级或者撤职处分;情节严重的,给予开除处分。对不明真相被裹挟参加,经批评教育后确有悔改表现的,可以免予处分或者不予处分。对未经组织批准参加其他集会、游行、示威等活动,情节较轻的,给予警告、记过或者记大过处分;情节较重的,给予降级或者撤职处分;情节严重的,给予开除处分。

(5) 组织、参加旨在反对党的领导、反对社会主义制度或者敌视政府等组织的,对策划者、组织者和骨干分子,给予开除处分。对其他参加人员,情节较轻的,给予警告、记过或者记大过处分;情节较重的,给予降级或者撤职处分;情节严重的,给予开除处分。

(6) 组织、参加会道门或者邪教组织的,对策划者、组织者和骨干分子给予开除处分。对其他参加人员,情节较轻的,给予警告、记过或者记大过处分;情节较重的,给予降级或者撤职处分;情节严重的,给予开除处分。对不明真相的参加人员,经批评教育后确有悔改表现的,可以免予处分或者不予处分。

(7) 搞团团伙伙、结党营私、拉帮结派、培植私人势力或者通过搞利益交换、为自己营造声势等活动捞取政治资本的,给予记过、记大过或者降级处分;情节严重的,给予撤职或者开除处分。

(8) 有下列行为之一的,对直接责任者和领导责任者,给予记过、记大过或者降级处分;情节严重的,给予撤职或者开除处分:拒不执行党和国家的方针政策以及决策部署的;故意作出与党和国家的方针政策以及决策部署相违背的决定的;擅自对应当由中央决定的重大政策问题作出决定和对外发表主张的。

(9) 挑拨民族关系制造事端或者参加民族分裂活动的,对策划者、组织者和骨干分子,给予开除处分。对其他参加人员,情节较轻的,给予警告、记过或者记大过处分;情节较重的,给予降级或者撤职处分;情节严重的,给予开除处分。对不明真相被裹挟参加,经批评教育后确有悔改表现的,可以免予处分或者不予处分。有其他违反党和国家民族政策的行为,情节较轻的,给予警告、记过或者记大过处分;情节较重的,给予降级或者撤职处分;情节严重的,给予开除处分。

(10) 组织、利用宗教活动反对党的路线、方针、政策和决议,破坏民族团结的,对策划者、组织者和骨干分子,给予撤职或者开除处分。对其他参加人员,情节较轻的,给予警告、记过或者记大过处分;情节较重的,给予降级或者撤职处分;情节严重的,给予开除处分。对不明真相被裹挟参加,经批评教育后确有悔改表现的,可以免予处分或者不予处分。有其他违反国家宗教政策的行为,情节较轻的,给予警告、记过或者记大过处分;情节较重的,给予降级或者撤职处分;情节严重的,给予开除处分。

(11) 组织、利用宗族势力对抗党和政府,妨碍党和国家的方针政策以及决策部署的实施,或者破坏党的基层组织建设的,对策划者、组织者和骨干分子,给予撤职或者开除处分。对其他参加人员,情节较轻的,给予警告、记过或者记大过处分;情节较重的,给予降级或者撤职处分;情节严重的,给予开除处分。对不明真相被裹挟参加,经批评教育后确有悔改表现的,可以免予处分或者不予处分。

(12) 对抗组织调查,有下列行为之一的,给予警告、记过或者记大过处分;情节较重的,给予降级或者撤职处分;情节严重的,给予开除处分:串供或者伪造、销毁、转移、隐匿证据的;阻止他人揭发检举、提供证据材料的;包庇同案人员的;向组织提供虚假情况,掩盖事实的;其他对抗组织调查行为的。

(13) 组织迷信活动的,给予降级或者撤职处分;情节严重的,给予开除处分。参加迷信活动,造成不良影响的,给予警告、记过或者记大过处分;情节较重的,给予降级或者撤职处分;情节严重的,给予开除处分。对不明真相的参加人员,经批评教育后确有悔改表现的,可以免予处分或者不予处分。

(14) 在国(境)外、外国驻华使(领)馆申请政治避难,或者违纪后逃往国(境)外、外国驻华使(领)馆的,给予开除处分。在国(境)外公开发表反对党和政府的文章、演说、宣言、声明等的,依照前款规定处理。故意为上述行为提供方便条件的,给予撤职或者开除处分。

(15) 在涉外活动中,其言行在政治上造成恶劣影响,损害党和国家尊严、利益的,给予降级或者撤职处分;情节严重的,给予开除处分。

(16)领导干部对违反政治纪律和政治规矩等错误思想和行为放任不管,搞无原则一团和气,造成不良影响的,给予警告、记过或者记大过处分;情节严重的,给予降级或者撤职处分。

(17)有其他违反政治纪律和政治规矩行为的,应当视具体情节给予警告直至开除处分。

2. 违反组织纪律的行为

根据《检察人员纪律处分条例》第 2 章分则第 2 节的规定,检察官违反组织纪律的行为有:

(1)违反民主集中制原则,拒不执行或者擅自改变组织作出的重大决定,或者违反议事规则,个人或者少数人决定重大问题的,给予警告、记过或者记大过处分;情节严重的,给予降级或者撤职处分。

(2)下级检察机关拒不执行或者擅自改变上级检察机关决定的,对直接责任者和领导责任者,给予警告、记过或者记大过处分;情节严重的,给予降级或者撤职处分。

(3)拒不执行组织的分配、调动、交流等决定的,给予警告、记过、记大过或者降级处分。在特殊时期或者紧急状况下,拒不执行组织决定的,给予撤职或者开除处分。

(4)离任、辞职或者被辞退时,拒不办理公务交接手续或者拒不接受审计的,给予警告、记过或者记大过处分;情节较重的,给予降级或者撤职处分;情节严重的,给予开除处分。

(5)不按照有关规定或者工作要求,向组织请示报告重大问题、重要事项的,给予警告、记过或者记大过处分;情节严重的,给予降级或者撤职处分。不按要求报告或者不如实报告个人去向,情节较重的,给予警告、记过或者记大过处分。

(6)有下列三种行为之一,情节较重的,给予警告、记过或者记大过处分:违反个人有关事项报告规定,不报告、不如实报告的;在组织进行谈话、函询时,不如实向组织说明问题的;不如实填报个人档案资料的。另外,篡改、伪造个人档案资料的,给予记过或者记大过处分;情节严重的,给予降级或者撤职处分。

(7)领导干部违反有关规定组织、参加自发成立的老乡会、校友会、战友会等,情节严重的,给予警告、记过、记大过或者降级处分。

(8)诬告陷害他人意在使他人受纪律追究的,给予警告、记过或者记大过处分;情节较重的,给予降级或者撤职处分;情节严重的,给予开除处分。

(9)有下列四种行为之一的,给予警告、记过或者记大过处分;情节较重的,给予降级或者撤职处分;情节严重的,给予开除处分:对检察人员的批评、检举、控告进行阻挠、压制,或者将批评、检举、控告材料私自扣压、销毁,或者故意将其泄露给他人的;对检察人员的申辩、辩护、作证等进行压制,造成不良后果的;压制检察人员申诉,造成不良后果的,或者不按照有关规定处理检察人员申诉的;其他侵犯检察人员权利行为,造成不良后果的。另外,对批评人、检举人、控告人、证人及其他人员打击报复的,依照前款规定从重或者加重处分。单位或者部门有上述行为的,对直接责任者和领导责任者,依照前款规定处理。

(10) 有下列三种行为之一的,给予警告、记过或者记大过处分;情节较重的,给予降级或者撤职处分;情节严重的,给予开除处分:在民主推荐、民主测评、组织考察和选举中搞拉票、助选等非组织活动的;在法律规定的投票、选举活动中违背组织原则搞非组织活动,组织、怂恿、诱使他人投票、表决的;在选举中进行其他违反法律和纪律规定活动的。

(11) 在干部选拔任用工作中,违反干部选拔任用规定,对直接责任者和领导责任者,情节较轻的,给予警告、记过或者记大过处分;情节较重的,给予降级或者撤职处分;情节严重的,给予开除处分。用人失察失误造成严重后果的,对直接责任者和领导责任者,依照前款规定处理。

(12) 违反有关规定在人员录用、考评考核、职务晋升和职称评定等工作中,隐瞒、歪曲事实真相,或者利用职权、职务上的影响为本人或者他人谋取利益的,给予警告、记过或者记大过处分;情节较重的,给予降级或者撤职处分;情节严重的,给予开除处分。弄虚作假,骗取职务、职级、职称、待遇、资格、学历、学位、荣誉或者其他利益的,依照前款规定处理。

(13) 违反有关规定取得外国国籍或者获取国(境)外永久居留资格、长期居留许可,非法出境,或者违反规定滞留境外不归的,给予开除处分。

(14) 违反有关规定办理因私出国(境)证件、港澳通行证、大陆居民来往台湾通行证,或者未经批准出入国(边)境,情节较轻的,给予警告、记过或者记大过处分;情节较重的,给予降级或者撤职处分;情节严重的,给予撤职处分。

(15) 在临时出国(境)团(组)中擅自脱离组织,或者从事外事、机要等工作的检察人员违反有关规定同国(境)外机构、人员联系和交往的,给予警告、记过、记大过、降级或者撤职处分。

(16) 在临时出国(境)团(组)中脱离组织出走的,给予撤职或者开除处分。故意为他人脱离组织出走提供方便条件的,给予记过、记大过、降级或者撤职处分。

3. 违反办案纪律的行为

根据《检察人员纪律处分条例》第 2 章分则第 3 节的规定,检察官违反办案纪律的行为有:

(1) 故意伪造、隐匿、损毁举报、控告、申诉材料,包庇被举报人、被控告人、或者对举报人、控告人、申诉人、批评人打击报复的,给予记过或者记大过处分;情节较重的,给予降级或者撤职处分;情节严重的,给予开除处分。

(2)泄露案件秘密,或者为案件当事人及其近亲属、辩护人、诉讼代理人、利害关系人等打探案情、通风报信的,给予记过或者记大过处分;造成严重后果或者恶劣影响的,给予降级、撤职或者开除处分。

(3)擅自处置案件线索、随意初查或者在初查中对被调查对象采取限制人身自由强制性措施的,给予记过或者记大过处分;情节较重的,给予降级或者撤职处分;情节严重的,给予开除处分。

(4)违反有关规定搜查他人身体、住宅,或者侵入他人住宅的,给予记过或者记大过处分;情节较重的,给予降级或者撤职处分;情节严重的,给予开除处分。

(5)违反有关规定采取、变更、解除、撤销强制措施的,给予记过或者记大过处分;情节较重的,给予降级或者撤职处分;情节严重的,给予开除处分。

(6)违反有关规定限制、剥夺诉讼参与人人身自由、诉讼权利的,给予警告、记过或者记大过处分;情节较重的,给予降级或者撤职处分;情节严重的,给予开除处分。

(7)违反职务犯罪侦查全程同步录音录像有关规定,情节较重的,给予警告、记过或者记大过处分;情节严重的,给予降级或者撤职处分。

(8)殴打、体罚虐待、侮辱犯罪嫌疑人、被告人及其他人员的,给予记过或者记大过处分;造成严重后果或者恶劣影响的,给予降级、撤职或者开除处分。

(9)采用刑讯逼供等非法方法收集犯罪嫌疑人、被告人供述,或者采用暴力、威胁等非法方法收集证人证言、被害人陈述的,给予记过或者记大过处分;情节较重的,给予降级或者撤职处分;情节严重的,给予开除处分。

(10)故意违背案件事实作出勘验、检查、鉴定意见的,给予降级或者撤职处分;情节严重的,给予开除处分。

(11)违反有关规定,有下列行为之一的,对直接责任者和领导责任者,给予记过或者记大过处分;情节较重的,给予降级或者撤职处分;情节严重的,给予开除处分:在立案之前查封、扣押、冻结涉案财物的;超范围查封、扣押、冻结涉案财物的;不返还、不退还扣押、冻结涉案财物的;侵吞、挪用、私分、私存、调换、外借、压价收购涉案财物的;擅自处理扣押、冻结的涉案财物及其孳息的;故意损毁、丢失涉案财物的;其他违反涉案财物管理规定的。

(12)违反有关规定阻碍律师依法行使会见权、阅卷权、申请收集调取证据等执业权利,情节较重的,给予警告、记过或者记大过处分;情节严重的,给予降级或者撤职处分。

(13)违反有关规定应当回避而故意不回避,或者拒不服从回避决定,或者对符合回避条件的申请故意不作出回避决定的,给予警告、记过或者记大过处分;情节严重的,给予降级或者撤职处分。

(14)私自会见案件当事人及其近亲属、辩护人、诉讼代理人、利害关系人、中介组织,或者接受上述人员提供的礼品、礼金、消费卡等财物,以及宴请、娱乐、健身、旅游等活动的,给予记过或者记大过处分;情节较重的,给予降级或者撤职处分;情节严重的,给予开除处分。

(15)有重大过失,不履行或者不正确履行司法办案职责,造成下列后果之一的,给予警告、记过或者记大过处分;情节较重的,给予降级或者撤职处分;情节严重的,给予开除处分:认定事实、适用法律出现重大错误,或者案件被错误处理的;遗漏重要犯罪嫌疑人或者重大罪行的;错误羁押或者超期羁押犯罪嫌疑人、被告人的;犯罪嫌疑人、被告人串供、毁证、逃跑的;涉案人员自杀、自伤、行凶的;其他严重后果或者恶劣影响的。

(16)负有监督管理职责的检察人员因故意或者重大过失,不履行或者不正确履行监督管理职责,导致司法办案工作出现错误,情节较重的,给予警告、记过或者记大过处分;情节严重的,给予降级或者撤职处分。

(17)故意伪造、隐匿、损毁证据材料、诉讼文书的,给予降级或者撤职处分;情节严重的,给予开除处分。

(18)丢失案卷、案件材料、档案的,给予警告、记过或者记大过处分;情节严重的,给予降级或者撤职处分。

(19)违反有关规定,有下列行为之一的,给予记过或者记大过处分;情节较重的,给予降级或者撤职处分;情节严重的,给予开除处分:体罚虐待被监管人员的;私自带人会见被监管人员的;给被监管人员特殊待遇或者照顾;让被监管人员为自己提供劳务的。

(20)违反有关规定对司法机关、行政机关违法行使职权或者不行使职权的行为不履行法律监督职责,造成严重后果或者恶劣影响的,给予警告、记过或者记大过处分;情节严重的,给予降级或者撤职处分。

(21)违反有关规定干预司法办案活动,有下列行为之一的,给予警告或者记过处分;情节较重的,给予记大过处分或者降级处分;情节严重的,给予撤职处分:在初查、立案、侦查、审查逮捕、审查起诉、审判、执行等环节为案件当事人请托说情的;邀请或者要求办案人员私下会见案件当事人或者其辩护人、诉讼代理人、近亲属以及其他与案件有利害关系的人的;私自为案件当事人及其近亲属、辩护人、诉讼代理人传递涉案材料的;领导干部授意、纵容身边工作人员或者近亲属为案件当事人请托说情的;领导干部为了地方利益或者部门利益,以听取汇报、开协调会、发文件等形式,超越职权对案件处理提出倾向性意见或者具体要求的;其他影响司法人员依法公正处理案件的。

(22)对领导干部违规干预司法办案活动、司法机关内部人员过问案件,两次以上不记录或者不如实记录的,给予警告或者记过处分;情节严重的,给予记大过处分。授意不记录、不如实记录的,依照前款规定处理。对如实记录的检察人员打击报复的,依照《检察人员纪律处分条例》第 68 条第 2 款(对检察人员的申辩、辩护、作证等进行压制,造成不良后果的)处理。即给予警告、记过或者记大过处分;情节较重的,给予降级或者撤职处分;情节严重的,给予开除处分:

(23)利用检察权或者借办案之机,借用、占用案件当事人、辩护人、诉讼代理人、利害关系人或者发案单位、证人等的住房、交通工具或者其他财物,或者谋取其他个人利益的,给予警告、记过或者记大过处分;情节较重的,给予降级或者撤职处分;情节严重的,给予开除处分。利用职权或者职务上的影响,借用、占用企事业单位、社会团体或者个人的住房、交通工具或者其他财物,给予警告、记过或者记大过处分;情节较重的,给予降级或者撤职处分;情节严重的,给予开除处分。

(24)违反办案期限或者有关案件管理程序规定,情节较重的,给予警告、记过或者记大过处分;情节严重的,给予降级或者撤职处分。

(25)有其他违反办案纪律规定行为的,应当视具体情节给予警告直至开除处分。

4. 违反廉洁纪律的行为

根据《检察人员纪律处分条例》第 2 章分则第 4 节的规定,检察官违反廉洁纪律的行为有:

(1)利用职权或者职务上的影响为他人谋取利益,本人的配偶、子女及其配偶等亲属和其他特定关系人收受对方财物,情节较重的,给予警告、记过或者记大过处分;情节严重的,给予降级、撤职或者开除处分。

(2)相互利用职权或者职务上的影响为对方及其配偶、子女及其配偶等亲属、身边工作人员和其他特定关系人谋取利益搞权权交易的,给予警告、记过或者记大过处分;情节较重的,给予降级或者撤职处分;情节严重的,给予开除处分。

(3)纵容、默许配偶、子女及其配偶等亲属和身边工作人员利用本人职权或者职务上的影响谋取私利,情节较轻的,给予警告、记过或者记大过处分;情节较重的,给予降级或者撤职处分;情节严重的,给予开除处分。检察人员的配偶、子女及其配偶未从事实际工作而获取薪酬或者虽从事实际工作但领取明显超出同职级标准薪酬,检察人员知情未予纠正的,依照前款规定处理。

(4)收受可能影响公正执行公务的礼品、礼金、消费卡等,情节较轻的,给予警告、记过或者记大过处分;情节较重的,给予降级或者撤职处分;情节严重的,给予开除处分。收受其他明显超出正常礼尚往来的礼品、礼金、消费卡等的,依照前款规定处理。

(5) 向从事公务的人员及其配偶、子女及其配偶等亲属和其他特定关系人赠送明显超出正常礼尚往来的礼品、礼金、消费卡等,情节较重的,给予警告、记过或者记大过处分;情节严重的,给予降级或者撤职处分。

(6) 利用职权或者职务上的影响操办婚丧喜庆事宜,在社会上造成不良影响的,给予警告、记过或者记大过处分;情节严重的,给予降级或者撤职处分。在操办婚丧喜庆事宜中,借机敛财或者有其他侵犯国家、集体和人民利益行为的,依照前款规定从重或者加重处分,直至给予开除处分。

(7) 接受可能影响公正执行公务的宴请或者旅游、健身、娱乐等活动安排,情节较重的,给予警告、记过或者记大过处分;情节严重的,给予降级或者撤职处分。

(8) 违反有关规定取得、持有、实际使用运动健身卡、会所和俱乐部会员卡、高尔夫球卡等各种消费卡,或者违反有关规定出入私人会所、夜总会,情节较重的,给予警告、记过或者记大过处分;情节严重的,给予降级或者撤职处分。

(9) 违反有关规定从事营利活动,有下列行为之一,情节较轻的,给予警告、记过或者记大过处分;情节较重的,给予降级或者撤职处分;情节严重的,给予开除处分:经商办企业的;拥有非上市公司(企业)的股份或者证券的;买卖股票或者进行其他证券投资的;兼任律师、法律顾问、仲裁员等职务,以及从事其他有偿中介活动的;在国(境)外注册公司或者投资入股的;其他违反有关规定从事营利活动的。利用职权或者职务上的影响,为本人配偶、子女及其配偶等亲属和其他特定关系人的经营活动谋取利益的,依照前款规定处理。违反有关规定在经济实体、社会团体等单位中兼职,或者经批准兼职但获取薪酬、奖金、津贴等额外利益的,依照前款规定处理。

(10) 领导干部的配偶、子女及其配偶,违反有关规定在该领导干部管辖的区域或者业务范围内从事可能影响其公正执行公务的经营活动,或者在该领导干部管辖的区域或者业务范围内的外商独资企业、中外合资企业中担任由外方委派、聘任的高级职务的,该领导干部应当按照规定予以纠正;拒不纠正的,其本人应当辞去现任职务或者由组织予以调整职务;不辞去现任职务或者不服从组织调整职务的,给予撤职处分。领导干部或者在司法办案岗位工作的检察人员的配偶、子女及其配偶在其本人任职的检察机关管辖区域内从事案件代理、辩护业务的,适用前款规定处理。

(11) 检察机关违反有关规定经商办企业的,对直接责任者和领导责任者,给予警告、记过或者记大过处分;情节严重的,给予降级或者撤职处分。

(12) 领导干部违反工作、生活保障制度,在交通、医疗等方面为本人、配偶、子女及其配偶等亲属和其他特定关系人谋求特殊待遇,情节较重的,给予警告、记过或者记大过处分;情节严重的,给予降级或者撤职处分。

(13) 在分配、购买住房中侵犯国家、集体利益,情节较轻的,给予警告、记过或者记大过处分;情节较重的,给予降级或者撤职处分;情节严重的,给予开除处分。

(14) 利用职权或者职务上的影响,侵占非本人经管的公私财物,或者以象征性地支付钱款等方式侵占公私财物,或者无偿、象征性地支付报酬接受服务、使用劳务,情节较轻的,给予警告、记过或者记大过处分;情节较重的,给予降级或者撤职处分;情节严重的,给予开除处分。利用职权或者职务上的影响,将本人、配偶、子女及其配偶等亲属应当由个人支付的费用,由下属单位、其他单位或者他人支付、报销的,依照前款规定处理。

(15) 利用职权或者职务上的影响,违反有关规定占用公物归个人使用,时间超过六个月,情节较重的,给予警告、记过或者记大过处分;情节严重的,给予降级或者撤职处分。占用公物进行营利活动的,给予警告、记过或者记大过处分;情节较重的,给予降级或者撤职处分;情节严重的,给予开除处分。将公物借给他人进行营利活动的,依照前款规定处理。

(16) 违反有关规定组织、参加用公款支付的宴请、高消费娱乐、健身活动,或者用公款购买赠送、发放礼品,对直接责任者和领导责任者,情节较轻的,给予警告、记过或者记大过处分;情节较重的,给予降级或者撤职处分;情节严重的,给予开除处分。

(17) 违反有关规定滥发津贴、补贴、奖金等,对直接责任者和领导责任者,情节较轻的,给予警告、记过或者记大过处分;情节较重的,给予降级或者撤职处分;情节严重的,给予开除处分。

(18) 有下列行为之一,对直接责任者和领导责任者,情节较轻的,给予警告、记过或者记大过处分;情节较重的,给予降级或者撤职处分;情节严重的,给予开除处分:用公款旅游、借公务差旅之机旅游或者以公务差旅为名变相旅游的;以考察、学习、培训、研讨、参展等名义变相用公款出国(境)旅游的。

(19) 违反公务接待管理规定,超标准、超范围接待或者借机大吃大喝,对直接责任者和领导责任者,情节较重的,给予警告、记过或者记大过处分;情节严重的,给予降级或者撤职处分。

(20) 违反有关规定配备、购买、更换、装饰、使用公务用车或者有其他违反公务用车管理规定的行为,对直接责任者和领导责任者,情节较重的,给予警告、记过或者记大过处分;情节严重的,给予降级或者撤职处分。

(21) 违反会议活动管理规定,有下列行为之一,对直接责任者和领导责任者,情节较重的,给予警告、记过或者记大过处分;情节严重的,给予降级或者撤职处分:到禁止召开会议的风景名胜区开会的;决定或者批准举办各类节会、庆典活动的。擅自举办评比达标表彰活动或者借评比达标表彰活动收取费用的，依照前款规定处理。

(22) 违反办公用房管理规定，有下列行为之一，对直接责任者和领导责任者，情节较重的，给予警告、记过或者记大过处分；情节严重的，给予降级或者撤职处分：决定或者批准兴建、装修办公楼、培训中心等楼堂馆所，超标准配备、使用办公用房的；用公款包租、占用客房或者其他场所供个人使用的。

(23) 搞权色交易或者给予财物搞钱色交易的，给予记过或者记大过处分；情节较重的，给予降级或者撤职处分；情节严重的，给予开除处分。

(24) 有其他违反廉洁纪律规定行为的，应当视具体情节给予警告直至开除处分。

5. 违反群众纪律的行为

根据《检察人员纪律处分条例》第 2 章分则第 5 节的规定，检察官违反群众纪律的行为有：

(1) 在检察工作中违反有关规定向群众收取、摊派费用的，给予警告、记过或者记大过处分；情节严重的，给予降级、撤职或者开除处分。

(2) 在从事涉及群众事务的工作中，刁难群众、吃拿卡要的，给予警告、记过或者记大过处分；情节严重的，给予降级、撤职或者开除处分。

(3) 对群众合法诉求消极应付、推诿扯皮，损害检察机关形象，情节较重的，给予警告、记过或者记大过处分；情节严重的，给予降级或者撤职处分。

(4) 对待群众态度恶劣、简单粗暴，造成不良影响，情节较重的，给予警告、记过或者记大过处分；情节严重的，给予降级或者撤职处分。

(5) 遇到国家财产和人民群众生命财产受到严重威胁时，能救而不救，情节较重的，给予警告、记过或者记大过处分；情节严重的，给予降级、撤职或者开除处分。

(6) 不按照规定公开检察事务，侵犯群众知情权，对直接责任者和领导责任者，情节较重的，给予警告、记过或者记大过处分；情节严重的，给予降级或者撤职处分。

(7) 有其他违反群众纪律规定行为的，应当视具体情节给予警告直至开除处分。

6. 违反工作纪律的行为

根据《检察人员纪律处分条例》第 2 章分则第 6 节的规定，检察官违反工作纪律的行为有：

(1) 在工作中不负责任或者疏于管理，有下列情形之一的，对直接责任者和领导责任者，给予警告、记过或者记大过处分；造成严重后果或者恶劣影响的，给予降级、撤职或者开除处分：不传达贯彻、不检查督促落实党和国家，以及最高人民检察院的方针政策和决策部署,或者作出违背党和国家,以及最高人民检察院方针政策和决策部署的错误决策的;本系统和本单位发生公开反对党的基本理论、基本路线、基本纲领、基本经验、基本要求或者党和国家,以及最高人民检察院方针政策和决策部署行为的;不正确履行职责或者严重不负责任,致使发生重大责任事故,给国家、集体利益和人民群众生命财产造成较大损失的。

(2) 不履行全面从严治检主体责任或者履行全面从严治检主体责任不力,造成严重后果或者恶劣影响的,对直接责任者和领导责任者,给予警告、记过或者记大过处分;情节严重的,给予降级或者撤职处分。

(3) 有下列行为之一,对直接责任者和领导责任者,情节较重的,给予警告、记过或者记大过处分;情节严重的,给予降级或者撤职处分:检察人员违反纪律或者法律、法规规定,应当给予纪律处分而不处分的;纪律处分决定或者申诉复查决定作出后,不按照规定落实决定中关于受处分人职务、职级、待遇等事项的;不按照干部管理权限对受处分人开展日常教育、管理和监督工作的。

(4) 因工作不负责任致使所管理的人员叛逃的,对直接责任者和领导责任者,给予警告、记过或者记大过处分;情节严重的,给予降级或者撤职处分。因工作不负责任致使所管理的人员出走,对直接责任者和领导责任者,情节较重的,给予警告、记过或者记大过处分;情节严重的,给予降级或者撤职处分。

(5) 在上级单位检查、视察工作或者向上级单位汇报、报告工作时对应当报告的事项不报告或者不如实报告,造成严重后果或者恶劣影响的,对直接责任者和领导责任者,给予警告、记过或者记大过处分;情节严重的,给予降级或者撤职处分。

(6) 违反有关规定干预和插手市场经济活动,有下列行为之一,造成不良影响的,给予警告、记过或者记大过处分;情节较重的,给予降级或者撤职处分;情节严重的,给予开除处分:干预和插手建设工程项目承发包、土地使用权出让、政府采购、房地产开发与经营、矿产资源开发利用、中介机构服务等活动的;干预和插手国有企业重组改制、兼并、破产、产权交易、清产核资、资产评估、资产转让、重大项目投资以及其他重大经营活动等事项的;干预和插手经济纠纷的;干预和插手集体资金、资产和资源的使用、分配、承包、租赁等事项的;其他违反有关规定干预和插手市场经济活动的。

(7) 违反有关规定干预和插手执纪执法活动,向有关地方或者部门打招呼、说情,或者以其他方式对执纪执法活动施加影响,情节较轻的,给予记过或者记大过处分;情节较重的,给予降级或者撤职处分;情节严重的,给予开除处分。违反有关规定干预和插手公共财政资金分配、项目立项评审、奖励表彰等活动,造成严重后果或者恶劣影响的,依照前款规定处理。

(8) 泄露、扩散、窃取关于干部选拔任用、纪律审查等尚未公开事项或者其他应当保密的信息的,给予警告、记过或者记大过处分;情节较重的,给予降级或者撤职处分;情节严重的,给予开除处分。

(9) 在考试、录取工作中,有泄露试题、考场舞弊、涂改考卷、违规录取等违反有关规定行为的,给予警告、记过或者记大过处分;情节较重的,给予降级或者撤职处分;情节严重的,给予开除处分。

(10) 以不正当方式谋求本人或者他人用公款出国(境),情节较轻的,给予警告或者记过处分;情节较重的,给予记大过处分;情节严重的,给予降级或者撤职处分。

(11) 临时出国(境)团(组)或者人员中的检察人员,擅自延长在国(境)外期限,或者擅自变更路线的,对直接责任者和领导责任者,给予警告、记过或者记大过处分;情节严重的,给予降级或者撤职处分。

(12) 临时出国(境)团(组)中的检察人员,触犯所在国家、地区的法律、法令或者不尊重所在国家、地区的宗教习俗,情节较重的,给予警告、记过或者记大过处分;情节严重的,给予降级、撤职或者开除处分。

(13) 违反枪支、弹药管理规定,有下列行为之一的,给予记过、记大过或者降级处分;造成严重后果或者恶劣影响的,给予撤职或者开除处分:擅自携带枪支、弹药进入公共场所的;将枪支、弹药借给他人使用的;枪支、弹药丢失、被盗、被骗的;示枪恫吓他人或者随意鸣枪的;因管理使用不当,造成枪支走火的。

(14) 违反有关规定使用、管理警械、警具的,给予警告、记过或者记大过处分;造成严重后果或者恶劣影响的,给予降级、撤职或者开除处分。

(15) 违反有关规定使用、管理警车的,给予警告、记过或者记大过处分;造成严重后果或者恶劣影响的,给予降级、撤职或者开除处分。违反有关规定将警车停放在餐饮、休闲娱乐场所和旅游景区,造成不良影响的,应当从重处分。警车私用造成交通事故并致人重伤、死亡或者重大经济损失的,给予开除处分。

(16) 违反有关规定,有下列行为之一的,给予警告、记过或者记大过处分;情节严重的,给予降级、撤职或者开除处分:工作时间或者工作日中午饮酒,经批评教育仍不改正的;承担司法办案任务时饮酒的;携带枪支、弹药、档案、案卷、案件材料、秘密文件或者其他涉密载体饮酒的;佩戴检察标识或者着司法警察制服在公共场所饮酒的;饮酒后驾驶机动车辆的。

(17) 旷工或者因公外出、请假期满无正当理由逾期不归,造成不良影响的,给予警告、记过或者记大过处分;情节较重的,给予降级或者撤职处分;情节严重的,给予开除处分。

(18) 违反有关规定对正在办理的案件公开发表个人意见或者进行评论,造成不良影响的,给予警告、记过或者记大过处分,情节严重的,给予降级或者撤职处分。

(19)有其他违反工作纪律行为的,应当视具体情节给予警告直至开除处分。

7. 违反生活纪律的行为

根据《检察人员纪律处分条例》第2章分则第7节的规定,检察官违反生活纪律的行为有:

(1)生活奢靡、贪图享乐、追求低级趣味,造成不良影响的,给予警告、记过或者记大过处分;情节严重的,给予降级或者撤职处分。

(2)与他人发生不正当性关系,造成不良影响的,给予警告、记过或者记大过处分;情节较重的,给予降级或者撤职处分;情节严重的,给予开除处分。利用职权、教养关系、从属关系或者其他相类似关系与他人发生性关系的,依照前款规定从重处分。

(3)违背社会公序良俗,在公共场所有不当行为,造成不良影响的,给予警告、记过或者记大过处分;情节较重的,给予降级或者撤职处分;情节严重的,给予开除处分。

(4)实施、参与或者支持下列行为的,给予撤职或者开除处分:(A)卖淫、嫖娼、色情淫乱活动的;(B)吸食、注射毒品的。组织上述行为的,给予开除处分。

(5)参与赌博的,给予警告或者记过处分;情节较重的,给予记大过或者降级处分;情节严重的,给予撤职或者开除处分。为赌博活动提供场所或者其他方便条件的,给予记过、记大过或者降级处分;情节严重的,给予撤职或者开除处分。在工作时间赌博的,给予记过、记大过或者降级处分;经批评教育仍不改正的,给予撤职或者开除处分。组织赌博的,给予撤职或者开除处分。

(6)有其他严重违反职业道德、社会公德、家庭美德行为的,应当视具体情节给予警告直至开除处分。

## 四、检察官执行职务中犯罪行为的刑事责任

根据我国刑事法律的相关规定,检察官的犯罪行为可以分为两类:一类是普通自然人均能成为犯罪主体的罪名,如抢劫罪、强奸罪、杀人罪;另一类是只有检察官的特殊身份才能构成的犯罪。我国《检察官法》第47条规定,检察官有下列行为之一的,应当给予处分;构成犯罪的,依法追究刑事责任:(1)贪污受贿、徇私枉法、刑讯逼供的;(2)隐瞒、伪造、变造、故意损毁证据、案件材料的;(3)泄露国家秘密、检察工作秘密、商业秘密或者个人隐私的;(4)故意违反法律法规办理案件的;(5)因重大过失导致案件错误并造成严重后果的;(6)拖延办案,贻误工作的;(7)利用职权为自己或者他人谋取私利的;(8)接受当事人及其代理人利益输送,或者违反有关规定会见当事人及其代理人的;(9)违反有关规定从事或者参与营利性活动,在企业或者其他营利性组织中兼任职务的;(10)有

其他违纪违法行为的。检察官的处分按照有关规定办理。"检察官执行职务中的一些行为,因严重违反检察官职业伦理而触犯刑律,依法追究的刑事责任,主要体现在我国《刑法》分则第 4 章"侵犯公民人身权利、民主权利罪"、第 8 章"贪污贿赂罪"和第 9 章"渎职罪"中,具体包括:刑讯逼供罪、暴力取证罪;贪污罪;受贿罪;挪用公款罪;巨额财产来源不明罪;隐瞒境外存款罪;滥用职权罪、玩忽职守罪;泄露国家秘密罪;徇私枉法罪;私放在押人员罪、失职致使在押人员脱逃罪;帮助犯罪分子逃避处罚罪等。按照《刑法》规定构成上述犯罪的从重处罚。在追究检察官的刑事责任的同时,我国法律还明确规定必须追究其纪律责任,给予其纪律处分。

关于刑事责任与纪律责任的竞合问题,在《检察人员纪律处分条例》总则章第 3 节"对违法犯罪、违犯党纪检察人员的处分"中作了详细的规定(具体见前述纪律处分内容)。此处归纳强调:检察官有贪污贿赂、渎职侵权等刑法规定的行为涉嫌犯罪的,应当给予撤职或者开除处分;虽不构成犯罪或者不以犯罪论处,但须追究纪律责任的,应当视具体情节给予警告直至开除处分。检察官受到纪律追究,涉嫌违法犯罪的,应当及时移送有关国家机关依法处理;需要给予党纪处分的,应当向有关党组织提出建议。因犯罪被判处刑罚的,应当给予开除处分。因犯罪情节轻微,被人民检察院依法作出不起诉决定的,或者被人民法院免予刑事处罚的,给予降级、撤职或者开除处分。

# 第五章 律师职业伦理

## 第一节 律师职业伦理概述

### 一、律师职业伦理的概念

律师职业伦理是律师在执业活动中提供法律服务时应当遵循的伦理道德准则以及由此所衍生的职业行为规范的总称。律师职业伦理在规范律师执业活动、维护律师职业声誉、保证法律服务质量、维护社会公平和正义方面具有重要的作用。律师职业伦理相较于律师职业本身而言,犹如"灵魂"与"躯体"的关系,它们"反映了律师职业的精髓和实质"。①

根据《律师法》的规定,律师是指依法取得律师执业证书,接受委托或者指定,为当事人提供法律服务的执业人员。律师可以从事的业务包括:接受自然人、法人或者其他组织的委托,担任法律顾问;接受民事案件、行政案件当事人的委托,担任代理人,参加诉讼;接受刑事案件犯罪嫌疑人、被告人的委托或者依法接受法律援助机构的指派,担任辩护人,接受自诉案件自诉人、公诉案件被害人或者其近亲属的委托,担任代理人,参加诉讼;接受委托,代理各类诉讼案件的申诉;接受委托,参加调解、仲裁活动;接受委托,提供非诉讼法律服务;解答有关法律的询问、代写诉讼文书和有关法律事务的其他文书。

自1979年律师制度恢复重建以来,我国律师行业伴随着改革开放的春风得到了长足的发展。根据司法部权威发布的《2018年度律师、基层法律服务工作统计分析》,截至2018年年底,全国共有执业律师42.3万多人,比2017年年底增长了14.8%。其中,专职律师36.4万多人,占85.89%,兼职律师1.2万多人,占2.87%,公职律师3.1万多人,占7.43%,公司律师7200多人,占1.71%,法律援助律师7400多人,占1.75%,军队律师1500人,占0.35%。全国共有律师事务所3万多家,比2017年年底增长了8%。其中,合伙所2万多家,占66.17%,国资所1100多家,占3.85%,个人所9140多家,占29.98%。2018年,全国律师办理各类法律事务1068万多件。其中,办理诉讼案件497.8万多件(包括刑事诉讼辩护及代理81.4万多件,民事诉讼代理396.9万多件,行政

---

① 〔法〕色何勒-皮埃尔·拉格特、〔英〕帕特里克·拉登:《西欧国家的律师制度》,陈庚生等译,吉林人民出版社1991年版,第154页。

诉讼代理 16.5 万多件,代理申诉 2.9 万多件),办理非诉讼法律事务 105.8 万多件,为 70 万多家党政机关、人民团体和企事业单位担任法律顾问。此外,全国还有基层法律服务机构 1.6 万多家,基层法律服务工作者 7.2 万人,全国基层法律服务工作者共办理诉讼案件 78.9 万多件,办理非诉讼法律事务 24.2 万多件,为 11.9 万多家党政机关、人民团体、企事业单位担任法律顾问,参与仲裁 9.1 万多件。① 作为建设社会主义法治国家的一支重要力量,我国律师行业(含基层法律服务工作者群体)在维护法律的正确实施、推动社会的和谐与进步、维护社会公平与正义、服务与保障民生、积极参政议政等方面发挥着重要作用。

与此同时,应当看到,我国律师行业在获得快速发展的同时,也面临着诸多现实问题,其中既有因法治环境不完善所导致的对律师执业活动的各种掣肘,也有少数律师偏离职业定位、漠视职业伦理而引起的社会公众的质疑与不满。为此,2013 年《中共中央关于全面深化改革若干重大问题的决定》明确要求"完善律师执业权利保障机制和违法违规执业惩戒制度,加强职业道德建设"。2014 年《中共中央关于全面推进依法治国若干重大问题的决定》进一步提出"规范律师执业行为,监督律师严格遵守职业道德和职业操守,强化准入、退出管理,严格执行违法违规执业惩戒制度"。2016 年,中共中央办公厅、国务院办公厅印发了《关于深化律师制度改革的意见》,对深化律师制度改革作出全面部署。关于加强律师队伍建设,《关于深化律师制度改革的意见》强调,要加强职业道德建设,完善律师职业道德规范,健全职业道德教育培训机制。

**二、律师职业伦理的特征**

律师职业伦理是法律职业伦理的重要组成部分,同时由于律师执业活动的独特性而具有不同于其他专门化的法律职业伦理的特征,这主要表现在以下几个方面:

(一)律师职业伦理约束的主体是律师与律师事务所

这里的律师不仅是指在律师事务所执业的律师(即通常所说的"社会律师"),还包括任职于党政机关或者人民团体、依法取得司法行政机关颁发的公职律师证书、在本单位从事法律事务工作的公职律师以及与国有企业订立劳动合同、依法取得司法行政机关颁发的公司律师证书、在本企业从事法律事务工作的

---

① 参见 http://www.moj.gov.cn/government_public/content/2019-03/07/613_229828.html,访问日期:2019 年 5 月 14 日。

公司律师。① 此外,实习律师虽然不能以律师名义从事执业活动,但《中华全国律师协会章程》规定中华全国律师协会负有"组织管理申请律师执业人员的实习活动,对实习人员进行考核"的职责,律师协会的团体会员(即依法批准设立的律师事务所)须履行"对实习律师加强管理"的义务,最高人民法院等两高三部2015年发布的《关于依法保障律师执业权利的规定》明确规定,申请律师执业的实习人员可担任辩护律师、代理律师的律师助理,协助辩护律师会见在押的犯罪嫌疑人、被告人,协助阅卷,参加庭审从事相关辅助工作。根据上述规定,实习律师或申请律师执业的实习人员在协助律师履行职务时应当恪守律师职业伦理规范。同时,《律师法》规定,律师事务所是律师的执业机构,律师承办业务,由律师事务所统一接受委托,与委托人签订书面委托合同,律师不得以个人名义私自收案、收费,律师事务所有违反法律职业规范的行为需承担相应的法律责任,《中华全国律师协会章程》也规定依法批准设立的律师事务所为律师协会的团体会员,律师协会可以对团体会员进行奖励与惩戒,由此可见,律师事务所具有独立的法律主体地位,理应受到律师职业伦理的约束与规范。

现阶段,为社会或企业提供法律服务的执业人员,除了律师以外,还有在基层法律服务所执业的基层法律服务工作者以及2014年以前取得《企业法律顾问执业资格证书》并经注册登记、由企业聘用专职从事企业法律事务工作的企业法律顾问②,对于后两种从事法律服务的执业人员,笔者认为,由于他们所从事的执业活动与律师部分重叠或类似,除法律法规、行政规章另有规定以外,他们也应当恪守与践行作为法律服务的主要提供者的律师所需遵循的职业道德准则与行为规范中的一般性规定。

此外,关于外国律师事务所驻华代表机构及其代表,根据2001年12月国务院发布的《外国律师事务所驻华代表机构管理条例》的规定,外国律师事务所代

---

① 这里的公司律师的定义主要依据的是2018年司法部发布的《公司律师管理办法》的规定。同一年司法部发布的《关于充分发挥职能作用为民营企业发展营造良好法治环境的意见》指出,探索开展民营企业公司律师试点,进一步完善公司律师参与民营企业经营、决策、论证等工作机制和平台。根据这一规定,预计不久的将来,民营企业乃至其他所有制企业也可设立公司律师,在本企业从事法律事务工作。

② 根据2017年修订的《基层法律服务工作者管理办法》以及《基层法律服务所管理办法》的规定,基层法律服务工作者是指符合本办法规定的执业条件,经司法行政机关核准取得《基层法律服务工作者执业证》,在基层法律服务所执业,为社会提供法律服务的人员。基层法律服务工作者可以从事下列业务:担任法律顾问;代理参加民事、行政诉讼活动;代理非诉讼法律事务;接受委托,参加调解、仲裁活动;解答法律咨询;代写法律事务文书。企业法律顾问是指经全国统一考试合格,取得《企业法律顾问执业资格证书》并经注册登记,由企业聘用,专职从事企业法律事务工作的专业人员。2014年8月,国务院印发的《关于取消和调整一批行政审批项目等事项的决定》取消了企业法律顾问的资格考试和注册,但2016年中共中央办公厅、国务院办公厅印发的《关于推行法律顾问制度和公职律师公司律师制度的意见》明确规定:"在国有企业已担任法律顾问但未取得法律职业资格或者律师资格的人员,可以继续履行法律顾问职责。"由此可见,2014年以前取得《企业法律顾问执业资格证书》,并已由企业聘用专职从事企业法律事务的企业法律顾问可以继续履职,为所在企业提供法律服务。

表机构及其代表经国务院司法行政部门许可,可向当事人提供该外国律师事务所律师已获准从事律师执业业务的国家法律以及有关国际条约、国际惯例的咨询,接受当事人或者中国律师事务所的委托,办理在该外国律师事务所律师已获准从事律师执业业务的国家的法律事务,代表外国当事人,委托中国律师事务所办理中国法律事务,通过订立合同与中国律师事务所保持长期的委托关系办理法律事务,提供有关中国法律环境影响的信息;外国律师事务所代表机构及其代表从事法律服务活动,应当遵守中国的法律、法规和规章,恪守中国律师职业道德和执业纪律;外国律师事务所代表机构及其代表有违反我国法律、法规、规章中禁止性规定的行为,住所地的省级以上司法行政部门可给予警告、罚款、责令限期停业直至吊销该代表机构的执业执照或者该代表的执业证书的处罚。据此可知,外国律师事务所驻华代表机构及其代表虽不能直接从事中国法律事务,但仍需遵守我国律师职业伦理的相关规定。

(二)律师职业伦理规范的对象主要是律师的执业行为

根据《律师法》,律师的业务范围主要包括两大类:诉讼业务与非诉讼业务。诉讼业务是指律师接受自然人、法人或者其他组织的委托或者接受法律援助机构的指派,依法以代理人或辩护人的身份为被代理人或刑事案件犯罪嫌疑人、被告人办理司法诉讼的业务活动。非诉讼业务是指律师接受自然人、法人或者其他组织的委托,担任法律顾问、解答有关法律的询问、代写诉讼文书以及其他并不直接涉及司法诉讼的业务活动。律师在从事诉讼或非诉讼业务活动时应当遵守职业伦理规范的有关规定,否则不仅会影响、损害自身的公众形象,而且还须承担相应的民事、行政乃至刑事责任。此外,有些律师执业行为以外的社会活动,如法庭之外的言语行为、广告与业务宣传等,直接关系到律师的职业形象,因此也应受到律师职业伦理的规范与约束。2017年中华全国律师协会发布修订后的《律师协会会员违规行为处分规则(试行)》,将律师协会会员违规应受纪律处分的行为分为九大类:利益冲突行为,代理不尽责行为,泄露秘密或者隐私的行为,违规收案、收费的行为,不正当竞争行为,妨碍司法公正的行为,以不正当方式影响依法办理案件的行为,违反司法行政管理或者行业管理的行为,其他违反法律、法规、规章和行业规范的行为。对违反律师职业伦理、实施上述违规行为的律师个人(律师协会个人会员)和律师事务所(律师协会团体会员)视其情节轻重分别给予训诫、警告、通报批评、公开谴责、中止会员权利1个月以上1年以下以及取消会员资格的纪律处分。

(三)律师职业伦理具有鲜明的职业性、明确的规范性以及层次的多样性等特点

法国社会学家涂尔干曾经说过:"职业伦理的每个分支都是职业群体的产

物,那么它们必然带有群体的性质。"①律师职业伦理是在律师特定的执业实践活动基础上形成的,它以公民道德和社会公德为基础,反映了律师职业的性质、执业活动的特点以及职业义务与责任,表现为律师职业特有的伦理道德传统、习惯、准则以及与此相关的行为规范,构成律师职业从业人员特有的伦理道德心理、品质和内心信念,并对其执业行为乃至业外言行产生约束力,具有明显的职业属性。

律师职业伦理不仅包含相对抽象概括的道德原则与伦理规范,而且还通过法律、法规、规章、司法解释、律师协会所发布的行业规范等规范性文件的形式,对律师的执业行为乃至事关职业声誉和形象的业外行为进行规范与调整。这些律师职业行为规范以义务性规则及相应处罚措施为主体,内容涵盖律师执业活动的方方面面,规范明确、具体,可操作性强。

在我国,律师职业伦理规范不仅高度成文化、内容明确具体,而且随着全面依法治国的深入推进,逐渐形成了一个以《律师法》为主体、包含众多法规规章、司法解释、行业性规范、不同层级和效力的规范性文件有机结合的规范体系。②首先,在法律层面上,《律师法》对律师、律师事务所的基本执业规范及法律责任作了明确的规定。同时,《刑法》《刑事诉讼法》等法律中也包含部分律师执业的禁止性规范。其次,在法规、规章、司法解释层面上,司法部先后通过的《律师执业管理办法》《律师事务所管理办法》《律师和律师事务所违法行为处罚办法》等部门规章将《律师法》中有关律师、律师事务所的执业规范及行政处罚的规定予以明确和细化,国务院通过《法律援助条例》对律师与律师事务所在从事法律援助执业活动中应当遵循的行为规范及法律责任予以明确规定,最高人民法院和最高人民检察院单独或联合司法部、公安部等中央部委发布《关于依法保障律师执业权利的规定》等法律文件规范律师执业行为、保障律师执业权利。再次,在行业规范层面上,中华全国律师协会先后发布《律师职业道德基本准则》《律师执业行为规范(试行)》《律师协会维护律师执业权利规则(试行)》《律师协会会员违规行为处分规则(试行)》等行业规范,对律师职业伦理的基本要求、行为规范以及行业纪律处分作了详细的规定,一些地方律师协会也制定过地方性行业规范对律师执业行为加以调整,如广东省律师协会制定过《广东省律师协会会员违规行为处分实施细则》《广东省律师网络言论行为规范》,深圳市律师协会制定过《深圳市律师协会律师会见犯罪嫌疑人、被告人纪律规定》,等等。此外,有些地方立法机构、司法行政机关针对律师执业的管理、惩戒等问题制定过一些地方性

---

① 〔法〕涂尔干:《职业伦理与公民道德》,渠敬东等译,商务印书馆2017年版,第8页。
② 1980年第八届联合国预防犯罪和罪犯待遇大会通过《关于律师作用的基本原则》,其中包含有若干律师职业伦理的规范和要求,由于该文件尚未经过我国立法机关的审议批准,因此在我国不具有法律约束力,对其仅能从学理方面进行探讨,不能作为规范性文件予以引用。

法规、规章或本地方适用的规范性文件,如 2017 年广东省人民代表大会常务委员会制定过《广东省实施〈中华人民共和国律师法〉办法》,2016 年浙江省司法厅印发过《律师行业违法行为行政处罚裁量基准(试行)》,2016 年山东省司法厅印发过《律师和律师事务所违法违规行为惩戒工作规则》,等等。

**三、律师职业伦理的作用**

《律师法》规定,律师应当维护当事人合法权益,维护法律正确实施,维护社会公平和正义。律师职业伦理规范是律师依法履行职责、规避职业风险的前提条件和根本保证。内心缺乏对法治的信仰和敬畏,在执业活动中藐视伦理规范和法律规则,唯利是图,行为乖张,这样的律师从业之路很难走得长久。职业伦理之于律师职业的关系,正如国内法律职业伦理学者所说的"没有职业伦理,律师如同裸奔"。[1]

具体而言,律师职业伦理对于律师职业发挥如下作用与功能:

(一)规范和调节律师执业活动,确保律师依法履行职责

律师职业伦理不仅包括内容相对原则和抽象、通过植根于内心的自我约束的职业道德要求,而且还包括内容明确和具体、借助他律实施约束与强制的职业行为规范。它不但构成律师职业的理想和追求,更是律师职业的行为底线。特别是其中的律师职业行为规范,作为律师执业活动的标准和界限,明确规定律师在执业活动中所享有的权利和应当履行的义务以及相应的行为后果,为律师执业活动设定了不可逾越的红线,时刻警示律师一定要遵规守纪,提升职业素养,规范执业行为。

(二)维护律师执业权益,规避律师职业风险

一方面,律师职业伦理以相应的法律责任及行业处分等形式约束律师的违规行为,从而起到规范律师执业行为的效果。另一方面,律师职业伦理中还包括相当数量的执业权利的内容,约束、限制委托人或当事人、司法人员等社会外界对律师执业的非法干涉和压制,规定律师在执业权益遭受非法侵犯时可以采取的救济措施和手段,以保障律师的执业权益。无论是其中的禁止性规范还是授权性规范,都可以使律师职业从业人员准确评估行为的性质,排除他人对执业权益的非法干预和侵犯,从而有效规避职业风险。比如,律师会见在押犯罪嫌疑人时,可以以职业伦理规范明确禁止为由,拒绝在押犯罪嫌疑人要求其提供通信工具跟外界联系或者传递香烟、信件等无理要求。

(三)维护律师职业声誉,促进律师行业的健康发展

律师职业伦理既关乎律师个人的职业形象,也事关律师行业的职业声誉。

---

[1] 许身健:《没有职业伦理,律师就如同裸奔》,载《新京报》2013 年 12 月 7 日 B04 版。

律师为委托人或当事人提供法律服务,充分展现了律师的工作态度、专业技能和职业性质,律师在执业过程中严格遵循职业伦理,能够使社会公众正确认识律师职业的特点、作用和功能,律师职业伦理与公民道德的异同,促进他们对于律师职业乃至法治事业的信任和认同。同时,律师职业伦理规范的制定与运行,直接关系到整个律师行业的健康发展。司法行政机关以及律师协会,作为律师职业的行政管理机关和行业自律组织,制定完备、健全的律师职业伦理规范,严格执法执纪,对模范地遵守职业伦理规范的律师和律所予以表彰、奖励,对所有违反职业伦理规范的律师或律师事务所做到"零容忍",一律给予相应的行政处罚与纪律处分,直至吊销执业证书或取消会员资格,从而在组织上纯洁律师队伍,促进全行业的健康发展。

## 第二节 律师执业中的行为准则

根据《律师法》、司法部《关于进一步加强律师职业道德建设的意见》《律师执业管理办法》《律师事务所管理办法》以及中华全国律师协会《律师职业道德基本准则》《律师执业行为规范(试行)》等法律法规、行业规范的规定,我国律师执业中的行为基本准则包括以下六个方面内容:坚定信念、执业为民、维护法治、追求正义、诚实守信以及勤勉敬业。

### 一、坚定信念

律师应当坚定中国特色社会主义理想信念,坚持中国特色社会主义律师制度的本质属性,拥护党的领导,拥护社会主义制度,自觉维护宪法和法律的尊严。

为加强律师队伍建设,党的十八届四中全会通过的《中共中央关于全面推进依法治国若干重大问题的决定》要求,加强律师队伍思想政治建设,把拥护中国共产党领导、拥护社会主义法治作为律师从业的基本要求,增强广大律师走中国特色社会主义法治道路的自觉性和坚定性。为落实中央文件精神,2016年司法部修订的《律师执业管理办法》增加了一条内容:律师应当把拥护中国共产党领导、拥护社会主义法治作为从业的基本要求。2018年修订的《律师事务所管理办法》明确规定:律师事务所应当坚持以习近平新时代中国特色社会主义思想为指导,坚持和加强党对律师工作的全面领导,坚定维护以习近平同志为核心的党中央权威和集中统一领导,把拥护中国共产党领导、拥护社会主义法治作为从业的基本要求,增强广大律师走中国特色社会主义法治道路的自觉性和坚定性。2017年中华全国律师协会修订后的《律师执业行为规范(试行)》明确要求,律师不得利用律师身份和以律师事务所名义炒作个案,攻击社会主义制度,从事危害国家安全活动。

## 二、执业为民

律师应当始终把执业为民作为根本宗旨,全心全意为人民群众服务,通过执业活动努力维护人民群众的根本利益,维护公民、法人和其他组织的合法权益。认真履行法律援助义务,积极参加社会公益活动,自觉承担社会责任。

司法部《关于进一步加强律师职业道德建设的意见》要求引导广大律师始终把执业为民作为根本宗旨,树立群众观念,把执业过程作为服务群众、做群众工作的过程,为当事人提供勤勉尽责、优质高效的法律服务,通过执业活动努力维护人民群众的根本利益,维护公民、法人和其他组织的合法权益。要教育引导律师正确处理执业经济效益与社会效益的关系,忠实履行辩护代理职责和法律援助义务,帮助引导当事人依法理性表达诉求、维护权益。

"执业为民"原则要求律师对委托人或当事人忠诚,忠于当事人的委托,忠于委托人或当事人的利益,尊重委托人或当事人的意志和决定,在委托人委托的权限范围内开展执业活动,充分运用法律专业知识和技能,尽职尽责,最大限度地维护当事人的合法权益。中华全国律师协会印发的《律师办理刑事案件规范》第5条第3款规定,律师在辩护活动中,应当在法律和事实的基础上尊重当事人意见,按照有利于当事人的原则开展工作,不得违背当事人的意愿提出不利于当事人的辩护意见。《律师办理民事案件规范》《律师承办行政案件规范》《律师参与仲裁工作规则》中也有律师应当"积极维护委托人的合法权益"等内容。

应当看到,律师对委托人或当事人忠诚,并非唯委托人或当事人意志或利益是从,"收人钱财,替人消灾",成为当事人雇佣的仆人或"枪手"。律师接受委托或指定从事执业活动,具有相对独立的法律地位,应当依据宪法和法律的规定独立执业,有权拒绝委托人不合法、不合理的要求。《律师法》第32条规定,委托事项违法、委托人利用律师提供的服务从事违法活动或者委托人故意隐瞒与案件有关的重要事实的,律师有权拒绝辩护或者代理。中华全国律师协会《律师执业行为规范(试行)》第42条进一步明确规定,委托事项违法、委托人利用律师提供的服务从事违法活动或者委托人故意隐瞒与案件有关的重要事实的,律师有权告知委托人并要求其整改,有权拒绝辩护或者代理,或以其他方式终止委托,并有权就已经履行事务取得律师费。

作为社会主义法律工作者,律师应当积极参加法律援助活动,利用自己的法律知识以及专业技能为经济困难者以及其他社会弱势群体提供法律帮助。法律援助是律师承担社会责任的重要方式之一,也是律师应尽的法律义务。《律师法》第42条规定,律师、律师事务所应当按照国家规定履行法律援助义务,为受援人提供符合标准的法律服务,维护受援人的合法权益。《法律援助条例》针对律师事务所及律师拒绝履行法律援助义务的违法行为规定了相应的行政处罚措施,律师事务所拒绝法律援助机构的指派,不安排本所律师办理法律援助案件的,由司法行政部门视其情节轻重给予警告、责令改正直至 1 个月以上 3 个月以下停业整顿的处罚,律师无正当理由拒绝接受、擅自终止法律援助案件,或者在办理法律援助案件时收取财物的,由司法行政部门给予警告、责令改正直至 1 个月以上 3 个月以下停止执业的处罚。

### 三、维护法治

律师应当坚定法治信仰,牢固树立法治意识,模范遵守宪法和法律,切实维护宪法和法律的尊严。律师在执业中应该坚持以事实为根据,以法律为准绳,严格依法履责,尊重司法权威,遵守诉讼规则和法庭纪律,与司法人员建立良性互动关系,维护法律正确实施,促进司法公正。

"法律必须被信仰,否则它将形同虚设。"[1]作为社会主义法律工作者,律师对法治的信仰构成律师职业的灵魂,是律师规范执业、对抗一切不法行为的精神源泉和根本保证。为此,律师应当全面、准确地贯彻执行宪法和法律,竭力捍卫当事人的合法权益,维护法律的正确实施。律师在执业活动中应当坚持实事求是的思想路线和工作作风,深入调查研究,客观、全面、科学地搜集证据材料,以确凿、充分的证据最大限度地还原案件事实,进而准确适用法律,维护当事人的合法权益。

律师在执业活动中应当尊重法庭,尊重司法人员,遵守诉讼规则和法律纪律,服从管理,不得行贿、提供虚假证据;不得发表危害国家安全、恶意诽谤他人、严重扰乱法庭秩序的言论;不得利用职业身份教唆、指使当事人串供、伪造证据,干扰正常司法活动。最高人民法院、司法部等中央部门制定了《关于规范法官和律师相互关系维护司法公正的若干规定》《关于进一步规范司法人员与当事人、律师、特殊关系人、中介组织接触交往行为的若干规定》等规章文件加强法官、检察官、其他司法工作人员以及律师在诉讼活动中的纪律约束,规范司法人员和律师的相互关系,维护司法公正。

### 四、追求正义

律师应当把维护公平正义作为核心价值追求,为当事人提供勤勉尽责、优质高效的法律服务,努力维护当事人的合法权益;引导当事人依法理性维权,维护社会大局稳定;依法充分履行辩护或代理职责,促进案件依法、公正解决。

司法部《关于进一步加强律师职业道德建设的意见》要求引导广大律师牢固树立使命意识,把维护社会公平正义作为核心价值追求,通过执业全心全意为人

---

[1] 〔美〕伯尔曼:《法律与宗教》,梁治平译,三联书店 1991 年版,第 28 页。

民群众服务,努力维护当事人合法权益;运用法律服务手段积极预防和化解社会矛盾纠纷,引导当事人依法理性维护权益,维护社会大局稳定;依法充分履行辩护代理职责,促进案件依法、公正解决,让人民群众在每一起案件和服务事项中都能感受到公平正义。律师要处理好维权和维稳的关系,不能将两者简单对立起来,不得煽动、教唆当事人采取扰乱公共秩序、危害公共安全等非法手段解决争议,不得利用律师身份煽动、教唆、组织有关利益群体,干扰、破坏正常社会秩序。《律师法》第 49 条第(7)项规定,律师煽动、教唆当事人采取扰乱公共秩序、危害公共安全等非法手段解决争议的,由设区的市级或者直辖市的区人民政府司法行政部门给予停止执业 6 个月以上 1 年以下的处罚,可以处 5 万元以下的罚款;有违法所得的,没收违法所得;情节严重的,由省、自治区、直辖市人民政府司法行政部门吊销其律师执业证书;构成犯罪的,依法追究刑事责任。

司法公正是社会公正的最后一道防线,律师在维护司法公正、实现社会公平正义方面负有特殊的责任和使命。律师通过规范执业、依法尽职履责,在司法诉讼活动中维护当事人合法权益,有利于防止冤假错案的发生,提高司法的公信力,促进社会公平与正义。

**五、诚实守信**

律师应当牢固树立诚信意识,自觉遵守执业行为规范,在执业中恪尽职守、诚实守信、勤勉尽责、严格自律;应当积极履行合同约定义务和法定义务,维护委托人合法权益,保守在执业活动中知悉的国家机密、商业秘密和个人隐私。

司法部《关于进一步加强律师职业道德建设的意见》要求引导广大律师牢固树立诚信意识,自觉遵守职业道德准则和执业行为规范,在从事法律服务中恪尽职守、诚实守信、勤勉尽责、严格自律,不得违反或者懈怠履行合同约定的义务,不得违反执业利益冲突限制性规定,不得利用提供服务便利牟取当事人争议的利益,不得向委托人索取额外财物或利益,不得与他人串通侵害委托人的权益,不得泄露当事人的商业秘密和个人隐私,不得采用不当方式与同行进行竞争,做社会诚信建设的表率。

诚实守信是中华民族的传统美德,也是社会主义核心价值观的重要内容。对于律师职业而言,诚信问题不仅是一项道德义务,更是一项法律义务。诚信执业是律师工作的生命线,是律师行业的立业之本、执业之基。对于律师来说,能否诚信执业,直接影响着维护当事人的合法权益、维护法律的正确实施、维护社会公平正义职能作用的发挥。诚信执业要求律师遵守业务推广规则,规范代理行为,禁止虚假承诺,禁止恶意串通、损害委托人利益,禁止非法牟取当事人争议的权益。律师应当与当事人保持职业距离,避免利益冲突,应当保守在执业活动中知悉的国家秘密、商业秘密,不得泄露当事人的隐私,对在执业活动中知悉的委托人和其他人不愿泄露的有关情况或信息,除非法律另有规定,应当予以保密。

中华全国律师协会也发布了《关于进一步加强以诚信建设为重点的律师行风建设的意见》等行业规范,加强律师队伍诚信教育,加快律师队伍诚信体系建设,加强行风评查和专项治理,加大行业违规行为处分力度,积极塑造诚信规范的律师执业形象,努力建设诚实守信的律师队伍。

**六、勤勉敬业**

律师应当热爱律师职业,珍惜律师荣誉,树立正确的执业理念,不断提高专业素质和执业水平,注重陶冶个人品行和道德情操,忠于职守,爱岗敬业,尊重同行,维护律师的个人声誉和律师行业形象。

《律师执业行为规范(试行)》第7条规定:"律师应当诚实守信、勤勉尽责,依据事实和法律,维护当事人合法权益,维护法律正确实施,维护社会公平和正义。"司法部《关于进一步加强律师职业道德建设的意见》要求引导广大律师热爱律师职业,珍惜律师荣誉,树立正确的执业理念和社会责任意识,不断提高专业素质和执业水平,注重陶冶个人品行和道德情操,忠于职守,勤勉敬业,竭诚服务,坚决抵制趋利化倾向和不讲职业操守、失德失信行为,努力维护律师个人声誉和律师行业形象,忠实履行工作职责使命。

律师在执业活动中应当勤勉尽责,严格按照法定期限、时效以及与当事人约定的期限,高效、及时、迅捷地完成委托事项,最大限度维护当事人的合法权益;办案过程中应及时与当事人进行沟通、交流,了解当事人的真实想法,运用专业知识分析利弊得失、依据法律做出最优解决方案以供当事人参考决定,耐心细致地回答委托人或当事人的案情咨询,不敷衍塞责,阳奉阴违。律师应当妥善保管委托人或当事人提供的证据原件、原物、音像资料底版以及其他材料,按照规定建立律师业务档案,真实、完整地保存各项工作记录。律师接受委托后,应当在委托人委托的权限内开展执业活动,不得超越委托权限,无正当理由不得拒绝辩护或者代理,或者以其他方式终止委托。律师在承办受托业务时,对已经出现和可能出现的不可克服的困难、风险,应当及时通知委托人,并向律师事务所报告。律师应当加强学习,不断提高专业素质和执业水平,为当事人提供优质、高效的法律服务。律师与其他律师之间应当相互帮助、相互尊重,注重职业修养,自觉维护律师行业声誉。

## 第三节 律师执业中的行为规范

《律师法》、司法部《律师执业管理办法》、中华全国律师协会《律师执业行为规范(试行)》《律师业务推广行为规则(试行)》等法律规章、行业规范对律师业务推广行为规范、律师与委托人或当事人的关系规范、律师参与诉讼或仲裁规范、律师与其他律师的关系规范、律师与所任职的律师事务所关系规范、律师与律师协会关系规范等内容进行了全面规定。另外,一些地方性法规、地方司法行政机关以及地方律师协会所发布的规范性文件中也包含某些本地适用的律师执业行为规则,如广东省律师协会制定有《广东省律师防止利益冲突规则》《广东省律师网络言论行为规范》《广东省律师事务所及律师业务推广宣传行为守则》等地方行业规范对本省律师执业中的利益冲突问题、律师网络言论以及律师业务推广宣传等执业行为加以规制和调整。

**一、律师业务推广行为规范**

(一) 律师业务推广概述

根据 2018 年 1 月 6 日第九届中华全国律师协会第 12 次常务理事会审议通过中华全国律师协会《律师业务推广行为规则(试行)》第 2 条的规定,律师业务推广是指"律师、律师事务所为扩大影响、承揽业务、树立品牌,自行或授权他人向社会公众发布法律服务信息的行为"。

律师业务推广的方式主要有以下几种:(1) 发布律师个人广告、律师事务所广告;(2) 建立、注册和使用网站、博客、微信公众号、领英等互联网媒介;(3) 印制和使用名片、宣传册等具有业务推广性质的书面资料或视听资料;(4) 出版书籍、发表文章;(5) 举办、参加、资助会议、评比、评选活动;(6) 其他可传达至社会公众的业务推广方式。

关于律师是否需要通过广告等方式进行业务推广,传统的看法认为广告乃是营利的竞争手段,和负有维护基本人权、实现社会正义使命的律师不相称,会损害律师的品格。广告如果有虚假或夸大的成分,就成为践踏对律师职业信赖的工具。另外,广告费用会增加委托人的经济负担,广告本身会刺激民众的利益诉求和诉讼愿望,有可能造成诉讼泛滥。[①] 现代各国法律实务界和普通民众一般对律师广告及其他业务推广方式持开放的态度,允许律师及律师事务所严格依据法律法规以及行业规范开展业务推广活动,以拓展案源、打造品牌、积累资源,提供优质、高效的法律服务。

(二) 律师业务推广的基本原则和要求

中华全国律师协会《律师业务推广行为规则(试行)》第 3 条规定,律师、律师事务所进行业务推广应当遵守法律法规和执业规范,公平和诚实竞争,推广内容应当真实、严谨,推广方式应当得体、适度,不得含有误导性信息,不得损害律师职业尊严和行业形象。

---

① 〔日〕森际康友:《司法伦理》,于晓琪、沈军译,商务印书馆 2010 年版,第 241 页。

根据上述规定,律师和律师事务所业务推广应当遵守的基本原则主要有:守法原则,诚实信用原则,公平竞争原则,真实、严谨原则,得体、适度原则。其中,守法、诚实信用、公平竞争、真实等原则为一般商业推广应当遵循的通用原则,我国《广告法》中也有类似规定。① 律师业务推广不同于一般商业推广的原则主要体现为严谨、得体和适度。严谨原则要求律师业务推广的言辞要规范、准确和审慎,要体现法律人的专业特点。得体原则要求律师业务推广的方式体面、庄重,与法律专业人士的身份、职业相符。适度原则要求律师在进行业务推广时不应过分突出商业营销或经济利益,而应对业务推广过程中的商业利益、客户利益、司法职业群体利益以及社会公众利益之间的冲突加以平衡与协调。如业务推广涉及客户信息时,应以保守客户的秘密作为首要责任,不应以业务推广需要为由擅自披露客户信息。②

结合中华全国律师协会《律师执业行为规范(试行)》和《律师业务推广行为规则(试行)》中的相关内容,律师和律师事务所进行业务推广时应当遵守以下规定:

(1) 律师个人发布的业务推广信息应当醒目标示律师姓名、律师执业证号、所任职律师事务所名称,也可以包含律师本人的肖像、年龄、性别、学历、学位、执业年限、律师职称、荣誉称号、律师事务所收费标准、联系方式,依法能够向社会提供的法律服务业务范围、专业领域、专业资格等。律师事务所发布的业务推广信息应当醒目标示律师事务所名称、执业许可证号,也可以包含律师事务所的住所、电话号码、传真号码、电子信箱、网址、公众号等联系方式,以及律师事务所荣誉称号、所属律师协会、所内执业律师、律师事务所收费标准、依法能够向社会提供的法律服务业务范围简介。

(2) 律师、律师事务所业务推广信息中载有荣誉称号的,应当载明该荣誉称号的授予时间和授予机构。律师、律师事务所可以宣传其专业法律服务领域,但不得自我宣称或者暗示其为公认的某一专业领域的专家或者专家单位。

(3) 律师、律师事务所应当对其开立的互联网媒介账户中的信息内容负责,如果发现他人在其互联网媒介账户中发布违反《律师业务推广行为规则(试行)》的信息,应当及时删除。

(4) 律师、律师事务所和互联网平台、大众媒体等第三方媒介合作进行业务推广的,无论该第三方是否向律师、律师事务所收取费用,均应当遵守《律师业务推广行为规则(试行)》。律师、律师事务所应当要求第三方传播媒介向受众明示

---

① 《广告法》第3条规定,广告应当真实、合法,以健康的表现形式表达广告内容,符合社会主义精神文明建设和弘扬中华民族优秀传统文化的要求。第5条规定,广告主、广告经营者、广告发布者从事广告活动,应当遵守法律、法规,诚实信用,公平竞争。

② 吴晨:《律师业务推广行为规则剖析》,载《中国司法》2018年第3期。

《律师业务推广行为规则(试行)》规定的律师、律师事务所业务推广的基本信息。

(5)律师、律师事务所不得以支付案件介绍费、律师费收入分成等方式与第三方合作进行业务推广。

(6)律师、律师事务所不得帮助他人违反《律师业务推广行为规则(试行)》。律师、律师事务所在为个人、单位、外地律师、外国律师提供服务或者进行业务合作过程中,发现其存在违反《律师业务推广行为规则(试行)》行为的,应当告知其相关规定内容,督促其停止违规行为或者停止提供服务、业务合作。

(三)律师业务推广的限制

为规范律师业务推广行为,维护律师的职业声誉和形象,中华全国律师协会《律师执业行为规范(试行)》和《律师业务推广行为规则(试行)》对律师服务广告、宣传以及其他业务推广方式作出了一系列限制性规定。

关于律师业务推广的主体,《律师执业行为规范(试行)》规定,律师和律师事务所为推广业务,可以发布使社会公众了解律师个人和律师事务所法律服务业务信息的广告。但是,具有下列情况之一的,律师和律师事务所不得发布律师广告:(1)没有通过年度考核的;(2)处于停止执业或停业整顿处罚期间的;(3)受到通报批评、公开谴责的纪律处分未满1年的。《律师业务推广行为规则(试行)》进一步规定,律师、律师事务所具有下列情形之一的,不得发布律师服务广告:(1)未参加年度考核或者未通过年度考核的;(2)处于中止会员权利、停止执业或者停业整顿处罚期间,以及前述期间届满后未满1年的;(3)受到通报批评、公开谴责的纪律处分未满1年的;(4)其他不得发布广告的情形。

关于律师业务推广的内容,《律师执业行为规范(试行)》规定,律师和律师事务所不得进行歪曲事实和法律,或者可能使公众对律师产生不合理期望的宣传。律师和律师事务所可以宣传所从事的某一专业法律服务领域,但不得自我声明或者暗示其被公认或者证明为某一专业领域的权威或专家。《律师业务推广行为规则(试行)》第10条明确规定,律师、律师事务所进行业务推广时,不得有下列行为:(1)虚假、误导性或者夸大性宣传;(2)与登记注册信息不一致;(3)明示或者暗示与司法机关、政府机关、社会团体、中介机构及其工作人员有特殊关系;(4)贬低其他律师事务所或者律师的;或与其他律师事务所、其他律师之间进行比较宣传;(5)承诺办案结果;(6)宣示胜诉率、赔偿额、标的额等可能使公众对律师、律师事务所产生不合理期望;(7)明示或者暗示提供回扣或者其他利益;(8)不收费或者减低收费(法律援助案件除外);(9)未经客户许可发布的客户信息;(10)与律师职业不相称的文字、图案、图片和视听资料;(11)在非履行律师协会任职职责的活动中使用律师协会任职的职务;(12)使用中国、中华、全国、外国国家名称等字样,或者未经同意使用国际组织、国家机关、政府组织、行业协会名称;(13)法律、法规、规章、行业规范规定的其他禁止性内容。

关于律师业务推广的方式,《律师执业行为规范(试行)》第 30 条规定,律师和律师事务所不得以有悖律师使命、有损律师形象的方式制作广告,不得采用一般商业广告的艺术夸张手段制作广告。《律师业务推广行为规则(试行)》第 11 条禁止律师以下列方式发布业务推广信息:(1)采用艺术夸张手段制作、发布业务推广信息;(2)在公共场所粘贴、散发业务推广信息;(3)以电话、信函、短信、电子邮件等方式针对不特定主体进行业务推广;(4)在法院、检察院、看守所、公安机关、监狱、仲裁委员会等场所附近以广告牌、移动广告、电子信息显示牌等形式发布业务推广信息;(5)其他有损律师职业形象和律师行业整体利益的业务推广方式。

**二、律师与委托人或当事人的关系规范**

律师是依法接受委托或指定、为当事人提供法律服务的执业人员,律师与委托人或当事人的关系是其一切执业活动的基础与前提,处理好两者之间的关系,是律师得以顺利开展业务活动的基本保障。为此,《律师法》、司法部《律师执业管理办法》《律师事务所管理办法》、中华全国律师协会《律师执业行为规范(试行)》等法律法规、行业规范对律师与委托人或当事人关系作出了明确、具体的规定。

(一)委托代理关系的建立

1. 规范委托代理身份

律师与委托人的关系本质上是一种合同关系。应当看到,就委托代理关系而言,合同双方的主体分别是律师事务所和委托人。律师在接受委托、提供法律服务时,应当与委托人就委托事项范围、内容、权限、费用、期限等进行协商,经协商达成一致后,由律师事务所与委托人签署委托协议。《律师法》明确规定,律师承办业务,由律师事务所统一接受委托,与委托人签订书面委托合同,按照国家规定统一收取费用并如实入账。律师不得私自接受委托、收取费用,接受委托人的财物或者其他利益,违反该项规定者,由设区的市级或者直辖市的区人民政府司法行政部门给予警告,可以处 1 万元以下的罚款;有违法所得的,没收违法所得;情节严重的,给予停止执业 3 个月以上 6 个月以下的处罚。中华全国律师协会《律师协会会员违规行为处分规则(试行)》规定,律师有私自接受委托、私自向委托人收取费用等违规收案、收费行为的,给予训诫、警告或者通报批评的纪律处分,情节严重的,给予公开谴责、中止会员权利 1 个月以上 1 年以下或者取消会员资格的纪律处分。

根据中华全国律师协会《律师执业行为规范(试行)》的规定,在委托代理关系依法建立以后,律师应当遵守以下基本要求:(1)律师应当充分运用专业知识,依照法律和委托协议完成委托事项,维护委托人或者当事人的合法权益;(2)律师与所任职律师事务所有权根据法律规定、公平正义及律师执业道德标准,选择实现委托人或者当事人目的的方案;(3)律师应当严格按照法律规定的期间、时效以及与委托人约定的时间办理委托事项。对委托人了解委托事项办理情况的要求,应当及时给予答复;(4)律师应当建立律师业务档案,保存完整的工作记录;(5)律师应谨慎保管委托人或当事人提供的证据原件、原物、音像资料底版以及其他材料;(6)律师接受委托后,应当在委托人委托的权限内开展执业活动,不得超越委托权限;(7)律师接受委托后,无正当理由不得拒绝辩护或者代理、或以其他方式终止委托。委托事项违法、委托人利用律师提供的服务从事违法活动或者委托人故意隐瞒与案件有关的重要事实的,律师有权告知委托人并要求其整改,有权拒绝辩护或者代理、或以其他方式终止委托,并有权就已经履行事务取得律师费,等等。

2. 禁止虚假承诺

律师、律师事务所进行业务推广时不得进行虚假、误导性或者夸大性宣传,不得明示或者暗示与司法机关、政府机关、社会团体、中介机构及其工作人员有特殊关系,承诺办案结果,宣示胜诉率、赔偿额、标的额等可能使公众对律师、律师事务所产生不合理期望。律师承办业务时,不得用明示或者暗示方式对办理结果向委托人作出不当承诺。不过,在法律实践当中,律师根据案件事实和法律规定、就案件最终裁判结果所做的分析性意见有时与虚假承诺很难加以区分,为此,《律师执业行为规范(试行)》第44、45条规定,律师根据委托人提供的事实和证据,依据法律规定进行分析,向委托人提出分析性意见。律师的辩护、代理意见未被采纳,不属于虚假承诺。

3. 风险告知义务

《律师执业行为规范(试行)》第43条规定,律师在承办受托业务时,对已经出现的和可能出现的不可克服的困难、风险,应当及时通知委托人,并向律师事务所报告。

律师事务所和律师在接受委托人的委托时,应当向委托人交付《风险提示书》或类似文件,告知委托人拟委托的法律服务事项可能出现的各种风险。在法律实践当中,律师在履行风险告知义务时,可以参考人民法院所建立的诉讼风险告知制度。如,2003年最高人民法院发布的《人民法院民事诉讼风险提示书》将常见的民事诉讼风险归纳为以下种类:(1)起诉不符合条件;(2)诉讼请求不适当;(3)逾期改变诉讼请求;(4)超过诉讼时效;(5)授权不明;(6)不按时交纳诉讼费用;(7)申请财产保全不符合规定;(8)不提供或者不充分提供证据;(9)超过举证时限提供证据;(10)不提供原始证据;(11)证人不出庭作证;(12)不按规定申请审计、评估、鉴定;(13)不按时出庭或者中途退出法庭;(14)不准确提供送达地址;(15)超过期限申请强制执行;(16)无财产或者无足够财产可供执行;(17)不履行生效法律文书确定义务。

## （二）律师服务收费

关于律师服务收费，我国《律师法》第 25 条第 1 款明确规定，律师承办业务，由律师事务所统一接受委托，与委托人签订书面委托合同，按照国家规定统一收取费用并如实入账。此外，国家发展和改革委员会与司法部 2006 年共同制定的《律师服务收费管理办法》《国家发展改革委关于放开部分服务价格意见的通知》以及中华全国律师协会《律师服务收费争议调解规则（试行）》等部委规章和行业规范针对律师服务收费的原则、方式、标准、规范限制、监督与争议解决等问题作出了明确的规定。

近年来，有些省市按照中央"放管服"改革要求、就律师服务收费制度的改革问题进行积极的探索，全面放开律师法律服务收费，不再实行政府定价。例如，北京市司法局、北京市律师协会发布《关于全面放开我市律师法律服务收费的通知》，规定自 2018 年 4 月 1 日起，北京市律师法律服务收费全面实行市场调节价。律师法律服务收费放开后，各律师事务所要严格遵守《律师法》《价格法》以及司法部《律师事务所管理办法》《律师执业管理办法》等法律法规、规章的规定，建立健全收费管理和财务管理制度，严格落实明码标价制度，为委托人提供质量合格、价格合理的服务。不得利用优势地位强制服务、强制收费，或者只收费不服务、多收费少服务。严禁串通涨价、恶意低价以及价格欺诈等不正当竞争行为。湖北省司法厅也发布《关于律师服务和基层法律服务收费不再实行政府定价的通知》，规定自 2018 年 12 月 1 日起，全省律师服务收费和基层法律服务收费全面实行市场调节价。律师事务所和基层法律服务所提供法律服务的收费标准由律师事务所和基层法律服务所同委托人协商确定。

### 1. 收费基本原则

《律师服务收费管理办法》规定，律师服务收费遵循公开公平、自愿有偿、诚实信用的原则。"公开公平"原则要求律师和律师事务所为委托人提供法律服务时，应当平等协商，公示《律师服务收费管理办法》和收费标准等信息，接受社会监督。"自愿有偿"原则要求律师事务所接受委托时应当在平等自愿的基础上与委托人签订律师服务收费合同或者在委托代理合同中载明收费条款，并向委托人出具合法票据。"诚实信用"原则要求律师收费切实体现提供法律服务过程中的劳动付出，不得坐地起价，或以法律服务质量相要挟、随意变更收费项目或者提高收费数额。

### 2. 收费方式

《律师服务收费管理办法》第 10 条第 1 款规定，律师服务收费可以根据不同的服务内容，采取计件收费、按标的额比例收费和计时收费等方式。

计件收费是指根据律师提供法律服务的件数来确定、收取律师服务费的计价方式。计件收费一般适用于不涉及财产关系的法律事务。

按标的额比例收费是指根据律师提供法律服务所涉及的标的额，以一定比例确定、收取律师服务费的计价方式。按标的额比例收费适用于涉及财产关系的法律事务。

计时收费是指根据律师提供法律服务耗费的有效工作时间来确定、收取律师服务费的计价方式。计时收费可适用于全部法律事务。

另外，在法律实践当中，还存在风险代理收费的计价方式，《律师服务收费管理办法》也对此作了规定。所谓风险代理收费，是指律师事务所与委托人约定将律师收费与提供法律服务所应达到的预期目标相挂钩，根据预期目标的实现情况来确定、收取律师服务费的计价方式。《律师服务收费管理办法》规定，实行风险代理收费，律师事务所应当与委托人签订风险代理收费合同，约定双方应承担的风险责任、收费方式、收费数额或比例。实行风险代理收费，最高收费金额不得高于收费合同约定标的额的30%。涉及财产关系的一般民事案件，委托人要求实行风险代理的，律师事务所可以实行风险代理收费，但下列情形除外：(1) 婚姻、继承案件；(2) 请求给予社会保险待遇或者最低生活保障待遇的；(3) 请求给付赡养费、抚养费、扶养费、抚恤金、救济金、工伤赔偿的；(4) 请求支付劳动报酬的等。

3. 收费禁止性规定

(1) 禁止私自收费。《律师法》规定，律师在执业活动中不得私自接受委托、收取费用，接受委托人的财物或者其他利益。《律师服务收费管理办法》也明确规定，律师服务费、代委托人支付的费用和异地办案差旅费由律师事务所统一收取，律师不得私自向委托人收取任何费用。除前款所列三项费用外，律师事务所及承办律师不得以任何名义向委托人收取其他费用。

(2) 禁止违规收费。《律师服务收费管理办法》将律师事务所、律师不按规定公示律师服务收费管理办法和收费标准、提前或者推迟执行政府指导价、超出政府指导价范围或幅度收费、采取分解收费项目、重复收费、扩大范围等方式变相提高收费标准或者以明显低于成本的收费进行不正当竞争的行为视作价格违法行为，规定由政府价格主管部门依照《价格法》和《价格违法行为行政处罚规定》实施行政处罚。此外，《律师服务收费管理办法》还规定，律师事务所向委托人收取律师服务费，应当向委托人出具合法票据。律师事务所需要预收异地办案差旅费的，应当向委托人提供费用概算，经协商一致，由双方签字确认。律师事务所应当向委托人提供代其支付的费用和异地办案差旅费清单及有效凭证以结算相关费用。

(3) 禁止特定案件实行风险代理收费。《律师服务收费管理办法》规定，禁止刑事诉讼案件、行政诉讼案件、国家赔偿案件以及群体性诉讼案件实行风险代理收费。此外，婚姻、继承案件以及请求给予社会保险待遇或者最低生活保障待遇、赡养费、抚养费、扶养费、抚恤金、救济金、工伤赔偿、支付劳动报酬等涉及财产关系的民事案件也不得实行风险代理收费。

(4) 禁止承办法律援助案件时向受援人收费。《律师服务收费管理办法》规定，律师和律师事务所办理法律援助案件不得向受援人收取任何费用。对于经济确有困难，但不符合法律援助范围的公民，律师事务所可以酌情减收或免收律师服务费。

4. 收费监督与争议解决

《律师服务收费管理办法》规定，公民、法人和其他组织认为律师事务所或律师存在价格违法行为，可以通过函件、电话、来访等形式，向价格主管部门、司法行政部门或者律师协会举报、投诉。

地方人民政府价格主管部门、司法行政部门超越定价权限，擅自制定、调整律师服务收费标准的，由上级价格主管部门或者同级人民政府责令改正；情节严重的，提请有关部门对责任人予以处分。

因律师服务收费发生争议的，律师事务所应当与委托人协商解决。协商不成的，可以提请律师事务所所在地的律师协会、司法行政部门和价格主管部门调解处理，也可以申请仲裁或者向人民法院提起诉讼。

(三) 律师保管财物

中华全国律师协会《律师执业行为规范(试行)》对律师受托保管财物应当遵循的基本规则作了规定，律师事务所可以与委托人签订书面保管协议，妥善保管委托人财产，严格履行保管协议。律师事务所受委托保管委托人财产时，应当将委托人财产与律师事务所的财产、律师个人财产严格分离。

《律师执业行为规范(试行)》中没有对律师保管的委托人"财产"范围进行界定，不过在法律实践当中，一般将其分为资金类财物和非资金类财物。律师在保管不同类型的财物时，应当履行的义务和承担的法律责任都有所不同。

关于律师保管委托人的资金、有价证券等资金类财物，律师需要遵守"分离保管"原则，将委托人的财产与律师事务所的财产、律师个人的财产严格分离，单独保存，禁止出于私人目的违规使用委托人的财产。司法部《律师事务所收费程序规则》第17条规定，律师事务所经有关部门批准，可以设立用于存放代委托人保管的合同资金、执行回款、履约保证金等款项的专用账户。律师事务所应当严格管理专用账户，防范风险。对专用账户资金的支付，必须严格审核把关，专款专用。严禁将专用账户的资金挪作他用。

关于律师保管委托人的非资金类财物，律师需要遵守"妥善保管"原则，应当尽到民法上的注意义务，否则将承担相应的法律责任。《律师法》第54条规定，律师违法执业或者因过错给当事人造成损失的，由其所在的律师事务所承担赔偿责任。律师事务所赔偿后，可以向有故意或者重大过失行为的律师追偿。因此,如果律师遗失委托人的重要证据材料导致案件败诉、当事人蒙受经济损失的,需要承担相应的民事赔偿责任。

(四) 律师利益冲突

1. 利益冲突概述

所谓律师执业中的利益冲突,是指律师为了委托人的辩护或者代理将因律师自身的利益,律师对其他现委托人、前委托人或者第三人的职责而受到重大不利影响的重大风险状态。① 禁止利益冲突,有助于保证律师对委托人或当事人的忠诚,有助于律师保守职业秘密,有助于维护律师职业的社会公信力,有助于保证司法机制的有效运作。

律师执业中的利益冲突具有以下几个特征:

第一,利益冲突的产生,是因为律师有自身利益,律师对其他现委托人、前委托人或者第三人担负有职责,而这些利益及职责和对现委托人的职责相悖或者不一致,从而使律师对现委托人的辩护或代理处于重大不利影响的重大风险状态当中。

第二,利益冲突并不以发生实际损害结果为条件,只要律师与委托人、当事人或第三人的关系可能影响律师对现委托人的辩护或代理质量,就可构成利益冲突。

第三,利益冲突并不要求律师具有损害现委托人的主观过错,只要其特定的身份、关系以及与之相关的利益可能影响其对现委托人的辩护或代理质量,就可构成利益冲突。因此,律师和律师事务所在接受委托之前应当尽到利益冲突的注意和审查义务。

第四,利益冲突可因委托人的明确同意而取得责任豁免。律师和律师事务所发现构成利益冲突的事实后,应当履行告知义务,由委托人决定是否建立或维持委托关系。委托人决定建立或维持委托关系的,应当签署知情同意书以示豁免。

2. 利益冲突的情形

律师执业过程中的利益冲突问题纷繁复杂,种类多样。《律师法》第39条规定,律师不得在同一案件中为双方当事人担任代理人,不得代理与本人及其近亲属有利益冲突的法律事务。律师接受犯罪嫌疑人、被告人委托后,不得接受同一案件或者未同案处理但实施的犯罪存在关联的其他犯罪嫌疑人、被告人的委托担任辩护人。曾经担任法官、检察官的律师从人民法院、人民检察院离任后,2年内不得以律师身份担任诉讼代理人或者辩护人;不得担任原任职人民法院、人

---

① 王进喜:《法律职业行为法》,中国人民大学出版社2014年版,第60页,该定义来自美国律师协会所编《职业行为示范规则》,规则1.7。

民检察院办理案件的诉讼代理人或者辩护人,但法律另有规定的除外。律师不得担任所在律师事务所其他律师担任仲裁员的案件的代理人。曾经或者仍在担任仲裁员的律师,不得承办与本人担任仲裁员办理过的案件有利益冲突的法律事务。

《律师执业行为规范(试行)》进一步明确规定,办理委托事务的律师与委托人之间存在下列利害关系或利益冲突情形之一的,律师及律师事务所不得与当事人建立或维持委托关系:

(1)律师在同一案件中为双方当事人担任代理人,或代理与本人或者其近亲属有利益冲突的法律事务的;

(2)律师办理诉讼或者非诉讼业务,其近亲属是对方当事人的法定代表人或者代理人的;

(3)经亲自处理或者审理过某一事项或者案件的行政机关工作人员、审判人员、检察人员、仲裁员,成为律师后又办理该事项或者案件的;

(4)同一律师事务所的不同律师同时担任同一刑事案件的被害人的代理人和犯罪嫌疑人、被告人的辩护人,但在该县区域内只有一家律师事务所且事先征得当事人同意的除外;

(5)在民事诉讼、行政诉讼、仲裁案件中,同一律师事务所的不同律师同时担任争议双方当事人的代理人,或者本所或其工作人员为一方当事人,本所其他律师担任对方当事人的代理人的;

(6)在非诉讼业务中,除各方当事人共同委托外,同一律师事务所的律师同时担任彼此有利害关系的各方当事人的代理人的;

(7)在委托关系终止后,同一律师事务所或同一律师在同一案件后续审理或者处理中又接受对方当事人委托的;

(8)其他与本条第(1)项至第(7)项情形相似,且依据律师执业经验和行业常识能够判断为应当主动回避且不得办理的利益冲突情形。

办理委托事务的律师与委托人之间存在下列利害关系或利益冲突情形之一的,律师应当告知委托人并主动提出回避,但委托人同意其代理或者继续承办的除外:

(1)接受民事诉讼、仲裁案件一方当事人的委托,而同所的其他律师是该案件中对方当事人的近亲属的;

(2)担任刑事案件犯罪嫌疑人、被告人的辩护人,而同所的其他律师是该案件被害人的近亲属的;

(3)同一律师事务所接受正在代理的诉讼案件或者非诉讼业务当事人的对方当事人所委托的其他法律业务的;

(4)律师事务所与委托人存在法律服务关系,在某一诉讼或仲裁案件中该委托人未要求该律师事务所律师担任其代理人,而该律师事务所律师担任该委

托人对方当事人的代理人的;

(5) 在委托关系终止后 1 年内,律师又就同一法律事务接受与原委托人有利害关系的对方当事人的委托的;

(6) 其他与本条第(1)项至第(5)项情况相似,且依据律师执业经验和行业常识能够判断的其他情形。

3. 利益冲突的预防

律师事务所作为律师的执业机构,应当承担预防与审查利益冲突、规避律师执业风险的主要责任。《律师执业行为规范(试行)》第 49 条规定,律师事务所应当建立利益冲突审查制度。律师事务所在接受委托之前,应当进行利益冲突审查并作出是否接受委托决定。

具体而言,律师事务所可采取以下几个方面的措施[①]:

(1) 建立律师立案申请制度。律师在接收案件的时候,应当向律师事务所统一申报,由律师事务所进行信息检索,确保在不存在利益冲突的前提下受理案件,未经立案申请并经过利益冲突审查的案件不得办理委托手续。

(2) 建立完整的业务资料信息库,并开发全体律师和员工具有不同权限的即时利益冲突检索系统。条件允许的情况下,律师事务所应当设置专人负责输入所有案件的详细业务信息,将诸如原告、被告、第三人、各方承办律师等可能涉及利益冲突的主要项目——登记,统一录入系统。

(3) 设置专门的利益冲突查证程序。条件允许的情况下,律师事务所应当设置专人在接案前统一负责进行利益冲突的查证工作,并及时将查证结果通知相关人员。

(4) 建立完善的档案管理制度。律师事务所应当加强档案管理制度的建设,确保律师承办的案件能够及时由律师事务所收回存档,由专人进行保管。

(5) 完善对转所律师代理案件进行利益审查的制度。鉴于律师在不同律师事务所之间转所调动情况频繁发生,为避免因律师转所调动而导致利益冲突,律师事务所在接收新的律师转入时,可以要求他提供正在办理和已经终结委托关系的业务信息,以便律师事务所查证。

(6) 对一些容易发生利益冲突的关键环节加强审查。律师和律师事务所应格外注意以下环节的利益冲突问题:代理新客户时、为老客户代理新业务时、在既有的委托代理业务中引入新的参与者时、新律师加盟时、非客户方支付律师费时、律师接受客户给予的利益或职位时等。

4. 利益冲突的处理

《律师执业行为规范(试行)》第 50 条规定,办理委托事务的律师与委托人之

---

① 中华全国律师协会编:《律师职业伦理》,北京大学出版社 2017 年版,第 128—129 页。

间存在利害关系或利益冲突的,不得承办该业务并应当主动提出回避。由于法律实践当中律师利益冲突的情形繁杂多样,单纯禁止律师承办相关业务并主动回避的做法未免过于简单,为此,有学者建议律师事务所应当按照下列方式处理利益冲突问题[①]:

(1) 按委托关系建立的先后顺序进行协商调整。律师事务所一旦在本所律师正在办理的业务中发现利益冲突的情形,除与有关当事人协商处理外,一般按照委托关系建立的先后顺序进行调整,具体言之,已建立委托关系的优于拟建立委托关系的,先建立委托关系的优于后建立委托关系的。

(2) 督促律师向委托人履行告知义务。律师和律师事务所发现存在利益冲突的情形的,应当告知委托人利益冲突的事实和可能产生的后果,由委托人决定是否建立或维持委托关系。

(3) 征求委托人是否同意豁免的意见。委托人之间存在利益冲突时,律师应当向拟委托的委托人明示,在取得相关委托人书面同意给予豁免后,方可报律师事务所与委托人建立委托代理关系。委托人决定建立或维持委托关系的,应当签署知情同意书,表明当事人已经知悉存在利益冲突的基本事实和可能产生的法律后果以及当事人明确同意与律师事务所及律师建立或维持委托关系。

(4) 如果律师事务所中数个律师分别接受同一案件双方或多方委托人委托的,律师事务所应当商请各方委托人签署豁免函;委托人拒绝签署豁免函的,按照委托关系建立的先后顺序,保留最先委托一方的委托,解除与其他委托人的委托代理关系,退还解除委托关系的委托人已交纳的代理费用。如果律师事务所在两个或者两个以上有利害关系的案件中分别接受委托人的委托,或办理的后一事项与前一事项存在利益冲突的,应当协商解除其中一个案件的委托代理关系,退还该委托人已交纳的代理费用。协商不成的,按照委托关系建立的先后顺序进行调整。

(5) 如果本所律师代理与本人或近亲属有利益冲突的法律事务的,应当解除委托关系,或将案件移交本所其他律师办理。

(6) 律师事务所、律师因违反利益冲突规范导致委托人蒙受损失的,应由律所根据法律规定或委托代理合同的约定向委托人承担相应的赔偿责任,律师则根据本人过错程度向律所承担相应的赔偿责任。

5. 利益冲突的豁免

《律师执业行为规范(试行)》规定,律师和律师事务所发现存在利益冲突情形的,应当告知委托人利益冲突的事实和可能产生的后果,由委托人决定是否建

---

[①] 中华全国律师协会编:《律师职业伦理》,北京大学出版社2017年版,第130—131页。

立或维持委托关系。委托人决定建立或维持委托关系的,应当签署知情同意书,表明当事人已经知悉存在利益冲突的基本事实和可能产生的法律后果以及当事人明确同意与律师事务所及律师建立或维持委托关系。委托人知情并签署知情同意书以示豁免的,承办律师在办理案件的过程中应对各自委托人的案件信息予以保密,不得将与案件有关的信息披露给相对人的承办律师。

(五) 律师保密义务

1. 律师保密义务的内涵

律师保密义务,是指律师依法应当保守在执业活动中知悉的国家秘密、商业秘密、个人隐私以及委托人和其他人不愿泄露的有关情况和信息的义务。律师保密义务是律师取信于委托人和当事人,进而为其提供有效代理和辩护的基本前提,是律师职业伦理的一项基本要求。

我们可从以下几点来理解律师保密义务的内涵:第一,律师保密义务的主体应当包括承办律师、承办律师所任职的律师事务所以及律师事务所中所有知悉案件情况的其他人员,而不仅限于承办律师本人。第二,律师保密义务的对象范围非常广泛,不仅包括国家秘密、当事人的商业秘密、个人隐私及其不愿泄露的有关情况和信息,而且还包括其他利害关系人的商业秘密、个人隐私及其不愿泄露的其他情况和信息。第三,律师保密义务的期间不限于办理委托事务全过程这一特定的时间段,律师在委托代理关系建立以前和潜在委托人商谈案件的过程中以及委托关系结束后,律师都负有保密义务,不得对外泄露在其执业过程中所知悉的有关情况和信息。第四,律师保密义务有一定的例外,但这些例外必须由法律法规或行业规范明文规定,有些例外则需要得到当事人的授权或默示许可。

2. 律师保密义务的性质

律师保守职业秘密既是一项义务,同时也是一项权利。将其作为一项义务,主要是基于律师和委托人的关系,律师作为代理人,负有不得使用或传播其在代理过程中由委托人秘密告知的信息的义务,否则可能对委托人的利益带来不利影响。将其作为一项权利,主要是基于律师与司法机关的关系,律师可以根据律师—委托人特免权而免去其作为普通公民的作证义务,以免动摇律师制度的根基,对法治与人权造成损害。

一方面,我国现行法律并未明确赋予律师的保密特权,相反,对律师更多地科加了一种对于司法机关的真实义务。例如,《刑事诉讼法》第62条第1款规定,凡是知道案件情况的人,都有作证的义务。该条文并未设置任何例外。因此,严格来说,律师的保密特权尚未建立。但另一方面,《刑事诉讼法》第48条又规定,辩护律师对在执业活动中知悉的委托人的有关情况和信息,有权予以保密。但是,辩护律师在执业活动中知悉委托人或者其他人,准备或者正在实施危害国家安全、公共安全以及严重危害他人人身安全的犯罪的,应当及时告知司法机关。该条文在一定程度上承认了律师保守职业秘密的权利属性。在此基础上,《律师法》、司法部《律师执业管理办法》、中华全国律师协会《律师执业行为规范(试行)》等法律法规、行业规范均作出了类似的规定。①

3. 律师保密义务的内容

律师保密义务的主体应当包括承办律师、承办律师所任职的律师事务所以及律师事务所中了解案件情况的其他人员,而不仅限于承办律师本人。律师事务所虽然是组织,但仍然负有保密义务,其所承担的保密义务主要通过完善各种内部管理制度、特别是案卷档案管理工作得以体现和履行。

律师保密义务的客体主要包括律师在执业活动中知悉的"国家秘密""商业秘密""当事人的隐私"以及"委托人和其他人不愿泄露的有关情况和信息"。"国家秘密"是指关系国家安全和利益,依照法定程序确定,在一定时间内只限一定范围的人员知悉的事项。国家秘密的密级分为绝密、机密、秘密三级。"商业秘密"是指不为公众所知悉、具有商业价值并经权利人采取相应保密措施的技术信息和经营信息。隐私概念具有不确定性,一般而言,"当事人的隐私"是与当事人的生活安宁、私人秘密有关的个人信息。"委托人和其他人不愿泄露的有关情况和信息"既包括委托人不愿泄露的除国家秘密、商业秘密和个人隐私以外的"其他"情况和信息,也包括律师执业过程中知悉的包括对方当事人、受害人、证人等"其他人"的情况和信息。

律师保密的对象既包括对委托人或当事人的保密问题,也包括对委托人家属的保密以及对同一律所其他律师和工作人员的保密。如中华全国律师协会《律师办理刑事案件规范》第37条规定,律师参与刑事诉讼获取的案卷材料,不得向犯罪嫌疑人、被告人的亲友以及其他单位和个人提供,不得擅自向媒体或社会公众披露。辩护律师查阅、摘抄、复制的案卷材料属于国家秘密的,应当经过人民检察院、人民法院同意并遵守国家保密规定。律师不得违反规定,披露、散布案件重要信息和案卷材料,或者将其用于本案辩护、代理以外的其他用途。

---

① 《律师法》在"律师的业务和权利、义务"一章中也规定了类似内容。第38条规定,律师应当保守在执业活动中知悉的国家秘密、商业秘密,不得泄露当事人的隐私。律师对在执业活动中知悉的委托人和其他人不愿泄露的有关情况和信息,应当予以保密。但是,委托人或者其他人准备或者正在实施危害国家安全、公共安全以及严重危害他人人身安全的犯罪事实和信息除外。《律师执业管理办法》第43条规定,律师应当保守在执业活动中知悉的国家秘密、商业秘密,不得泄露当事人和其他人的个人隐私。律师对在执业活动中知悉的委托人和其他人不愿泄露的有关情况和信息,应当予以保密。但是,委托人或者其他人准备或者正在实施危害国家安全、公共安全以及严重危害他人人身安全的犯罪事实和信息除外。中华全国律师协会《律师执业行为规范(试行)》第9条规定,律师应当保守在执业活动中知悉的国家秘密、商业秘密,不得泄露当事人的隐私。律师对在执业活动中知悉的委托人和其他人不愿泄露的情况和信息,应当予以保密。但是,委托人或者其他人准备或者正在实施的危害国家安全、公共安全以及其他严重危害他人人身、财产安全的犯罪事实和信息除外。

4. 律师保密义务的例外

《律师法》第 38 条规定了律师保密义务的范围,但同时也规定,委托人或者其他人准备或者正在实施危害国家安全、公共安全以及严重危害他人人身安全的犯罪事实和信息除外。《刑事诉讼法》第 48 条则明确规定,辩护律师在执业活动中知悉委托人或者其他人,准备或者正在实施危害国家安全、公共安全以及严重危害他人人身安全的犯罪的,应当及时告知司法机关。

另外,有学者认为,律师面临纪律惩戒或刑事追诉时,为了维护自身合法权益,也应当允许其自由援引相关信息。律师作为原告起诉他人时,也应当允许其在合理必需的范围内公开与代理委托人有关的信息。①

(六) 委托代理关系的变更、终止与解除

1. 委托代理关系的变更

律师与委托人关系的变更主要表现为转委托。转委托分为两种情况:一种是律师事务所将委托事项转委托其他律师事务所,另外一种是律师事务所将委托事项转委托本所其他律师。

《律师执业行为规范(试行)》第 56 条规定,未经委托人同意,律师事务所不得将委托人委托的法律事务转委托其他律师事务所办理。但在紧急情况下,为维护委托人的利益可以转委托,但应当及时告知委托人。这里的"紧急情况"应当理解为发生《律师法》第 22 条律师事务所应当终止执业活动,或者律师事务所被处于停止执业或中止会员权利一定期限的行政处罚或纪律处分且尚在处罚或处分的期限内。一旦发生这类紧急情况,律师事务所将无法正常履职,只能及时告知委托人并在最大程度维护委托人利益的前提下将委托事项转委托其他能够胜任的律师事务所办理。

《律师执业行为规范(试行)》第 57 条规定,受委托律师遇有突患疾病、工作调动等紧急情况不能履行委托协议时,应当及时报告律师事务所,由律师事务所另行指定其他律师继续承办,并及时告知委托人。

律师事务所无论是将委托事项转委托其他律师事务所还是本所其他律师,非经委托人的同意,不能因转委托而增加委托人的费用支出。

2. 委托代理关系的终止

《律师法》第 32 条规定,委托人可以拒绝已委托的律师为其继续辩护或者代理,同时可以另行委托律师担任辩护人或者代理人。律师接受委托后,无正当理由的,不得拒绝辩护或者代理。但是,委托事项违法、委托人利用律师提供的服务从事违法活动或者委托人故意隐瞒与案件有关的重要事实的,律师有权拒绝辩护或者代理。《律师执业行为规范(试行)》第 42 条进一步明确规定,律师接受

---

① 中华全国律师协会编:《律师职业伦理》,北京大学出版社 2017 年版,第 168 页。

委托后,无正当理由不得拒绝辩护或者代理、或以其他方式终止委托。委托事项违法、委托人利用律师提供的服务从事违法活动或者委托人故意隐瞒与案件有关的重要事实的,律师有权告知委托人并要求其整改,有权拒绝辩护或者代理、或以其他方式终止委托,并有权就已经履行事务取得律师费。根据《律师执业行为规范(试行)》第 59 条的规定,有下列情形之一的,律师事务所应当终止委托关系:(1)委托人提出终止委托协议的;(2)律师受到吊销执业证书或者停止执业处罚的,经过协商,委托人不同意更换律师的;(3)当发现有本规范第 50 条规定的利益冲突情形的;(4)受委托律师因健康状况不适合继续履行委托协议的,经过协商,委托人不同意更换律师的;(5)继续履行委托协议违反法律、法规、规章或者本规范的。

委托人单方终止委托代理协议的,律师事务所依照上述规定终止代理的,律师事务所有权收取已提供服务部分的费用。

3. 委托关系的解除

《律师执业行为规范(试行)》第 60 条规定,有下列情形之一,经提示委托人不纠正的,律师事务所可以解除委托协议:(1)委托人利用律师提供的法律服务从事违法犯罪活动的;(2)委托人要求律师完成无法实现或者不合理的目标的;(3)委托人没有履行委托合同义务的;(4)在事先无法预见的前提下,律师向委托人提供法律服务将会给律师带来不合理的费用负担,或给律师造成难以承受的、不合理的困难的;(5)其他合法的理由的。

委托人与律师事务所协商解除协议的,律师事务所依照上述规定解除委托的,律师事务所有权收取已提供服务部分的费用。

律师事务所与委托人解除委托关系后,应当退还当事人提供的资料原件、物证原物、视听资料底版等证据,并可以保留复印件存档。

### 三、律师参与诉讼或仲裁规范

律师参与诉讼或仲裁规范包括:回避规范,会见、阅卷与调查取证规范,尊重法庭与按规定接触司法人员规范,庭审仪表和语态规范,等等。

（一）回避

《律师法》第 41 条规定,曾经担任法官、检察官的律师,从人民法院、人民检察院离任后 2 年内,不得担任诉讼代理人或者辩护人。《律师法》第 11 条第 2 款规定,律师担任各级人民代表大会常务委员会组成人员的,任职期间不得从事诉讼代理或者辩护业务。司法部《律师和律师事务所违法行为处罚办法》第 8 条规定,曾经担任法官、检察官的律师,从人民法院、人民检察院离任后 2 年内,担任诉讼代理人、辩护人或者以其他方式参与所在律师事务所承办的诉讼法律事务的,也属于违反《律师法》规定的行为。此外,《法官法》《检察官法》中也规定有类似内容。根据《法官法》的规定,法官任职期间不得兼任律师;法官从人民法院离任后两年内,不得以律师身份担任诉讼代理人或者辩护人;法官从人民法院离任后,除作为当事人的监护人或者近亲属代理诉讼或者进行辩护以外,不得担任原任职法院办理案件的诉讼代理人或者辩护人;法官被开除后,除作为当事人的监护人或者近亲属代理诉讼或者进行辩护以外,不得担任诉讼代理人或者辩护人;法官的配偶、父母、子女不得担任该法官所任职人民法院辖区内律师事务所的合伙人或者设立人,或者在该法官所任职人民法院辖区内以律师身份担任诉讼代理人、辩护人,或者在该法官所任职人民法院辖区内为诉讼案件当事人提供其他有偿法律服务,否则法官本人应当实行任职回避。根据《检察官法》的规定,检察官任职期间不得兼任律师;检察官从人民检察院离任后两年内,不得以律师身份担任诉讼代理人或者辩护人;检察官从人民检察院离任后,除作为当事人的监护人或者近亲属代理诉讼或者进行辩护以外,不得担任原任职检察院办理案件的诉讼代理人或者辩护人;检察官被开除后,除作为当事人的监护人或者近亲属代理诉讼或者进行辩护以外,不得担任诉讼代理人或者辩护人;检察官的配偶、父母、子女不得担任该检察官所任职人民检察院辖区内律师事务所的合伙人或者设立人,或者在该检察官所任职人民检察院辖区内以律师身份担任诉讼代理人、辩护人,或者在该检察官所任职人民检察院辖区内为诉讼案件当事人提供其他有偿法律服务,否则检察官本人应当实行任职回避。

律师因法定事由或者根据相关规定不得担任诉讼代理人或者辩护人的,应当谢绝当事人的委托,或者解除委托代理合同,否则应当给予相应的行政处罚或纪律处分。

(二) 会见、阅卷与调查取证

1. 会见

会见是指律师经委托或者指派,同刑事案件在押或者被监视居住的犯罪嫌疑人、被告人或者罪犯进行会面,就案件情况进行交流的行为。

《律师法》第 33 条规定:"律师担任辩护人的,有权持律师执业证书、律师事务所证明和委托书或者法律援助公函,依照刑事诉讼法的规定会见在押或者被监视居住的犯罪嫌疑人、被告人。辩护律师会见犯罪嫌疑人、被告人时不被监听。"辩护律师会见在押的犯罪嫌疑人、被告人,可以了解案件有关情况,提供法律咨询等。自案件移送审查起诉之日起,可以向犯罪嫌疑人、被告人核实有关证据。但是,辩护律师会见在押犯罪嫌疑人、被告人应当遵守看守所依法作出的有关规定。未经允许,不得直接向犯罪嫌疑人、被告人传递药品、财物、食物等物品,不得将通信工具提供给犯罪嫌疑人、被告人使用,不得携犯罪嫌疑人、被告人亲友会见。中华全国律师协会发布的《律师协会会员违规行为处分规则(试行)》第 35 条第(1)项规定,律师会见在押的犯罪嫌疑人、被告人时,违反有关规定,携犯罪嫌疑人、被告人的近亲属或者其他利害关系人会见,将通信工具提供给在押的犯罪嫌疑人、被告人使用,或者传递物品、文件的,给予中止会员权利6个月以上1年以下的纪律处分,情节严重的给予取消会员资格的纪律处分。

2. 阅卷

阅卷是指律师在刑事辩护或者诉讼代理业务活动中查阅、摘抄、复制案卷材料,了解案情的执业活动。

《刑事诉讼法》第40条规定,辩护律师自人民检察院对案件审查起诉之日起,可以查阅、摘抄、复制本案的案卷材料。为防止律师擅自披露、散布刑事案件的重要信息和案卷材料、妨碍司法公正,《律师办理刑事案件规范》第37条规定,律师参与刑事诉讼获取的案卷材料,不得向犯罪嫌疑人、被告人的亲友以及其他单位和个人提供,不得擅自向媒体或社会公众披露。辩护律师查阅、摘抄、复制的案卷材料属于国家秘密的,应当经过人民检察院、人民法院同意并遵守国家保密规定。律师不得违反规定,披露、散布案件重要信息和案卷材料,或者将其用于本案辩护、代理以外的其他用途。

《民事诉讼法》《行政诉讼法》对代理律师的阅卷权利也作了明确的规定。《民事诉讼法》第61条规定,代理诉讼的律师和其他诉讼代理人有权调查收集证据,可以查阅本案有关材料。查阅本案有关材料的范围和办法由最高人民法院规定。《行政诉讼法》第32条规定,代理诉讼的律师,有权按照规定查阅、复制本案有关材料,有权向有关组织和公民调查,收集与本案有关的证据。对涉及国家秘密、商业秘密和个人隐私的材料,应当依照法律规定保密。

3. 调查取证

调查取证是指律师在承办法律事务的过程中,依法走访知情人、调查、收集与所办理法律事务有关的事实材料的执业活动。

按照《律师法》的规定,律师凭律师执业证书和律师事务所证明,可自行调查取证,向有关单位或者个人调查与承办法律事务有关的情况。受委托的律师根据案情的需要,可以申请人民检察院、人民法院收集、调取证据或者申请人民法院通知证人出庭作证。《律师执业行为规范(试行)》规定,律师应当依法调查取证。律师不得向司法机关或者仲裁机构提交明知是虚假的证据。律师作为证人出庭作证的,不得再接受委托担任该案的辩护人或者代理人出庭。

为保障辩护律师依法执业、防止其滥用诉讼权利妨碍司法公正,《刑事诉讼法》规定,辩护律师经证人或者其他有关单位和个人同意,可以向他们收集与本案有关的材料,也可以申请人民检察院、人民法院收集、调取证据,或者申请人民法院通知证人出庭作证。辩护律师经人民检察院或者人民法院许可,并且经被害人或者其近亲属、被害人提供的证人同意,可以向他们收集与本案有关的材料。辩护人或者其他任何人,不得帮助犯罪嫌疑人、被告人隐匿、毁灭、伪造证据或者串供,不得威胁、引诱证人作伪证以及进行其他干扰司法机关诉讼活动的行为,否则应当依法追究其法律责任。辩护人涉嫌犯罪的,应当由办理辩护人所承办案件的侦查机关以外的侦查机关办理。辩护人是律师的,应当及时通知其所在的律师事务所或者所属的律师协会。

(三) 尊重法庭与规范接触司法人员

根据《律师法》《关于规范法官和律师相互关系维护司法公正的若干规定》《人民法院法庭规则》《律师执业行为规范(试行)》等法律法规、行业规范的规定,律师应当尊重法庭,规范接触司法人员,维护法律尊严和司法公正。

1. 律师应当遵守法庭、仲裁庭纪律

《律师执业行为规范(试行)》第66条规定,律师应当遵守法庭、仲裁庭纪律,遵守出庭时间、举证时限、提交法律文书期限及其他程序性规定。《律师法》规定,律师在法庭上不得发表危害国家安全、恶意诽谤他人、严重扰乱法庭秩序的言论,不得扰乱法庭、仲裁庭秩序,干扰诉讼、仲裁活动的正常进行。《人民法院法庭规则》对包括律师在内的诉讼参与人参与庭审应当遵守的法庭规则作了一系列明确的规定:包括律师在内的出庭履行职务的人员,按照职业着装规定着装;包括律师在内的全体人员在庭审活动中应当服从审判长或独任审判员的指挥,尊重司法礼仪,遵守法庭纪律,不得鼓掌、喧哗,不得吸烟、进食,不得拨打或接听电话,不得对庭审活动进行录音、录像、拍照或使用移动通信工具等传播庭审活动,不得实施其他危害法庭安全或妨害法庭秩序的行为;律师发言或提问,应当经审判长或独任审判员许可。对违反法庭纪律的人员,审判长或独任审判员应当予以警告;对不听警告的,予以训诫;对训诫无效的,责令其退出法庭;对拒不退出法庭的,指令司法警察将其强行带出法庭。

中华全国律师协会《律师参与仲裁工作规则》对律师参与仲裁工作应当遵守的行业纪律也作了明确的规定,律师接受委托后不得私自联络办案的仲裁员讨论有关案情,也不得向其提供宴请、馈赠或其他利益,不得指使或诱导委托人行贿。律师应了解仲裁程序中各环节的时效规定,以便及时提出申请或异议,维护委托人的合法权益。律师应熟悉相关的仲裁规则和仲裁程序,特别是受理仲裁的仲裁机构的仲裁规则和仲裁员守则。律师发现仲裁过程中任何不符合仲裁程序的做法应及时告知委托人,并及时向仲裁机构提出异议,充分维护委托人的权利。在庭审期间,承办律师应按时出庭,遵守仲裁庭纪律,认真作笔录,充分阐述,积极辩论,引用法条或证据准确,避免不必要的重复和人身攻击,对对方提供的证据的合法性、真实性、关联性、完整性和可信度进行分析和质证,依法适时地提出异议或请求。

2. 律师应当尊重法庭、仲裁庭

《律师执业行为规范(试行)》第67条规定,在开庭审理过程中,律师应当尊重法庭、仲裁庭。最高人民法院、司法部《关于规范法官和律师相互关系维护司法公正的若干规定》明确规定，律师在代理案件之前及其代理过程中，不得向当事人宣称自己与受理案件法院的法官具有亲朋、同学、师生、曾经同事等关系，并不得利用这种关系或者以法律禁止的其他形式干涉或者影响案件的审判。律师不得违反规定单方面会见法官。律师不得以各种非法手段打听案情，不得违法误导当事人的诉讼行为。律师不得明示或者暗示法官为其介绍代理、辩护等法律服务业务。律师不得借法官或者其近亲属婚丧喜庆事宜馈赠礼品、金钱、有价证券等；不得向法官请客送礼、行贿或者指使、诱导当事人送礼、行贿；不得为法官装修住宅、购买商品或者出资邀请法官进行娱乐、旅游活动；不得为法官报销任何费用；不得向法官出借交通工具、通信工具或者其他物品。律师不得假借法官的名义或者以联络、酬谢法官为由，向当事人索取财物或者其他利益。律师应当严格遵守法律规定的提交诉讼文书的期限及其他相关程序性规定，遵守开庭时间，不得借故延迟开庭。律师应当自觉遵守法庭规则，尊重法官权威，依法履行辩护、代理职责。律师在诉讼活动中应当严格遵守司法礼仪，保持良好的仪表，举止文明。

3. 规范接触司法人员

《律师执业行为规范（试行）》规定，律师在执业过程中，因对事实真假、证据真伪及法律适用是否正确而与诉讼相对方意见不一致的，或者为了向案件承办人提交新证据的，与案件承办人接触和交换意见应当在司法机关内指定场所；律师在办案过程中，不得与所承办案件有关的司法、仲裁人员私下接触。律师不得贿赂司法机关和仲裁机构人员，不得以许诺回报或者提供其他利益（包括物质利益和非物质形态的利益）等方式，与承办案件的司法、仲裁人员进行交易。

（四）庭审仪表和语态

《律师执业行为规范（试行）》规定，律师担任辩护人、代理人参加法庭、仲裁庭审理，应当按照规定穿着律师出庭服装，佩戴律师出庭徽章，注重律师职业形象。律师在法庭或仲裁庭发言时应当举止庄重、大方，用词文明、得体。

2003年司法部《关于实行律师出庭统一着装制度的通知》规定，自2003年1月1日起，律师担任辩护人、代理人出庭时，必须着全国统一律师出庭服装、佩戴律师出庭徽章。此前中华全国律师协会发布了《律师出庭服装使用管理办法》和《律师协会标识使用管理办法》两个规定性文件，其中规定律师担任辩护人、代理人参加法庭审理，必须穿着律师出庭服装。律师出庭服装由律师袍和领巾组成。律师出庭服装仅使用于法庭审理过程中，不得在其他任何时间、场合穿着；律师出庭统一着装时，应按照规定配套穿着：内着浅色衬衣，佩带领巾，外着律师袍，律师袍上佩带律师徽章。下着深色西装裤、深色皮鞋，女律师可着深色西装套裙。不过，上述规定并未得到有效执行，律师着袍出庭的情况并不普遍。2015

年8月,最高人民法院审判管理办公室发布通知,规定自2015年9月1日起,在最高人民法院担任辩护人、代理人的律师参加正式庭审的,必须穿着全国统一的律师出庭服装;参加听证、询问、庭前证据交换等诉讼活动的,须着正装。对无正当理由未按要求着装,经训诫仍不改正的,审判长可责令其退庭,不得继续参加庭审活动。2016修订的《人民法院法庭规则》进一步明确规定,包括律师在内的出庭履行职务的人员,按照职业着装规定着装。对于不按规定着装、违反法庭纪律的,审判长或独任审判员应当予以警告;对不听警告的,予以训诫;对训诫无效的,责令其退出法庭;对拒不退出法庭的,指令司法警察将其强行带出法庭。

**四、律师与其他律师的关系规范**

根据《律师执业管理办法》《律师执业行为规范(试行)》等行政规章、行业规范的规定,律师同行之间应当相互帮助,相互尊重,公平竞争,更好地维护当事人的合法权益,促进律师行业的良性发展。

(一) 尊重与合作

《律师执业行为规范(试行)》规定,律师与其他律师之间应当相互帮助、相互尊重。在庭审或者谈判过程中各方律师应当互相尊重,不得使用挖苦、讽刺或者侮辱性的语言。律师或律师事务所不得在公众场合及媒体上发表恶意贬低、诋毁、损害同行声誉的言论。律师变更执业机构时应当维护委托人及原律师事务所的利益;律师事务所在接受转入律师时,不得损害原律师事务所的利益。律师与委托人发生纠纷的,律师事务所的解决方案应当充分尊重律师本人的意见,律师应当服从律师事务所解决纠纷的决议。

(二) 禁止不正当竞争

为防止律师采取不正当手段与同行进行业务竞争,损害其他律师和律师事务所的声誉或者其他合法权益,《律师法》第26条规定,律师事务所和律师不得以诋毁其他律师事务所、律师或者支付介绍费等不正当手段承揽业务。《律师执业管理办法》第42条进一步明确规定,律师应当尊重同行,公平竞争,不得以诋毁其他律师事务所、律师,支付介绍费,向当事人明示或者暗示与办案机关、政府部门及其工作人员有特殊关系,或者在司法机关、监管场所周边违规设立办公场所、散发广告、举牌等不正当手段承揽业务。

《律师执业行为规范(试行)》第79条规定,有下列情形之一,属于律师执业不正当竞争行为:(1)诋毁、诽谤其他律师或者律师事务所信誉、声誉;(2)无正当理由,以低于同地区同行业收费标准为条件争揽业务,或者采用承诺给予客户、中介人、推荐人回扣、馈赠金钱、财物或者其他利益等方式争揽业务;(3)故意在委托人与其代理律师之间制造纠纷;(4)向委托人明示或者暗示自己或者其属的律师事务所与司法机关、政府机关、社会团体及其工作人员具有特殊关系;(5)就法律服务结果或者诉讼结果作出虚假承诺;(6)明示或者暗示可以帮助委托人达到不正当目的,或者以不正当的方式、手段达到委托人的目的。

同时,律师和律师事务所在与司法机关、行政机关、行业管理部门以及企业的接触中,不得通过与某机关、某部门、某行业对某一类的法律服务事务进行垄断的方式争揽业务;不得限定委托人接受其指定的律师或者律师事务所提供法律服务,限制其他律师或律师事务所正当的业务竞争;不得采用利用律师兼有的其他身份影响所承办业务正常处理和审理的手段进行业务竞争。

依照有关规定取得从事特定范围法律服务的律师或律师事务所不得采取下列不正当竞争的行为:(1)限制委托人接受经过法定机构认可的其他律师或律师事务所提供法律服务;(2)强制委托人接受其提供的或者由其指定的律师提供的法律服务;(3)对抵制上述行为的委托人拒绝、中断、拖延、削减必要的法律服务或者滥收费用。

律师或律师事务所相互之间不得采用下列手段排挤竞争对手的公平竞争:(1)串通抬高或者压低收费;(2)为争揽业务,不正当获取其他律师和律师事务所收费报价或者其他提供法律服务的条件;(3)泄露收费报价或者其他提供法律服务的条件等暂未公开的信息,损害相关律师事务所的合法权益。

律师和律师事务所不得擅自或者非法使用社会专有名称或者知名度较高的名称以及代表其名称的标志、图形文字、代号以混淆误导委托人。这里所说的社会特有名称和知名度较高的名称是指:(1)有关政党、司法机关、行政机关、行业协会名称;(2)具有较高社会知名度的高等法学院校或者科研机构的名称;(3)为社会公众共知、具有较高知名度的非律师公众人物名称;(4)知名律师以及律师事务所名称。

律师和律师事务所不得伪造或者冒用法律服务荣誉称号。使用已获得的律师或者律师事务所法律服务荣誉称号的,应当注明获得时间和期限。律师和律师事务所不得变造已获得的荣誉称号用于广告宣传。律师事务所已撤销的,其原取得的荣誉称号不得继续使用。

### 五、律师与所任职的律师事务所关系规范

按照《律师法》《律师执业管理办法》《律师事务所管理办法》《律师执业行为规范(试行)》等法律法规、行业规范的规定,律师事务所是律师的执业机构,律师只能在一个律师事务所执业。律师事务所应当依法保障律师及其他工作人员的合法权益,为律师执业提供必要的工作条件,对本所执业律师负有教育、管理和监督的职责。因此,律师与所任职的律师事务所的关系具体可分为业务管理关系、教育监督关系和执业保障关系。

(一) 业务管理关系

《律师法》第 23 条规定,律师事务所应当建立健全执业管理、利益冲突审查、收费与财务管理、投诉查处、年度考核、档案管理制度,对律师在执业活动中遵守职业道德、执业纪律的情况进行监督。

《律师事务所管理办法》进一步明确规定,律师承办业务,由律师事务所统一接受委托,与委托人签订书面委托合同。律师事务所受理业务,应当进行利益冲突审查,不得违反规定受理与本所承办业务及其委托人有利益冲突的业务。律师事务所应当按照有关规定统一收取服务费用并如实入账,建立健全收费管理制度,及时查处有关违规收费的举报和投诉,不得在实行政府指导价的业务领域违反规定标准收取费用,或者违反风险代理管理规定收取费用。律师事务所应当按照规定建立健全财务管理制度,建立和实行合理的分配制度及激励机制,依法纳税。律师事务所应当建立健全重大疑难案件的请示报告、集体研究和检查督导制度,规范受理程序,指导监督律师依法办理重大疑难案件。律师违法执业或者因过错给当事人造成损失的,由其所在的律师事务所承担赔偿责任。律师事务所赔偿后,可以向有故意或者重大过失行为的律师追偿。

(二) 教育监督关系

《律师事务所管理办法》第 40 条规定,律师事务所应当建立健全执业管理和其他各项内部管理制度,规范本所律师执业行为,履行监管职责,对本所律师遵守法律、法规、规章及行业规范,遵守职业道德和执业纪律的情况进行监督,发现问题及时予以纠正。具体而言,律师事务所应当监督本所律师和辅助人员履行下列义务:(1) 遵守宪法和法律,遵守职业道德和执业纪律;(2) 依法、诚信、规范执业;(3) 接受本所监督管理,遵守本所章程和规章制度,维护本所的形象和声誉;(4) 法律、法规、规章及行业规范规定的其他义务。律师事务所对违法违规执业、违反本所章程及管理制度或者年度考核不称职的律师,可以将其辞退或者经合伙人会议通过将其除名,有关处理结果报所在地县级司法行政机关和律师协会备案。

《律师事务所管理办法》第 50 条规定,律师事务所应当依法履行管理职责,教育管理本所律师依法、规范承办业务,加强对本所律师执业活动的监督管理,不得放任、纵容本所律师有下列行为:(1) 采取煽动、教唆和组织当事人或者其他人员到司法机关或者其他国家机关静坐、举牌、打横幅、喊口号、声援、围观等扰乱公共秩序、危害公共安全的非法手段,聚众滋事,制造影响,向有关部门施加压力。(2) 对本人或者其他律师正在办理的案件进行歪曲、有误导性的宣传和评论,恶意炒作案件。(3) 以串联组团、联署签名、发表公开信、组织网上聚集、声援等方式或者借个案研讨之名,制造舆论压力,攻击、诋毁司法机关和司法制度。(4) 无正当理由,拒不按照人民法院通知出庭参与诉讼,或者违反法庭规则,擅自退庭。(5)聚众哄闹、冲击法庭,侮辱、诽谤、威胁、殴打司法工作人员或者诉讼参与人,否定国家认定的邪教组织的性质,或者有其他严重扰乱法庭秩序的行为。(6)发表、散布否定宪法确立的根本政治制度、基本原则和危害国家安全的言论,利用网络、媒体挑动对党和政府的不满,发起、参与危害国家安全的组织或者支持、参与、实施危害国家安全的活动;以歪曲事实真相、明显违背社会公序良俗等方式,发表恶意诽谤他人的言论,或者发表严重扰乱法庭秩序的言论。

为贯彻落实中央关于开展扫黑除恶专项斗争的通知要求,指导律师严格依法办理黑恶势力犯罪案件,充分发挥律师在扫黑除恶专项斗争中的重要作用,中华全国律师协会发布的《关于律师办理黑恶势力犯罪案件辩护代理工作若干意见》规定,律师事务所对本所律师办理黑恶势力犯罪案件辩护代理工作负有直接监督指导职责,对本所及其律师办理黑恶势力犯罪案件辩护代理工作要严格管理,建立健全专项工作制度,把握好黑恶势力犯罪案件律师辩护代理工作第一道关。

### (三)执业保障关系

《律师执业行为规范(试行)》第 88 条规定,律师事务所应当依法保障律师及其他工作人员的合法权益,为律师执业提供必要的工作条件。根据《律师事务所管理办法》第 41 条的规定,律师事务所应当保障本所律师和辅助人员享有下列权利:(1)获得本所提供的必要工作条件和劳动保障;(2)获得劳动报酬及享受有关福利待遇;(3)向本所提出意见和建议;(4)法律、法规、规章及行业规范规定的其他权利。

## 六、律师与司法行政机关、律师协会关系规范

按照《律师法》等法律规定,我国的律师管理实行司法行政机关的行政管理与律师协会的行业管理相结合的管理体制,律师和律师事务所既要接受司法行政机关的行政管理,同时也要接受律师协会的行业管理。

### (一)律师与司法行政机关的关系规范

《律师法》第 4 条规定,司法行政部门依照本法对律师、律师事务所和律师协会进行监督、指导。司法行政机关对律师和律师事务所进行的监督、指导主要体现在律师执业许可审核、律师事务所执业许可审核、对律师和律师事务所的违法行为进行行政处罚、日常监督管理以及对律师事务所进行年度检查考核等。为此,司法部制定了《律师执业管理办法》《律师事务所管理办法》《律师和律师事务所违法行为处罚办法》《公职律师管理办法》《公司律师管理办法》等部门规章规范律师和律师事务所依法执业、加强对律师和律师事务所执业行为的监督和管理。

(二)律师与律师协会的关系规范

按照《律师法》的规定,律师协会是社会团体法人,是律师的自律性组织。所有律师、律师事务所应当加入律师协会,成为律师协会会员。律师协会会员享有律师协会章程规定的权利,履行律师协会章程规定的义务。

《律师法》第46条规定:律师协会应当履行下列职责:(1)保障律师依法执业,维护律师的合法权益;(2)总结、交流律师工作经验;(3)制定行业规范和惩戒规则;(4)组织律师业务培训和职业道德、执业纪律教育,对律师的执业活动进行考核;(5)组织管理申请律师执业人员的实习活动,对实习人员进行考核;(6)对律师、律师事务所实施奖励和惩戒;(7)受理对律师的投诉或者举报,调解律师执业活动中发生的纠纷,受理律师的申诉;(8)法律、行政法规、规章以及律师协会章程规定的其他职责。律师协会制定的行业规范和惩戒规则,不得与有关法律、行政法规、规章相抵触。

《律师执业行为规范(试行)》对律师与律师协会的关系作了如下规定:律师和律师事务所应当遵守律师协会制定的律师行业规范和规则。律师和律师事务所享有律师协会章程规定的权利,承担律师协会章程规定的义务。律师应当参加、完成律师协会组织的律师业务学习及考核。律师参加国际性律师组织并成为其会员的以及以中国律师身份参加境外会议等活动的,应当报律师协会备案。律师和律师事务所因执业行为成为刑、民事被告,或者受到行政机关调查、处罚的,应当向律师协会书面报告。律师应当积极参加律师协会组织的律师业务研究活动,完成律师协会布置的业务研究任务,参加律师协会组织的公益活动。律师应当妥善处理律师执业中发生的纠纷,履行经律师协会调解达成的调解协议。律师应当执行律师协会就律师执业纠纷作出的处理决定。律师应当履行律师协会依照法律、法规、规章及律师协会章程、规则作出的处分决定。律师应当按时缴纳会费。

## 第四节 律师执业中的行为责任

我国《律师法》中专设"法律责任"一章规定了律师和律师事务所违反法律规定时应当承担相应的法律责任,司法部《律师和律师事务所违法行为处罚办法》《关于进一步加强律师惩戒工作的通知》、中华全国律师协会《关于进一步加强和改进律师行业惩戒工作的意见》《律师协会会员违规行为处分规则(试行)》等法律法规、行业规范对律师职业责任的原则、对象、承担方式、工作程序等内容作了明确的规定。另外,《刑法》《民法总则》《律师事务所从事证券法律业务管理办法》等法律法规中也包含有某些律师行为所负法律责任的内容。

### 一、律师执业中违纪行为的责任

**（一）律师执业中违纪行为的处分的种类和条件**

根据《律师协会会员违规行为处分规则（试行）》的规定，律师执业中违纪行为的处分包括训诫、警告、通报批评、公开谴责、中止会员权利1个月以上1年以下、取消会员资格等种类。

（1）训诫。训诫是一种警示性的纪律处分措施，是最轻微的惩戒方式，适用于会员初次因过失违规或者违规情节显著轻微的情形。训诫采取口头或者书面方式实施。采取口头训诫的，应当制作笔录存档。

（2）警告。警告是一种较轻的纪律处分措施，适用于会员的行为已经构成了违规，但情节较轻，应当予以及时纠正和警示的情形。

（3）通报批评。

（4）公开谴责。通报批评、公开谴责适用于会员故意违规、违规情节严重，或者经警告、训诫后再次违规的行为。

（5）中止会员权利1个月以上1年以下。是指在会员权利中止期间，暂停会员享有律师协会章程规定的全部会员权利，但并不免除该会员的义务。

（6）取消会员资格。

除口头训诫外，其他处分均需作出书面决定。

以上违纪行为的处分方式不仅适用于作为个人会员的律师，也适用于作为团体会员的律师事务所。

律师协会决定给予警告及以上处分的，可以同时责令违规会员接受专门培训或者限期整改。专门培训可以采取集中培训、增加常规培训课时或者律师协会认可的其他方式进行。限期整改是指要求违规会员依据律师协会的处分决定或者整改意见书履行特定义务，包括：（1）责令会员向委托人返还违规收取的律师服务费及其他费用；（2）责令会员因不尽职或者不称职服务而向委托人退还部分或者全部已收取的律师服务费；（3）责令会员返还违规占有的委托人提供的原始材料或者实物；（4）责令会员因利益冲突退出代理或者辞去委托；（5）责令会员向委托人开具合法票据、向委托人书面致歉或者当面赔礼道歉等；（6）责令就某类专项业务连续发生违规执业行为的律师事务所或者律师进行专项整改，未按要求完成整改的，另行给予单项处分；（7）律师协会认为必要的其他整改措施。

训诫、警告、通报批评、公开谴责、中止会员权利1个月以上1年以下的纪律处分由省、自治区、直辖市律师协会或者设区的市律师协会作出；取消会员资格的纪律处分由省、自治区、直辖市律师协会作出；设区的市律师协会可以建议省、自治区、直辖市律师协会依本规则给予会员取消会员资格的纪律处分。

律师和律师事务所有下列情形之一的,可以从轻、减轻或免予处分:(1)初次违规并且情节显著轻微或轻微的;(2)承认违规并作出诚恳书面反省的;(3)自觉改正不规范执业行为的;(4)及时采取有效措施,防止不良后果发生或减轻不良后果的。

律师和律师事务所有下列情形之一的,应当从重处分:(1)违规行为造成严重后果的;(2)逃避、抵制和阻挠调查的;(3)对投诉人、证人和有关人员打击报复的;(4)曾因违规行为受过行业处分或受过司法行政机关行政处罚的。

(二)律师执业中违纪行为的处分的实施机制

中华全国律师协会设立惩戒委员会,负责律师行业处分相关规则的制定及对地方律师协会处分工作的指导与监督。各省、自治区、直辖市律师协会及设区的市律师协会设立惩戒委员会,负责对违规会员进行处分。惩戒委员会由具有8年以上执业经历和相关工作经验,或者具有律师行业管理经验,熟悉律师行业情况的人员组成。根据工作需要,可以聘请相关领域专家担任顾问。

惩戒委员会日常工作机构为设在律师协会秘书处的投诉受理查处中心,职责是:(1)参与起草投诉受理查处相关规则和制度;(2)接待投诉举报;(3)对投诉举报进行初审,对于符合规定的投诉提交惩戒委员会受理;(4)负责向惩戒委员会转交上一级律师协会交办、督办的案件;(5)负责向下一级律师协会转办、督办案件;(6)负责与相关办案机关、司法行政机关和律师协会间的组织协调有关工作,参与投诉案件调查、处置、反馈工作;(7)定期开展对投诉工作的汇总、归档、通报、信息披露和回访;(8)研究起草惩戒工作报告;(9)其他应当由投诉中心办理的工作。

《律师协会会员违规行为处分规则(试行)》规定,律师和律师事务所在执业活动中,存在利益冲突行为、代理不尽责行为、泄露秘密或者隐私的行为、违规收案、收费的行为、不正当竞争行为、妨碍司法公正的行为、以不正当方式影响依法办理案件的行为、违反司法行政管理或者行业管理的行为、其他应处分的违规行为等违纪行为应当给予相应的纪律处分。

《律师协会会员违规行为处分规则(试行)》还对违纪案件的受理、立案、回避、调查、纪律处分的决定程序、会员违纪处分的复查、调解等会员违规行为处分程序作了详细的规定。

## 二、律师执业中违法或过错行为的民事责任

律师的民事法律责任,是指律师在执业活动中,因故意或过失违反法律法规以及行业规范、损害了当事人合法权益所应当承担的民事赔偿责任。《律师法》第54条规定,律师违法执业或者因过错给当事人造成损失的,由其所在的律师事务所承担赔偿责任。律师事务所赔偿后,可以向有故意或者重大过失行为的

律师追偿。

按照《律师法》的规定,我国有合伙律师事务所、个人律师事务所和国有律师事务所三种形式的律师事务所。其中,合伙律师事务所的合伙人按照合伙形式对该律师事务所的债务依法承担责任,个人律师事务所的设立人对律师事务所的债务承担无限责任,国家出资设立的律师事务所以该律师事务所的全部资产对其债务承担责任。

律师和律师事务所因自身过错损害当事人的合法权益,应当承担民事法律责任的主要情形包括:(1)因超越委托权限给当事人造成经济损失;(2)遗失重要证据而导致无法举证或证据失效;(3)泄露国家机密、当事人商业机密或当事人个人隐私;(4)出具错误的法律意见书给当事人或第三人造成经济损失;(5)由于律师的原因没有及时收集证据导致案件败诉;(6)因律师的原因导致案件超过诉讼时效、上诉期限或申诉时效;(7)违法见证导致遗嘱、合同等证据无效等。

### 三、律师执业中违法行为的行政责任

律师的行政法律责任是指律师在执业活动中对其违反行政法律、法规和规章的规定、实施了行政违法行为所应当承担的法律后果。根据《律师法》的规定,对律师的行政处罚措施主要有以下几种:警告、罚款、没收违法所得、停止执业、吊销律师执业证书。

《律师法》第47条规定,律师有下列行为之一的,由设区的市级或者直辖市的区人民政府司法行政部门给予警告,可以处5000元以下的罚款;有违法所得的,没收违法所得;情节严重的,给予停止执业3个月以下的处罚:(1)同时在两个以上律师事务所执业的;(2)以不正当手段承揽业务的;(3)在同一案件中为双方当事人担任代理人,或者代理与本人及其近亲属有利益冲突的法律事务的;(4)从人民法院、人民检察院离任后2年内担任诉讼代理人或者辩护人的;(5)拒绝履行法律援助义务的。

《律师法》第48条规定,律师有下列行为之一的,由设区的市级或者直辖市的区人民政府司法行政部门给予警告,可以处1万元以下的罚款;有违法所得的,没收违法所得;情节严重的,给予停止执业3个月以上6个月以下的处罚:(1)私自接受委托、收取费用,接受委托人财物或者其他利益的;(2)接受委托后,无正当理由,拒绝辩护或者代理,不按时出庭参加诉讼或者仲裁的;(3)利用提供法律服务的便利牟取当事人争议的权益的;(4)泄露商业秘密或者个人隐私的。

《律师法》第49条规定,律师有下列行为之一的,由设区的市级或者直辖市的区人民政府司法行政部门给予停止执业6个月以上1年以下的处罚,可以处

5万元以下的罚款;有违法所得的,没收违法所得;情节严重的,由省、自治区、直辖市人民政府司法行政部门吊销其律师执业证书;构成犯罪的,依法追究刑事责任:(1)违反规定会见法官、检察官、仲裁员以及其他有关工作人员,或者以其他不正当方式影响依法办理案件的;(2)向法官、检察官、仲裁员以及其他有关工作人员行贿,介绍贿赂或者指使、诱导当事人行贿的;(3)向司法行政部门提供虚假材料或者有其他弄虚作假行为的;(4)故意提供虚假证据或者威胁、利诱他人提供虚假证据,妨碍对方当事人合法取得证据的;(5)接受对方当事人财物或者其他利益,与对方当事人或者第三人恶意串通,侵害委托人权益的;(6)扰乱法庭、仲裁庭秩序,干扰诉讼、仲裁活动的正常进行的;(7)煽动、教唆当事人采取扰乱公共秩序、危害公共安全等非法手段解决争议的;(8)发表危害国家安全、恶意诽谤他人、严重扰乱法庭秩序的言论的;(9)泄露国家秘密的。律师因故意犯罪受到刑事处罚的,由省、自治区、直辖市人民政府司法行政部门吊销其律师执业证书。

《律师法》还规定,司法行政机关可视情节轻重,对律师事务所的违法行为处以警告、罚款、没收违法所得、停业整顿直至吊销律师事务所执业证书的行政处罚。

**四、律师执业中犯罪行为的刑事责任**

律师的刑事法律责任是指律师在执业活动中,因其行为触犯《刑法》有关规定、构成犯罪而应当承担的刑事处罚责任。

律师和律师事务所在执业活动中触犯刑法、依法应当被追究刑事法律责任的常见罪名包括:

1. 泄露不应公开的案件信息罪

《刑法》第308条之一第1款规定:"司法工作人员、辩护人、诉讼代理人或者其他诉讼参与人,泄露依法不公开审理的案件中不应当公开的信息,造成信息公开传播或者其他严重后果的,处3年以下有期徒刑、拘役或者管制,并处或者单处罚金。"《律师法》第38条第1款规定:"律师应当保守在执业活动中知悉的国家秘密、商业秘密,不得泄露当事人的隐私。"

2. 行贿罪

《刑法》第390条第1款规定:"对犯行贿罪的,处5年以下有期徒刑或者拘役,并处罚金;因行贿谋取不正当利益,情节严重的,或者使国家利益遭受重大损失的,处5年以上10年以下有期徒刑,并处罚金;情节特别严重的,或者使国家利益遭受特别重大损失的,处10年以上有期徒刑或者无期徒刑,并处罚金或者没收财产。"《律师法》第40条第(5)项规定,律师在执业活动中不得向法官、检察官、仲裁员以及其他有关工作人员行贿,介绍贿赂或者指使、诱导当事人行贿,或者以其他不正当方式影响法官、检察官、仲裁员以及其他有关工作人员依法办理案件。

3. 律师伪证罪

《刑法》第 306 条第 1 款规定："在刑事诉讼中,辩护人、诉讼代理人毁灭、伪造证据,帮助当事人毁灭、伪造证据,威胁、引诱证人违背事实改变证言或者作伪证的,处 3 年以下有期徒刑或者拘役;情节严重的,处 3 年以上 7 年以下有期徒刑。"《律师法》第 40 条第(6)项规定,律师在执业活动中不得故意提供虚假证据或者威胁、利诱他人提供虚假证据,妨碍对方当事人合法取得证据。

4. 虚假诉讼罪

《刑法》第 307 条之一第 1 款规定："以捏造的事实提起民事诉讼,妨害司法秩序或者严重侵害他人合法权益的,处 3 年以下有期徒刑、拘役或者管制,并处或者单处罚金;情节严重的,处 3 年以上 7 年以下有期徒刑,并处罚金。"

# 第六章 公证员职业伦理

## 第一节 公证员职业伦理概述

公证员在我国属于中国特色社会主义法律工作者,在保障经济和社会发展方面发挥着非常独到的作用。随着中国经济的发展,在婚姻、收养、遗嘱、继承、抚养、赡养、监护、劳务、财产分割等领域,诸多新型公证业务应运而生。公证员办好这些新型公证业务,努力为人民群众提供更加丰富、更具品质的法律服务,能够有效维护公民人身权利、财产权利、家庭关系,保障民生福祉,促进人民群众获得感、幸福感、安全感的充分实现。

党的十八届四中全会明确提出,全面推进依法治国,必须大力提高法治工作队伍思想政治素质、业务工作能力和职业道德水准。因此,加强包括公证员在内的法律职业共同体的伦理建设,对全面推进依法治国意义重大。法律职业伦理的建设要以法律职业共同体的法治信仰为价值基点,通过法律职业共同体的共同理性所确认的价值尺度来要求和规范共同体的道德行为,以确保法律职业共同体价值精神的凝结,形成有序的法律职业伦理秩序。公证员作为法律职业共同体的组成部分,要遵循法律职业共同体的共同价值尺度和精神追求,具有坚定的政治信念、精湛的业务素质和良好的职业道德。

### 一、公证员职业伦理的概念

公证是公证机构根据自然人、法人或者其他组织的申请,依照法定程序对民事法律行为、有法律意义的事实和文书的真实性、合法性予以证明的活动。公证作为一项预防性的司法证明制度,是人民群众身边值得信赖、值得依靠的重要法律服务方式。"多设一家公证处,就可少设一家法院。"这句广泛流传于大陆法系国家的法谚,生动地说明了公证制度在预防纠纷、减少诉讼方面所起的作用。

公证员是指符合《公证法》规定的条件,经法定任职程序,取得公证员执业证书,在公证机构从事公证业务的执业人员。公证员是公证机构的主要构成人员,也是独立办理公证业务的执业人员。公证员依法享有《公证法》规定的权利,承担《公证法》规定的义务,承担法定职责。

公证员职业伦理是指公证员在进行公证活动时应恪守的基本行为准则和道德规范。公证员在执行公证业务时必须遵循公证员职业伦理。公证员职业伦理既包括办理公证业务的行为准则,也涵盖了公证员的道德信念、价值意识。公证员职业伦理规范并指导公证员的职业行为,培育公证员的法律职业精神,保障公证员依法履行公证职责、恪守职业道德,提高公证员群体的职业水准和素养。公证员职业伦理对公证活动至关重要。

## 二、公证员职业伦理的特征

公证员职业伦理既有法律职业伦理的共性,又有不同于法官、检察官的鲜明个性,具有如下一些特征:

（一）有突出的职业特性

公证员职业伦理的主体具有特定性,其主体包括了依法取得公证资格的公证员、助理公证员以及办理公证的辅助人员等。公证员既是国家公务人员,也具有一定的自由执业地位。所以,公证员职业伦理既要顾及公证员的国家工作人员身份,也要考虑公证员的自由执业者身份。这一点则有别于其他法律职业人员的职业伦理。此外,公证员职业伦理的内容与公证活动紧密相连,反映着公证人员从事公证活动时必须遵守的执业规范和道德准则。

（二）有很强的实践性

公证员职业伦理的作用是调整并指导公证员在进行公证实践活动时的行为举止,使公证员时时刻刻注意并规范自己的行为,积极起到示范带头作用。而公证职业伦理则体现在公证员的公证实践活动之中,只有在公证活动中,公证员主动遵循、践行公证员职业伦理并培养公证员职业精神,公证员职业伦理的示范、规范作用才能得以发挥。通过不断的实践,才能使公证员职业伦理逐渐内化为公证员自身的道德意识和职业素养。

（三）有很强的他律性

公证员职业伦理除了有规章制度、工作守则、服务须知等,还有法律、法规、规范性文件对公证员职业伦理加以规范调整。公证员的他律性主要体现在下列规范中:一是全国人民代表大会常务委员会制定的《公证法》;二是司法部制定的《公证员执业管理办法》《公证机构执业管理办法》《公证程序规则》;三是中国公证协会制定的《公证员职业道德基本准则》《公证行业自律公约》《公证员惩戒规则(试行)》。违反法律职业道德伦理不仅仅只受到舆论和自我良心的谴责以及行业内部的惩处,更可能会受到法律法规的惩戒。基于公证员违反公证员职业伦理的内容和严重程度,公证员可能会受到行业内部处分、承担民事、行政责任乃至刑事责任。

## 三、公证员职业伦理的作用

公证员职业伦理是公证员在进行公证活动时的"达摩克利斯之剑",公证员必须时刻谨记并遵循公证员职业伦理,违反公证员职业伦理不但会遭受社会公众的指责,影响公证员的职业声誉,也会受到职业内部纪律惩戒,承担民事、行政责任,乃至刑事责任。因此,公证员职业伦理规范并指导公证员的职业行为,培育公证员的法律职业精神,保障公证员依法履行公证职责、恪守职业道德,提高公证员群体的职业水准和素养。

具体说来,公证员职业伦理有两个方面的作用:

（一）规范作用

公证员职业伦理规范并指导公证员的职业行为,使公证员职业群体维系着内部的统一、稳定。公证员职业伦理有利于公证员法律职业精神的塑造,指引公证员主动调整并纠正不符合公证员职业伦理的行为,不断提升职业道德素养和专业水准。

（二）示范功能

公证员职业伦理展现了对公证员的崇高道德要求,要求公证员以身作则,恪守职业道德,起到模范带头作用,为同行、其他法律职业人员乃至整个社会树立法治榜样,因而有强大的示范与辐射功能。公证员职业伦理能保障公证机构的声誉,提高公证服务水平,吸引更多的人才投入到公证乃至法治事业中。

## 第二节 公证员执业中的行为准则与行为规范

《公证法》中规定了公证员应遵守最基本的行为准则与行为规范。《公证法》第22条第1款规定,公证员应当遵纪守法,恪守职业道德,依法履行公证职责,保守执业秘密。《公证法》第23条具体列举规定,公证员不得有下列行为:(1)同时在二个以上公证机构执业;(2)从事有报酬的其他职业;(3)为本人及近亲属办理公证或者办理与本人及近亲属有利害关系的公证;(4)私自出具公证书;(5)为不真实、不合法的事项出具公证书;(6)侵占、挪用公证费或者侵占、盗窃公证专用物品;(7)毁损、篡改公证文书或者公证档案;(8)泄露在执业活动中知悉的国家秘密、商业秘密或者个人隐私;(9)法律、法规、国务院司法行政部门规定禁止的其他行为。

2002年,中国公证员协会在《公证法》的基础上制定了《公证员职业道德基本准则》,详细规定了公证员执业过程中所应遵守的行为准则和规范。2010年12月,根据国际公证联盟《公证人道德准则》指引和国内法的相关规定,结合中国公证事业发展实际,对《公证员职业道德基本准则》进行了修订,并于次年实施。《公证员职业道德基本准则》在导语中特别增加了维护和增强公证公信力的重要内容,强调始终维护和不断增强公证公信力是公证制度的本质属性和公证人的职责使命,加强公证员职业道德建设,是为社会提供优质高效公证法律服务、始终维护和不断增强公证公信力的根本保障。《公证员职业道德基本准则》

共29条内容,确定了32字准则,"忠于法律、尽职履责、爱岗敬业、规范服务、加强修养、提高素质、廉洁自律、尊重同行",具体分为四层次:

## 一、忠于法律、尽职履责

《公证法》第3条规定:"公证机构办理公证,应当遵守法律,坚持客观、公正的原则。"为此,《公证员职业道德基本准则》作出了更为具体的规定与要求。

### (一)忠于宪法和法律

根据《公证员职业道德基本准则》前3条的规定,公证员应当忠于宪法和法律,自觉践行社会主义法治理念。公证员应当政治坚定、业务精通、维护公正、恪守诚信,坚定不移地做中国特色社会主义事业的建设者、捍卫者。公证员应当依法办理公证事项,恪守客观、公正的原则,做到以事实为依据、法律为准绳。

### (二)遵守法定回避制度,履行执业保密义务

《公证员职业道德基本准则》第4条规定:"公证员应当自觉遵守法定回避制度,不得为本人及近亲属办理公证或者办理与本人及近亲属有利害关系的公证。"回避制度的建立是保障公证的真实、公正性的前提。《公证员职业道德基本准则》第5条规定:"公证员应当自觉履行执业保密义务,不得泄露在执业中知悉的国家秘密、商业秘密或个人隐私,更不得利用知悉的秘密为自己或他人谋取利益。"

### (三)积极纠正、制止违法违规行为

《公证员职业道德基本准则》第6条规定:"公证员在履行职责时,对发现的违法、违规或违反社会公德的行为,应当按照法律规定的权限,积极采取措施予以纠正、制止。"

## 二、爱岗敬业、规范服务

### (一)珍惜职业荣誉,履行告知义务

《公证员职业道德基本准则》第7条规定:"公证员应当珍惜职业荣誉,强化服务意识,勤勉敬业、恪尽职守,为当事人提供优质高效的公证法律服务。"《公证员职业道德基本准则》第8条规定:"公证员在履行职责时,应当告知当事人、代理人和参与人的权利和义务,并就权利和义务的真实意思和可能产生的法律后果做出明确解释,避免形式上的简单告知。"

### (二)平等、热情地对待办理公证人员,依法提高办证质量和效率

《公证员职业道德基本准则》第9条规定:"公证员在执行职务时,应当平等、热情地对待当事人、代理人和参与人,要注重其民族、种族、国籍、宗教信仰、性别、年龄、健康状况、职业的差别,避免言行不慎使对方产生歧义。"《公证员职业道德基本准则》第10条规定:"公证员应当严格按照规定的程序和期限办理公证事项,注重提高办证质量和效率,杜绝疏忽大意、敷衍塞责和延误办证的行为。"

### (三)注重文明礼仪,维护职业形象,积极履行监督义务,不发表不当评论

《公证员职业道德基本准则》第 11 条规定:"公证员应当注重礼仪,做到着装规范、举止文明,维护职业形象。现场宣读公证词时,应当语言规范、吐字清晰,避免使用可能引起他人反感的语言表达方式。"《公证员职业道德基本准则》第 12 条规定:"公证员如果发现已生效的公证文书存在问题或其他公证员有违法、违规行为,应当及时向有关部门反映。"《公证员职业道德基本准则》第 13 条规定:"公证员不得利用媒体或采用其他方式,对正在办理或已办结的公证事项发表不当评论,更不得发表有损公证严肃性和权威性的言论。"

### 三、加强修养、提高素质

#### (一)遵守社会公德,具有良好的个人修养和品行,忠于职守

《公证员职业道德基本准则》第 14 条规定:"公证员应当牢固树立社会主义荣辱观,遵守社会公德,倡导良好社会风尚。"《公证员职业道德基本准则》第 15 条规定:"公证员应当道德高尚、诚实信用、谦虚谨慎,具有良好的个人修养和品行。"《公证员职业道德基本准则》第 16 条规定:"公证员应当忠于职守、不徇私情、弘扬正义,自觉维护社会公平和公众利益。"

#### (二)热爱集体、团结协作,不断提高自身的业务能力和职业素养

《公证员职业道德基本准则》第 17 条规定:"公证员应当热爱集体,团结协作,相互支持、相互配合、相互监督,共同营造健康、有序、和谐的工作环境。"《公证员职业道德基本准则》第 18 条规定:"公证员应当不断提高自身的业务能力和职业素养,保证自己的执业品质和专业技能满足正确履行职责的需要。"

#### (三)终身学习、勤勉进取

《公证员职业道德基本准则》第 19 条规定:"公证员应当树立终身学习理念,勤勉进取,努力钻研,不断提高职业素质和执业水平。"

### 四、廉洁自律、尊重同行

#### (一)廉洁自律,妥善处理个人事务

《公证员职业道德基本准则》第 20 条规定:"公证员应当树立廉洁自律意识,遵守职业道德和执业纪律,不得从事有报酬的其他职业和与公证员职务、身份不相符的活动。"《公证员职业道德基本准则》第 21 条规定:"公证员应当妥善处理个人事务,不得利用公证员的身份和职务为自己、亲属或他人谋取利益。"

#### (二)不得接受不当利益,相互尊重,避免不当干预

《公证员职业道德基本准则》第 22 条规定:"公证员不得索取或接受当事人及其代理人、利害关系人的答谢款待、馈赠财物或其他利益。"《公证员职业道德

基本准则》第 23 条规定:"公证员应当相互尊重,与同行保持良好的合作关系,公平竞争,同业互助,共谋发展。"《公证员职业道德基本准则》第 24 条规定:"公证员不得以不正当方式或途径对其他公证员正在办理的公证事项进行干预或施加影响。"

（三）不从事不正当竞争行为

《公证员职业道德基本准则》第 25 条规定:"公证员不得从事以下不正当竞争行为:(1) 利用媒体或其他手段炫耀自己,贬损他人,排斥同行,为自己招揽业务;(2) 以支付介绍费、给予回扣、许诺提供利益等方式承揽业务;(3) 利用与行政机关、社会团体的特殊关系进行业务垄断;(4) 其他不正当竞争行为。"

## 第三节　公证员执业中的行为责任

公证员在执业过程中依法行使权力,并履行法定义务。公证员不得违反法律法规以及行业纪律和职业道德。根据公证员违纪违法行为的性质差异和严重程度,分别要承担违纪责任、民事责任、行政责任乃至刑事责任。

### 一、公证员执业中的违纪行为责任

公证员违反执业纪律和执业道德规范的行为由公证协会给予处分。《公证员执业管理办法》第 32 条规定,公证协会依据章程和有关行业规范,对公证员违反职业道德和执业纪律的行为,视其情节轻重,给予相应的行业处分。公证协会在查处公证员违反职业道德和执业纪律行为的过程中,发现有依据《公证法》的规定应当给予行政处罚情形的,应当提交有管辖权的司法行政机关处理。

（一）违纪行为的处分形式与适用条件

根据中国公证协会 2004 年制定的《公证员惩戒规则（试行）》第 11 条第 1 款的规定,对公证员的惩戒有六种:警告、严重警告、罚款、记过、暂停会员资格、取消会员资格。

1. 警告处分的适用条件

《公证员惩戒规则（试行）》第 12 条规定,公证员有下列行为之一的,予以警告:(1) 无正当理由,不接受指定的公益性公证事项的;(2) 无正当理由,不按期出具公证书的;(3) 在媒体上或者利用其他手段提供虚假信息,对本公证机构或者本公证机构的公证员进行夸大、虚假宣传,误导当事人、公众或者社会舆论的;(4) 违反规定减免公证收费的;(5) 在公证员名片上印有曾担任过的行政职务、荣誉职务、专业技术职务或者其他头衔的;(6) 采用不正当方式垄断公证业务的;(7) 公证书经常出现质量问题的;(8) 其他损害公证行业利益的行为,但后果尚不严重的。

**2. 严重警告处分的适用条件**

《公证员惩戒规则(试行)》第13条规定,公证员有下列行为之一的,予以严重警告:(1)刁难当事人,服务态度恶劣,造成不良影响的;(2)对应当受理的公证事项,无故推诿不予受理的;(3)故意诋毁、贬损其他公证机构或公证人员声誉的;(4)利用非法手段诱使公证当事人,干扰其他公证机构或者公证人员正常的公证业务的;(5)给付公证当事人回扣或者其他利益的;(6)违反回避规定的;(7)违反公证程序,降低受理、出证标准的;(8)违反职业道德和执业纪律的;(9)1年内连续出现2件以内错误公证文书的;(10)受到警告惩戒后,6个月内又有第12条所列行为的。

**3. 罚款处分的适用条件**

《公证员惩戒规则(试行)》第11条第3款规定:"公证员有违反本规则第12条至第16条规定的,根据违反行业规范行为的性质,可以并处50元至5000元的罚款。"

**4. 记过处分的适用条件**

《公证员惩戒规则(试行)》第14条规定,公证员有下列行为之一的,予以记过:(1)1年内连续出现3件以上5件以下错误公证文书的;(2)违反公证法规、规章规定的;(3)违反公证管辖办理公证的;(4)违反职业道德和执业纪律,拒不改正的;(5)受到严重警告惩戒后,6个月内又有第13条所列行为的;(6)其他损害公证行业利益的行为,后果较为严重的。

**5. 暂停会员资格的适用条件**

《公证员惩戒规则(试行)》第15条规定,公证员有下列行为之一的,予以暂停公证员协会会员资格,并建议司法行政机关给予暂停执业的行政处罚:(1)利用职务之便牟取或收受不当利益的;(2)违反职业道德和执业纪律,情节严重的;(3)1年内连续出现6件以上错误公证文书的;(4)受到记过惩戒后,6个月内又有第14条所列行为的;(5)其他损害公证行业利益的行为,后果严重的。

**6. 取消会员资格的适用条件**

《公证员惩戒规则(试行)》第16条规定,公证员有下列行为之一的,予以取消公证员协会会员资格,并建议司法行政机关给予吊销执业证的行政处罚:(1)泄露国家机密、商业秘密和个人隐私给国家或者公证当事人造成重大损失或者产生恶劣社会影响的;(2)故意出具错误公证书的;(3)制作假公证书的;(4)受刑事处罚的,但非职务的过失犯罪除外;(5)违反公证法规、规章规定,后果严重的;(6)对投诉人、举报人、证人等有关人员打击报复的;(7)案发后订立攻守同盟或隐匿、销毁证据,阻挠调查的;(8)违反职业道德和执业纪律,情节特别严重的;(9)受到暂停会员资格惩戒,恢复会员资格12个月内,又有第15条所列行为的;(10)其他违法违纪或者损害公证行业利益的行为,后果特别严重的。

公证员受到严重警告、记过惩戒的,当年不得晋升职务、级别,不得参加外事考察活动。受到暂停会员资格惩戒的,3年内不得晋升职务、级别,不得参加各级公证员协会组织的外事及具有福利性质的活动。有办理涉外公证业务资格的公证员受到记过和暂停会员资格惩戒的,暂停办理涉外公证业务。对于受到惩戒处理的公证员,将通过适当的方式予以通报。

### (二)违纪行为的处分实施

公证员违纪行为的处分实施在《公证员惩戒规则(试行)》中也有明确的规定,主要包括惩戒机构、惩戒管辖、惩戒投诉及处理、惩戒调查、惩戒决定的作出和送达、惩戒决定的复核等内容。

#### 1. 惩戒机构

中国公证协会和省、自治区、直辖市公证协会设立惩戒委员会,惩戒委员会是对公证员实施惩戒的专门机构。惩戒委员会设主任委员1人、副主任委员2—3人,委员若干人。委员会由公证员协会负责人、资深执业公证员和其他法律专业人士组成。惩戒委员会主任委员、副主任委员由协会常务理事会选聘,其他委员由主任委员选聘。其具体职责包括:受理投诉案件和有关部门移送的案件;审查当事人提交的有关证明材料;对违规行为进行调查核实;制作惩戒委员会会议记录和惩戒决定书;检查惩戒决定的执行情况。

#### 2. 惩戒管辖

惩戒案件一般由省级公证协会的惩戒委员会受理,中国公证协会惩戒委员会认为影响较大、案情重大的案件也可以自行受理。

#### 3. 惩戒投诉及处理

中国公证协会和省级公证协会应当向社会公布惩戒委员会的投诉电话及投诉方式,惩戒委员会应当指定专人负责受理。投诉人可以直接投诉,也可以委托他人投诉,受理投诉的惩戒委员会有权要求投诉人提出具体的事实和有关证据材料。司法行政机关建议给予惩戒的,惩戒委员会应该受理。对于投诉的案件,惩戒委员会应当填写登记表,进行初步审查,按下列不同情况作出处理:(1)投诉材料事实不清的,通知投诉人补充材料。投诉人无法补充的,可不予受理。(2)认为违法、违纪的事实不存在,不予审理。(3)有违纪事实,但情节显著轻微,依照规定不需要实施惩戒,应予以结案,并通知投诉人或其代理人;对于需要批评教育的,将情况告知被投诉人所在的公证机构。(4)认为有违法、违纪的事实,应当予以审理的。

#### 4. 惩戒调查

惩戒委员会受理后,应当在15日内通知投诉人、被投诉人及其所在公证机构负责人,并告知被投诉人及其所在公证机构负责人到惩戒委员会说明情况或者提供书面答辩材料。投诉人、被投诉人及有关人员应当如实回答调查人员的询问,并协助调查,不得阻挠。调查应当制作笔录,接受调查的人应当在调查笔录上签字或盖章。调查终结,惩戒委员会应当对调查结果进行审查,根据不同情况,分别作出如下决定:(1) 举证不足的,终止审理;(2) 情节显著轻微的,予以批评教育,不作惩戒处理;(3) 投诉属实的,予以惩戒处理;(4) 应当由司法行政机关予以行政处罚的,书面建议司法行政机关予以行政处罚。

对可能给予暂停会员资格或者取消会员资格的案件,惩戒委员会应告知当事人本人及其所在公证机构负责人有陈述、申辩的权利,当事人放弃陈述或者申辩权利的,不影响作出决定。

5. 惩戒决定的作出和送达

惩戒决定由 3 名以上单数惩戒委员会委员共同作出。给予记过以上惩戒的,由 5 名以上单数惩戒委员会委员共同作出。惩戒案件审理过程应当制作审理记录,参与审理的委员应当在记录上签名。审理记录应当存入惩戒卷宗。惩戒决定采用惩戒决定书形式作出。决定书应当载明下列事项:(1) 被惩戒人的姓名、性别、年龄、住所和其所在公证机构;(2) 有关的事实和证据;(3) 惩戒决定;(4) 不服惩戒决定申请复核的途径和期限;(5) 作出惩戒决定的公证员协会惩戒委员会名称和作出决定的日期。惩戒决定书应当加盖惩戒委员会印章。惩戒决定书应当在 15 日内送达被惩戒人及其所在的公证机构。惩戒决定应当报同级司法行政机关备案,省级公证协会惩戒委员会作出的惩戒决定应当报中国公证协会备案。除直接送达外,惩戒决定书可以委托被惩戒人所在公证机构或所属司法行政机关送达,也可以邮寄送达。

6. 惩戒决定的复核

被惩戒的公证员对惩戒决定不服的,可以自收到决定书 10 日内,书面向作出惩戒决定的惩戒委员会申请复核。复核由惩戒委员会主任委员主持,由 5 名以上未参与作出该惩戒决定的委员集体作出复核决定,参与复核的委员人数应当为单数。复核决定应当于收到复核申请后 2 个月内作出。复核所发生的费用,经复核后,维持惩戒决定的,由申请人承担;撤销或变更惩戒决定的,由作出决定的公证员协会承担。

**二、公证员和公证机构执业中违法犯罪行为的法律责任**

公证员和公证机构执业中违法犯罪行为的法律责任包括行政法律责任、民事法律责任、刑事法律责任等。

(一) 违法行为的行政法律责任

公证员和公证机构执业中违法行为的行政法律责任是最主要的法律责任形式。公证员和公证机构执业中违法行为的行政法律责任具体表现为司法行政部门所给予的行政处罚。根据《公证法》的规定,司法行政部门对公证员的行政处罚分为警告、罚款、停止执业、没收违法所得、吊销执业证书五种;司法行政部门对公证机构的行政处罚分为警告、罚款、没收违法所得、停业整顿四种。

《公证法》第41条规定,公证机构及其公证员有下列行为之一的,由省、自治区、直辖市或者设区的市人民政府司法行政部门给予警告;情节严重的,对公证机构处1万元以上5万元以下罚款,对公证员处1000元以上5000元以下罚款,并可以给予3个月以上6个月以下停止执业的处罚;有违法所得的,没收违法所得:(1)以诋毁其他公证机构、公证员或者支付回扣、佣金等不正当手段争揽公证业务的;(2)违反规定的收费标准收取公证费的;(3)同时在二个以上公证机构执业的;(4)从事有报酬的其他职业的;(5)为本人及近亲属办理公证或者办理与本人及近亲属有利害关系的公证的;(6)依照法律、行政法规的规定,应当给予处罚的其他行为。

《公证法》第42条规定,公证机构及其公证员有下列行为之一的,由省、自治区、直辖市或者设区的市人民政府司法行政部门对公证机构给予警告,并处2万元以上10万元以下罚款,并可以给予1个月以上3个月以下停业整顿的处罚;对公证员给予警告,并处2000元以上1万元以下罚款,并可以给予3个月以上12个月以下停止执业的处罚;有违法所得的,没收违法所得;情节严重的,由省、自治区、直辖市人民政府司法行政部门吊销公证员执业证书……:(1)私自出具公证书的;(2)为不真实、不合法的事项出具公证书的;(3)侵占、挪用公证费或者侵占、盗窃公证专用物品的;(4)毁损、篡改公证文书或者公证档案的;(5)泄露在执业活动中知悉的国家秘密、商业秘密或者个人隐私的;(6)依照法律、行政法规的规定,应当给予处罚的其他行为。因故意犯罪或者职务过失犯罪受刑事处罚的,应当吊销公证员执业证书。被吊销公证员执业证书的,不得担任辩护人、诉讼代理人,但系刑事诉讼、民事诉讼、行政诉讼当事人的监护人、近亲属的除外。

《公证员执业管理办法》第29条规定,公证员有《公证法》第41条、第42条所列行为之一的,由省、自治区、直辖市或者设区的市司法行政机关依据《公证法》的规定,予以处罚。公证员有依法应予吊销公证员执业证书情形的,由所在地司法行政机关逐级报请省、自治区、直辖市司法行政机关决定。《公证员执业管理办法》第30条、第31条规定,司法行政机关对公证员实施行政处罚,应当根据有关法律、法规和司法部有关行政处罚程序的规定进行。司法行政机关查处公证员的违法行为,可以委托公证协会对公证员的违法行为进行调查、核实。司法行政机关在对公证员作出行政处罚决定之前,应当告知查明的违法行为事实、处罚的理由及依据,并告知其依法享有的权利。口头告知的,应当制作笔录。公证员有权进行陈述和申辩,有权依法申请听证。公证员对行政处罚决定不服的,可以依法申请行政复议或者提起行政诉讼。《公证员执业管理办法》第 35 条规定,司法行政机关及其工作人员在公证员职务任免、公证员执业证书管理、对公证员执业活动实施监督检查的过程中,有滥用职权、玩忽职守、徇私舞弊、干预公证员依法执业行为的,应当依法追究责任人员的行政责任。

《公证机构执业管理办法》第 36 条规定,公证机构有《公证法》第 41 条、第 42 条规定所列行为之一的,由省、自治区、直辖市司法行政机关或者设区的市司法行政机关依据《公证法》的规定,予以处罚。公证机构违反《公证法》第 25 条规定,跨执业区域受理公证业务的,由所在地或者设区的市司法行政机关予以制止,并责令改正。《公证机构执业管理办法》第 37 条、第 38 条规定,司法行政机关对公证机构违法行为实施行政处罚,应当根据有关法律、法规和司法部有关行政处罚程序的规定进行。司法行政机关在对公证机构作出行政处罚决定之前,应当告知其查明的违法行为事实、处罚的理由及依据,并告知其依法享有的权利。口头告知的,应当制作笔录。公证机构有权进行陈述和申辩,有权依法申请听证。公证机构对行政处罚不服的,可以依法申请行政复议或者提起行政诉讼。《公证机构执业管理办法》第 43 条规定,司法行政机关及其工作人员在公证机构设立审批、公证机构执业证书管理、对公证机构实施监督检查、年度考核的过程中,有滥用职权、玩忽职守、徇私舞弊、干预公证机构依法独立行使公证职能行为的,应当依法追究责任人员的行政责任。《公证机构执业管理办法》第 41 条规定,公证协会依据章程和有关行业规范,对公证机构违反执业规范和执业纪律的行为,视其情节轻重,给予相应的行业处分。公证协会在查处公证机构违反执业规范和执业纪律行为的过程中,发现有依据《公证法》的规定应当给予行政处罚情形的,应当提交有管辖权的司法行政机关处理。

(二)过错行为的民事法律责任

《公证法》第 43 条规定,公证机构及其公证员因过错给当事人、公证事项的利害关系人造成损失的,由公证机构承担相应的赔偿责任;公证机构赔偿后,可以向有故意或者重大过失的公证员追偿。当事人、公证事项的利害关系人与公证机构因赔偿发生争议的,可以向人民法院提起民事诉讼。《公证法》第 44 条规定,当事人以及其他个人或者组织有下列行为之一,给他人造成损失的,依法承担民事责任……(1)提供虚假证明材料,骗取公证书的;(2)利用虚假公证书从事欺诈活动的;(3)伪造、变造或者买卖伪造、变造的公证书、公证机构印章的。

《公证员执业管理办法》第 33 条规定,公证员因过错给当事人、公证事项的利害关系人造成损失的,公证机构依法赔偿后,可以向有故意或者重大过失的公证员追偿。《公证机构执业管理办法》第 42 条规定,公证机构及其公证员因过错给当事人、公证事项的利害关系人造成损失的,由公证机构承担相应的赔偿责任;公证机构赔偿后,可以向有故意或者重大过失的公证员追偿。

(三)犯罪行为的刑事法律责任

《公证法》第 42 条第 1 款、第 2 款规定,公证机构及其公证员有下列行为之一……构成犯罪的,依法追究刑事责任:(1)私自出具公证书的;(2)为不真实、不合法的事项出具公证书的;(3)侵占、挪用公证费或者侵占、盗窃公证专用物品的;(4)毁损、篡改公证文书或者公证档案的;(5)泄露在执业活动中知悉的国家秘密、商业秘密或者个人隐私的;(6)依照法律、行政法规的规定,应当给予处罚的其他行为。因故意犯罪或者职务过失犯罪受刑事处罚的,应当吊销公证员执业证书。《公证法》第 44 条规定,当事人以及其他个人或者组织有下列行为之一……构成犯罪的,依法追究刑事责任:(1)提供虚假证明材料,骗取公证书的;(2)利用虚假公证书从事欺诈活动的;(3)伪造、变造或者买卖伪造、变造的公证书、公证机构印章的。

《公证员执业管理办法》第 35 条规定,司法行政机关及其工作人员在公证员职务任免、公证员执业证书管理、对公证员执业活动实施监督检查的过程中,有滥用职权、玩忽职守、徇私舞弊、干预公证员依法执业行为的……构成犯罪的,依法追究刑事责任。《公证机构执业管理办法》第 43 条规定,司法行政机关及其工作人员在公证机构设立审批、公证机构执业证书管理、对公证机构实施监督检查、年度考核的过程中,有滥用职权、玩忽职守、徇私舞弊、干预公证机构依法独立行使公证职能行为的……构成犯罪的,依法追究刑事责任。

# 第七章　其他法律职业人员的职业伦理

## 第一节　法律顾问职业伦理

**一、法律顾问职业伦理概述**

(一) 法律顾问的概念、分类和职责

法律顾问是指接受公民个人、企业(及事业单位、社会团体)、军队和政府(及其职能部门)聘请,运用法律专业知识和法律专业技能从事解答法律问题、提供法律意见、起草法律文件、拟订法律文书等工作的专职或兼职的法律专业人员。对于法律顾问可以从广义和狭义两方面来理解:前者指具有专业法律技能,受聘提供专业法律服务的人员,一般都为兼职法律顾问,包括受聘任职的法学家、律师和供职于政府部门的公职专家或公职律师;狭义上的法律顾问,则只是受聘提供专业法律服务的律师。

2016年6月16日,中共中央办公厅、国务院办公厅印发了《关于推行法律顾问制度和公职律师公司律师制度的意见》,积极推行法律顾问和公职律师、公司律师制度,充分发挥法律顾问、公职律师、公司律师作用,进一步推动法律顾问制度的完善。依据聘任法律顾问的主体,法律顾问可以分为党和政府机关法律顾问、企业法律顾问、社会团体法律顾问。

1. 党和政府机关法律顾问

政府法律顾问制度发源于欧美国家,我国设立政府法律顾问的实践最早可以追溯到20世纪80年代末。1988年9月,深圳市正式成立政府法律顾问室,是我国政府法律顾问制度的开端。政府法律顾问从字面上看是受聘于政府的专业法律人士,其职能在于为政府提供包括法律咨询、决策建议、法律论证等专业性服务。聘用政府法律顾问的对象,包含了中央和国家机关各部委、县级以上地方各级党政机关以及乡镇党委,各级政府及行政部门、事业单位等。政府法律顾问依据法律规定接受聘任,在行使职能期间依法享受法定权利并履行法律以及工作单位规定的义务,帮助政府提高依法执政、依法行政的能力水平,促进依法办事,为协调推进"四个全面"战略布局提供法治保障。政府法律顾问制度是推进依法行政的一项新举措,也是我国法治文明进步的重要标志。在行政改革的背景下,我们应当正确认识政府法律顾问的内涵,深刻了解政府法律顾问的功能,全面把握政府法律顾问的基本权能,在深化改革中实现政府法律顾问从"法律咨询者"向"法治守护者"的角色转变。① 政府法律顾问的主体是为政府提供法律咨询与服务的单位和个人，包括的主体范围较为复杂。政府法律顾问主体主要分为两类：一类是政府体制内的公职人员，主要包括党内法规工作机构工作人员、法制办公室的工作人员和公职律师；另一类是政府体制外的人员，包括一般执业律师、高校或研究机构的法学专家。

政府法律顾问绝不是政府的"门面"或"摆设"，也不仅仅是政府的"救火员"，而是在推进依法行政、防范法律风险以及推动法治政府建设等方面发挥着不可或缺的作用的重要力量。唯其如此，才能真正把这项制度深入开展下去。② 因此政府法律顾问的职责重大，而主体的多样性也带来了其职责的多样，涉及党政机关法律活动的方方面面。政府法律顾问的具体职责范围广泛，具体包括但不限于以下事项：

（1）为重大决策、重大行政行为提供法律意见。政府在依法行政的过程中，为人民的幸福和安全考虑，并将会有所行为，会作出一系列的决策。为使政府的重大决策和重大行政行为更具有合法性与合理性，政府法律顾问应当为政府服务，履行自己的职责，应政府要求，提供法律咨询，对重大决策提出行之有效的法律建议。

（2）参与法律法规草案、党内法规草案和规范性文件送审稿的起草、论证。政府法律顾问对政府拟发布的重要规范性文件提出法律建议，对严重违反上位法的规范性文件有否决权。政府法律顾问协助党政机关以及政府在执政和行政之时，必定会通过制定法律法规，规范社会秩序，调和社会矛盾，为社会主义的经济建设保驾护航。

（3）参与合作项目的洽谈，协助起草、修改重要的法律文书或者以党政机关为一方当事人的重大合同。法律顾问协助政府法律审查重大的经济（合作）项目以及重要的法律文件。政府及其职能部门具有众多的行政事务，也会产生大量的法律文书需要法律顾问协助完成。政府在社会生活中，为了更好地进行行政活动，还会同一般当事人签订行政合同，这也需要法律顾问审查合同以及提供相关服务。

（4）为处置涉法涉诉案件、信访案件和重大突发事件等提供法律服务。法律顾问应利用所学知识，查找相关法律信息，并提供给政府及其职能部门，就政府行政管理中的有关问题提出法律意见。政府及其职能部门作为国家的行政部门，对行政事务更具有专业性，但对涉及法律的事务相对法律顾问缺乏一定的法

---

① 宋智敏：《"从法律咨询者"到"法治守护者"——改革语境下政府法律顾问角色的转换》，载《政治与法律》2016年第1期。
② 范丽霞：《论政府法律顾问制度的推进与完善》，载《理论观察》2016年第1期。

律职业素养。

（5）参与处理行政复议、诉讼、仲裁等法律事务。这些都是法律顾问职业生活中的重要工作，在政府不专业的地方提供专业的建议。法律顾问对于行政复议应当提供科学的法律建议，以解决问题，使复议者得到安心的答复。法律顾问对于政府行政活动中所遇到的司法问题更具有专业应对能力，应接受政府机关委托，代理政府参加法律诉讼以及仲裁活动。

2. 企业法律顾问

企业法律顾问也称公司律师，包括企业外部法律顾问和企业内部法律顾问。前者指律师事务所接受企业的委托指派律师担任企业的法律顾问，后者指企业聘用的企业法律专业管理人员。企业在社会中扮演重要的角色，在企业运营的过程中会面临大量的法律问题，这些法律上的问题需要专业的人员来解决，因此企业的法律顾问必不可少。企业依法经营需要履行相应的法律义务，也必然享有相应的权利，法律顾问作为法律专业人员可以在企业运行中提供现实的法律保障，产生更好的经济效益和社会效益。在我国，企业法律顾问包括国有企业法律顾问和一般民营企业法律顾问。

企业法律顾问的职责范围包括：

（1）参与企业章程、董事会运行规则的制定。企业章程载明了企业组织和活动的基本准则，是企业的宪章。董事会的运作规则关乎一个公司的领导机制和对公司的管理，对企业来说具有重大的作用。企业法律顾问作为拥有专业法律知识的法律人参与制定企业的章程及相关的规定，可以协助企业领导人正确执行国家法律、法规，有助于合法、规范地经营与运作，有助于规范地管理企业和工作人员，使企业朝着更好的方向发展。

（2）对企业重要经营决策、规章制度、合同进行法律审核。法律顾问要对企业的重大决策提出专业的法律意见，给予技术性的指导。企业法律顾问应参与起草、审核企业重要的规章制度，规范企业的规章制度。企业运营工程中会产生大量的劳动、商业、雇佣合同等，企业法律顾问发挥其专业性的优势管理合同，参与重大合同的谈判和起草工作。法律顾问对合同进行审核，可以预见很多漏洞，降低风险。

（3）为企业改制重组、并购上市、产权转让、破产重整、和解及清算等重大事项提出法律意见。企业在运行过程中会产生重大的变动，涉及范围广，需要大量的专业知识为其保驾护航。法律顾问应参与企业的合并、分立、破产、投资、租赁、资产转让、招投标及进行公司改建等涉及企业权益的重要经济活动，处理相关的法律实务，提供专业的法律咨询，促使企业完善、高效地完成转变，节约时间和成本。

（4）组织开展合规管理、风险管理、知识产权管理、外聘律师管理、法治宣传教育培训、法律咨询。企业法律顾问应当协助企业办理企业工商登记以及商标、专利、商业秘密保护等有关法律事务，使企业在国家的法律规范下依法履行义务与行使权利。企业法律顾问应当负责企业外聘律师的选择、联络以及其他相关的工作。法律顾问要不时开展与企业生产经营有关的法律咨询，还要配合企业有关部门对职工进行法制宣传教育。

(5) 组织处理诉讼、仲裁案件。企业法律顾问作为法律服务的专职人员，应当接受企业法定代表人的委托，代理企业的诉讼和非诉讼活动。法律顾问对诉讼和非诉的程序比较熟悉，能够熟练地适用法律，迅捷地应对其间的法律问题，这是非法律专业人员所不具备的技能。参与诉讼、仲裁活动，是法律顾问重要的职业活动，因为司法活动不同于其他的社会活动，需要专业的知识和技能且司法程序复杂，需要专业的人员才可以很好地应对。

3. 社会团体法律顾问

人民团体是指除政府、政府官方机构、企业公司和事业单位以外的团体组织总称。根据1989年10月25日国务院发布的《社会团体登记管理条例》，人民团体的含义接近于社会团体。因此在一定程度上可以用社会团体替代人民团体，既有中国人民政治协商会议组成单位，包括了工会、共青团、妇联、科协、侨联、台联、青联、工商联等8个单位，也有经过批准登记的民间社会团体。为了一定的公共利益或者基于行业共同体的目标，组建和运行社会团体，具有一定的民间性和自治性。而社会团体法律顾问的职责也正在于此。为社会团体提供法律咨询，在社会团体登记、组建、运行的过程中预估法律风险，处理法律问题。此外，帮助社会团体起草、修订社会团体章程或者团体规则等。这些职责在一定程度上与事业单位法律顾问类似。其区别在于，事业单位法律顾问处理的基本都是涉及官方的法律问题，而社会团体法律顾问涉及的基本都是半官方或者民间的法律问题。这一点突出体现在社会团体的民间公益性质或者行业协会的共同体自治性质上。因此，《关于推行法律顾问制度和公职律师公司律师制度的意见》中也明确指出人民团体法律顾问可以参照国有企业、事业单位法律顾问来建立。

(二) 法律顾问职业伦理的概念

法律顾问职业伦理是指法律顾问在进行法律顾问活动时应恪守的行为准则和道德规范。法律顾问职业伦理是法律职业伦理的一部分，既有法律职业伦理的一般原则和规范，也有属于自身的规则内容。法律顾问职业伦理的原则包括了平等、正当程序、勤勉效率等一般原则，也有属于自己的独立原则。独立原则在不同的法律职业人员身上有不同程度的体现。这也正是法律顾问区别于其他法律职业之处。就法律顾问而言，法律顾问的目的是服务于不同的主体，具有一定的依附性，但就处理法律问题本身而言，法律顾问具有一定的自治独立性，严格依靠自身的法律知识来帮助不同的主体处理法律问题，进行法律咨询。对于法律顾问来说，如何把握好自身的一定程度的独立原则是重中之重。此外，法律顾问职业伦理的具体内容也和法律职业伦理的内容有所重叠，并有自己独特的伦理内容。

（三）法律顾问职业伦理的作用

法律顾问职业伦理的作用不言而喻，是法律顾问的基本素养。其不仅起到规范法律顾问的行为的作用，也事关法律顾问本身功能与价值的正常发挥。法律顾问职业伦理能使法律顾问在提供法律服务时明辨是非，时刻警惕可能出现的非法利益和目的。在此基础上，坚决拒绝为企图获得非法不当利益的单位、机关、公司提供法律服务，敦促法律顾问独立谨慎地承担法律顾问职责，维护受雇单位、机关、公司的合法正当利益。

另一方面，法律顾问职业伦理能培育法律顾问的职业精神，不断提高自身的职业素质和水准，提供更高质量、更加完善的法律服务，使法律顾问制度的价值和功能得以淋漓尽致地展现，进而涵养、培育受雇单位、公司、机关的法治思维和法律意识，以此推进法治社会、法治政府的建设。

## 二、法律顾问执业中的行为准则与行为规范

（一）忠诚法律

忠于宪法、遵守法律法规，坚持党的领导、拥护党的路线和政策，坚持正确的政治方向。坚持党的领导，选拔政治素质高、拥护党的理论和路线方针政策的法律专业人才进入法律顾问和公职律师、公司律师队伍。作为法律顾问不仅要忠于《宪法》，遵守我国的法律法规，还要坚持党的理论政策，拥护我国的政治政策，为我国全面建成法治社会作出贡献。遵纪守法要求法律顾问在进行职业活动的时候，要从案件的事实出发，寻求证据来查明真相，不能主观臆断地来判断对错。法律顾问在提供法律服务的时候要以事实为依据，以法律为准绳，这是职业伦理对法律职业人员的特殊要求，也是法律职业人员必须恪守的职业准则。

（二）保持独立

恪尽职守，保持职业活动的独立。公职及公司律师不得从事有偿法律服务，不得在律师事务所等法律服务机构兼职，不得以律师身份办理所在单位以外的诉讼或者非诉讼法律事务。公职及公司律师在作为法律顾问的时候一定要尽职尽责，保持独立。这是对于作为党政机关、公司法律顾问的公职律师、公司律师所做的竞业禁止的规定。此种规定有利于法律顾问毫无牵绊地为党政机关、公司企业服务，保持职业的专业独立性。

法律顾问的独立性还表现在法律顾问在提供法律服务过程中不受非法律因素的干扰，严格依照法律的规定或依照法律精神进行事实判断并作出合理的抉择。法律顾问在进行法律顾问活动时，必须保持一定的独立性，严格依法办事，

不能为受雇单位、公司牟取非法利益,掩盖非法事实;在保持专业的独立性的情况下,为受雇单位、公司提供法律服务,维护单位、公司的合法利益。在特别的部门,为保护法律顾问的独立性有更严格的规定:国有资产监督管理机构的工作人员违法干预企业法律顾问的工作,侵犯所出资企业和企业法律顾问合法权益的,对直接负责的主管人员和其他直接责任人员依法给予行政处分;有犯罪嫌疑的,依法移送司法机关处理。法律职业伦理要求法律顾问保持独立性,国家为了保障法律顾问的这种独立性做出了相应的规定,法律顾问人员自己也要自觉保持并维护职业的独立性。

(三)保守秘密

保守秘密这一行为准则和行为规范要求法律顾问要严于律己,保守职业活动中知悉的国家、商业秘密及其他个人隐私;要遵守保密制度,不得泄露党和国家的秘密、工作秘密、商业秘密以及其他不应公开的信息,不得擅自对外透露所承担的工作内容。由于法律顾问职业的特殊性,党政机关的法律顾问办理的法律事务很多都会涉及党和国家秘密,这些秘密如果不能保守好,会危及国家和人民的安全。企业的法律顾问在提供法律服务的时候知悉或者了解到的工作秘密或者商业秘密,不得对外泄露,以免引起不正当的竞争。除此之外,法律顾问还应严于律己,不得进行损害集体、个人的事情。法律顾问在职业活动中有权获得与履行职责相关的信息、文件等资料;法律顾问对这些信息的使用权仅限于职责所需,除此之外必须严格保密,不得利用这些信息从事商业或其他活动。

律师事务所及其所指派的顾问律师应对其提供法律服务过程中接触、了解到的国家秘密、商业秘密、不宜公开的情况及个人隐私负有保密的义务。保密义务是法律顾问在进行职业活动时要恪守的重要的职业伦理。法律顾问在提供法律服务的时候泄露国家、商业秘密以及个人隐私,不仅会损害国家、集体和个人的权益,还会有损法律人的严肃、严谨的形象。法律顾问作为法治守护者,应当树立正义、正气的形象,积极捍卫法律的尊严和权威。因此,保守职业秘密是法律顾问义不容辞的义务。

### 三、法律顾问执业中的行为责任

法律顾问、公职律师和公司律师违反法律顾问职业伦理,对其责任追究既包括了共同体内部的惩戒处分、民事法律责任,还包括了行政法律责任和刑事法律责任。党政机关法律顾问、公职律师玩忽职守、徇私舞弊的,依法依纪处理;属于外聘法律顾问的,予以解聘,并记入法律顾问工作档案和个人诚信档案,通报律师协会或者所在单位,依法追究责任。对于企业法律顾问和总顾问玩忽职守、滥用职权、牟取私利,违反法律顾问职业伦理给企业造成较大的损失的,应当追究其法律责任,并可同时依照有关规定,由其所在的企业报请管理机关暂停执业或者吊销其企业法律顾问执业资格证;有犯罪嫌疑的,依法移送司法机关处理。对于外聘法律顾问,有泄露所知悉的国家秘密、商业秘密、个人隐私和不应公开的信息的;利用工作便利,为本人或者他人牟取不正当利益的;以党政机关、国有企业法律顾问的名义招揽或者办理与法律顾问职责无关的业务的;同时接受他人委托,办理与党政机关、国有企业有利害冲突的法律事务的;从事有损党政机关、国有企业利益或形象的其他的活动等违反法律顾问职业伦理情形的,予以解聘,并记入法律顾问工作档案和个人诚信档案,通报律师协会或者所在单位,依法追究责任。

## 第二节 仲裁员职业伦理

**一、仲裁员职业伦理概述**

（一）仲裁与仲裁员的概念

仲裁是指由双方当事人协议将争议提交（具有公认地位的）第三方,由该第三方对争议的是非曲直进行评判并作出裁决的一种解决争议的方法。仲裁异于诉讼和审判,仲裁需要双方自愿;也异于强制调解,它是一种特殊调解,是自愿型公断;仲裁区别于诉讼等强制型公断。

仲裁一般是当事人根据他们之间订立的仲裁协议,自愿将其争议提交由非司法机构的仲裁员组成的仲裁庭进行裁判,并受该裁判约束的一种制度。仲裁活动和法院的审判活动一样,关乎当事人的实体权益,是解决民事争议的方式之一。平等主体的公民、法人和其他组织之间发生的合同纠纷和其他财产权益纠纷,可以仲裁,但婚姻、收养、监护、扶养、继承纠纷以及依法应当由行政机关处理的行政争议不能仲裁。在我国,劳动争议调解仲裁和农村土地承包经营纠纷调解仲裁不属于此处所指的仲裁。

仲裁员指的是由申请仲裁人员协议选择或由仲裁机构指定的,从事仲裁活动,承担仲裁职责的法律职业人员。仲裁员是较为特殊的法律职业人员,仲裁员职业具有不固定性,仲裁员并不像法官、公证员那样固定承担一个职位。仲裁员绝大多数只是兼职的,他们不以仲裁员为主要职业和主要收入来源。因为仲裁的特殊性质,仲裁员兼具民间性和官方性。仲裁虽由国家立法确认,有国家的授权,但仲裁也需双方当事人的同意授权。此外,仲裁员虽然能作出仲裁裁决,但没有强制执行力。因此仲裁既有民间性,也有准司法性。

（二）仲裁员职业伦理的概念

仲裁员职业伦理指的是仲裁员在进行仲裁活动、承担仲裁任务时所应遵循的基本行为准则和道德规范。仲裁员职业伦理要求仲裁员自律,积极主动调整并规范自己的行为,恪守职业伦理道德,努力提高自身的职业操守和水平。此外,仲裁员职业伦理也有他律性,有一系列的职业行为规范以及法律规范约束着仲裁员的行为,提醒仲裁员时刻谨记职业伦理。仲裁员职业伦理的内容包括了《仲裁法》中规定的仲裁员基本法律规范、各个仲裁机构的仲裁行为准则以及法律职业人员共同的道德习惯和伦理意识等。

(三)仲裁员职业伦理的作用

仲裁员职业伦理的价值与作用体现在以下三个方面:

(1)仲裁的好坏取决于仲裁员水平和素养的高低。仲裁员大都是兼职,还有自身的主要身份,因此所涉及的社会关系相比其他法律职业更为复杂,更需要极高的职业道德要求,仲裁员职业伦理的重要性也凸显出来。

(2)相较于其他不同的法律工作者职业伦理在其法律职业中的地位,仲裁员职业伦理在仲裁职业中的地位更为重要。仲裁需要经过双方当事人同意方可进行,如果当事人不认可仲裁员的职业素质、不信任仲裁裁决,仲裁根本无从谈起。因此,仲裁员的职业操守和仲裁的声誉是仲裁的基石,失去了这些,也便失去了仲裁的意义。

(3)仲裁员基于其特殊性质,拥有比法官更大的自由裁量权,而这也对仲裁员的职业素养和道德水准提出了更高的要求。

所以仲裁员职业伦理是仲裁员的必修课,关乎仲裁员的仲裁水平,也与仲裁裁决的公信力紧密相连。仲裁员职业伦理规范指导仲裁员从事仲裁活动时的行为,减少并杜绝仲裁员违反职业道德的行为乃至违法行为,敦促仲裁员勤勉高效地承担仲裁职责,提高仲裁员的职业素质和水平,保证仲裁员诚实信用、独立公正地仲裁,维护仲裁机构的声誉,保障仲裁裁决的公信力。

## 二、仲裁员执业中的行为准则与行为规范

(一)独立公正

仲裁委员会独立于行政机关,与行政机关没有隶属关系。仲裁委员会之间也没有隶属关系。仲裁员应独立公正地进行仲裁活动,仲裁应当根据事实,符合法律规定,公平合理地解决纠纷。仲裁依法独立进行,不受行政机关、社会团体和个人的干涉,不偏袒申请仲裁当事人任何一方,保持中立,也不受仲裁机构内部的干扰和指挥。仲裁员听取争议事实,根据自身意见和裁决理由,作出裁决,严格依法仲裁。仲裁员不得私自会见当事人、代理人,或者接受当事人、代理人的请客送礼。独立公正是仲裁的根本要求,仲裁员失去了独立公正的核心价值,仲裁也必然失去了公信力,会对仲裁机构的声誉乃至仲裁的价值产生极大的破坏力。

### (二) 诚实信用

仲裁员在进行仲裁活动时不得弄虚作假、罔顾争议事实、肆意作出裁决。仲裁员应严格按照争议事实，遵循自身的法律判断和认知，得出裁决理由，并依法合理作出裁决。仲裁员不得索贿受贿、徇私舞弊、枉法裁决。仲裁员接受选定或指定时，有义务书面披露可能引起当事人对其公正性或独立性产生合理怀疑的任何事由。诚实信用是现代民法的基本原则，仲裁亦是如此。仲裁员行为准则要求仲裁员必须遵循诚实信用原则，它包括积极提高个人业务水平、主动说明自身情况、毫不偏袒地履行自己的职责。

### (三) 勤勉高效

勤勉高效是仲裁员的基本职业素养。勤勉要求仲裁员在进行仲裁时必须守时、尽力，仲裁员应当具备高度的责任感，在自己的能力和精力范围内接受仲裁案件，并认真审理案件，公平公正地作出仲裁裁决。高效要求仲裁员应当注意办案的质量和效率，二者兼顾，不能顾此失彼。简便和快捷是仲裁的突出特点，这也是当事人的基本要求。低效率审理案件，不仅会造成仲裁的拖延，也会损失仲裁的声誉，给当事人造成损害。因此，仲裁员应积极履行仲裁职责，不断提高仲裁业务水平，保障仲裁的效率和质量，积极帮助申请仲裁的当事人化解纠纷，达成调解，或者及时高效依法作出裁决，解决争端，保证仲裁案件的及时完成。不得拖延懈怠，无故推托仲裁责任，消极应付仲裁当事人，肆意作出裁决。

### (四) 保守秘密

仲裁不公开进行。当事人协议公开的，可以公开进行，但涉及国家秘密的除外。仲裁员必须严格遵守保密义务，在仲裁不公开进行的情况下，不得随意泄漏仲裁的具体内容、当事人情况等属于商业秘密或者个人隐私的内容。保守秘密是仲裁员的基本素质，也是仲裁的优势所在。不公开进行的仲裁使双方当事人无顾虑地自由抉择，有利于维护当事人双方的利益，尤其是当事人双方不希望第三人知道的商业秘密等。因此，仲裁员在仲裁过程中不得随意向外界透露仲裁活动的情况，也必须对涉及仲裁程序、裁决、当事人的商业秘密以及私人情况等保守秘密。

## 三、仲裁员执业中的行为责任

仲裁员执业中的行为责任体现在仲裁员的基本法律规范和行业行为准则中。我国目前只有2017年经过修正的《仲裁法》规定了仲裁员的基本行为规范，尚未制定全国统一的仲裁员行为准则，只有地方各个仲裁机构制定的行为准则，例如《北京仲裁委员会仲裁员守则》《中国广州仲裁委员会仲裁员守则》等。

依据《仲裁法》的规定，仲裁员在下列情形下必须履行回避义务：(1) 是本案当事人或者当事人、代理人的近亲属；(2)与本案有利害关系；(3)与本案当事人、代理人有其他关系，可能影响公正仲裁的；(4)私自会见当事人、代理人，或者接受当事人、代理人的请客送礼的。如果仲裁员有上述第四种情形且情节严重，应当依法承担法律责任，仲裁委员会应当将其除名。

仲裁员在仲裁案件时有索贿受贿、徇私舞弊、枉法裁决行为的，应当依法承担法律责任(包括民事责任乃至刑事责任)，仲裁委员会还应当将其除名。仲裁员的其他行为严重违背职业伦理规范，越过法律界限的，也应当依法承担法律责任。

## 第三节 行政机关中从事行政处罚决定审核、行政复议、行政裁决的公务员职业伦理

### 一、行政机关中从事行政处罚决定审核、行政复议、行政裁决的公务员职业伦理概述

(一)行政机关中从事行政处罚决定审核、行政复议、行政裁决的公务员概念

行政机关中从事行政处罚决定审核、行政复议、行政裁决的公务员属于行政执法人员。行政执法人员是指在行政行为的实施过程中代表行政主体参与相关问题的调查、审核或作出决定的人员，是行政执法职能的具体执行和实施者。

行政执法人员主要包括如下几类：一是在行政机关中工作，具有行政编制的公务员；二是在法律、法规授权的事业单位工作，具有事业编制的管理人员或者专业技术人员；三是在法律、法规授权的企业组织中的正式管理人员；四是在受委托执法单位中工作，在编的公务员、事业人员或者专业技术人员。除了上述四种人员，行政执法机关中的借调人员、实习人员、临时聘用人员、超编人员等，都不是行政执法人员。

行政机关中从事行政处罚决定审查、行政复议和行政裁决的公务员作为我国行政执法人员的重要组成部分，是需要更高法律资格准入要求的行政机关公务员，初次从事这类行政执法工作自2018年起需要取得国家统一法律职业资格。

(二)行政机关中从事行政处罚决定审核、行政复议、行政裁决的公务员职业伦理概念

行政机关中从事行政处罚决定审核、行政复议、行政裁决的公务员职业伦理就是上述人员在行使行政执法职权、履行行政执法职务和职责的公务活动中，所应当具备的行为品质、品格和所应当遵循的行为规范的总和。

(三)行政机关中从事行政处罚决定审核、行政复议、行政裁决的公务员职业伦理基本法律规范

我国行政机关中从事行政处罚决定审查、行政复议和行政裁决人员的职业伦理主要体现在下列规范中：一是全国人民代表大会常务委员会制定的《公务员法》《行政处罚法》《行政复议法》；二是国务院制定的《行政机关公务员处分条例》《行政复议法实施条例》以及中共中央办公厅、国务院办公厅印发的《行政执法类公务员管理规定（试行）》。

**二、行政机关中从事行政处罚决定审核、行政复议、行政裁决的公务员执业中的行为准则与行为规范**

（一）执法合法

执法合法是指行政执法机关及其执法人员的执法活动必须有法律的依据，符合法律的规定，不得与法律相抵触。执法合法也是《行政复议法》第4条明确确立的原则。就行政机关中从事行政处罚决定审核、行政复议、行政裁决的公务员而言，执法合法主要包括如下三层内容：

1. 执法的主体要合法

根据2018年1月1日施行的《行政处罚法》（2017年修正）规定，行政机关中初次从事行政处罚决定审核的人员，应当通过国家统一法律职业资格考试取得法律职业资格。根据2018年1月1日施行的《行政复议法》（2017年修正）规定，行政机关中初次从事行政复议的人员，应当通过国家统一法律职业资格考试，取得法律职业资格。根据中华人民共和国司法部2018年4月25日审议通过的《国家统一法律职业资格考试实施办法》规定，行政机关中初次从事行政处罚决定审核、行政复议、行政裁决、法律顾问的公务员，应当通过国家统一法律职业资格考试，取得法律职业资格。

2. 执法依据要合法

根据《行政处罚法》第4条第3款的规定，从事行政处罚决定审核的公务员对行政处罚决定进行审核时，对违法行为给予行政处罚的规定必须公布；未经公布的，不得作为行政处罚的依据。第9条至第14条又分别对各种法律、法规设立行政处罚的范围作出明确规定。其中，第9条规定：法律可以设定各种行政处罚。限制人身自由的行政处罚，只能由法律设定。第10条规定：行政法规可以设定除限制人身自由以外的行政处罚。法律对违法行为已经作出行政处罚规定，行政法规需要作出具体规定的，必须在法律规定的给予行政处罚的行为、种类和幅度的范围内规定。第11条规定：地方性法规可以设定除限制人身自由、吊销企业营业执照以外的行政处罚。法律、行政法规对违法行为已经作出行政处罚规定，地方性法规需要作出具体规定的，必须在法律、行政法规规定的给予

行政处罚的行为、种类和幅度的范围内规定。第 12 条规定：国务院部、委员会制定的规章可以在法律、行政法规规定的给予行政处罚的行为、种类和幅度的范围内作出具体规定。尚未制定法律、行政法规的，前款规定的国务院部、委员会制定的规章对违反行政管理秩序的行为，可以设定警告或者一定数量罚款的行政处罚。罚款的限额由国务院规定。国务院可以授权具有行政处罚权的直属机构依照本条第 1 款、第 2 款的规定，规定行政处罚。第 13 条规定：省、自治区、直辖市人民政府和省、自治区人民政府所在地的市人民政府以及经国务院批准的较大的市人民政府制定的规章可以在法律、法规规定的给予行政处罚的行为、种类和幅度的范围内作出具体规定。尚未制定法律、法规的，前款规定的人民政府制定的规章对违反行政管理秩序的行为，可以设定警告或者一定数量罚款的行政处罚。罚款的限额由省、自治区、直辖市人民代表大会常务委员会规定。第 14 条规定：除本法第 9 条、第 10 条、第 11 条、第 12 条以及第 13 条的规定外，其他规范性文件不得设定行政处罚。

现已废止的《行政复议条例》对复议审查依据曾有明确规定：复议机关审理复议案件，以法律、行政法规、地方性法规、规章，以及上级行政机关依法制定和发布的具有普遍约束力的决定、命令为依据。复议机关审理民族自治地方的复议案件，并以该民族自治地方的自治条例、单行条例为依据。现行的《行政复议法》对复议审查依据虽没有明确规定，但第 28 条规定要审查具体行政行为的适用依据是否正确，具体行政行为认定事实清楚，证据确凿，适用依据正确，程序合法，内容适当的，决定维持；适用依据错误的决定撤销。这里的"依据"没有规定是法律、法规还是规章和规章以下的规范性文件，但"依据"必须正确。所谓"依据"正确就是依据必须合法。因此，复议审查依据应包括宪法、法律、行政法规、地方性法规和自治条例、单行条例以及合法的规章及规章以下的规范性文件。

行政裁决自受理到作出裁决的整个过程都应依法进行。行政裁决者要依据实体法的规定裁决，不仅要依据民商事法律法规，还要依据行政法律、法规对平等主体之间的民事争议做出裁决。

3. 执法的程序要合法

从事行政处罚决定审核的人员对拟作出的行政处罚决定进行审核时，必须严格按照《行政处罚法》的规定对下述环节进行程序审核：(1) 行政执法人员有没有收集相关证据。根据《行政处罚法》第 36 条规定：除本法第 33 条规定的可以当场作出的行政处罚外，行政机关发现公民、法人或者其他组织有依法应当给予行政处罚的行为的，必须全面、客观、公正地调查，收集有关证据；必要时，依照法律、法规的规定，可以进行检查。(2) 行政执法人员进行调查时有没有安排两人以上前往。根据《行政处罚法》第 37 条第 1 款规定：行政机关在调查或者进行检查时，执法人员不得少于两人，并应当向当事人出示执法证件。(3) 听证程序是否存在未告知当事人、向当事人收费或未制作听证笔录等问题。根据《行政处罚法》第 42 条的规定：行政机关作出责令停产停业、吊销许可证或者执照、较大数额罚款等行政处罚决定之前，应当告知当事人有要求举行听证的权利；当事人要求听证的，行政机关应当组织听证。当事人不承担行政机关组织听证的费用……行政机关应当在听证的 7 日前，通知当事人举行听证的时间、地点……听证应当制作笔录；笔录应当交当事人审核无误后签字或者盖章。

《行政复议条例》和有关法律、法规规定了具体的复议程序，复议机关审理复议案件应当严格按照规定程序进行。其中，《行政复议法实施条例》对行政复议人员执法的法定程序有明确规定。在受理环节，从事行政复议人员对符合下列规定的，应当予以受理：(1) 有明确的申请人和符合规定的被申请人；(2) 申请人与具体行政行为有利害关系；(3) 有具体的行政复议请求和理由；(4) 在法定申请期限内提出；(5) 属于行政复议法规定的行政复议范围；(6) 属于收到行政复议申请的行政复议机构的职责范围；(7) 其他行政复议机关尚未受理同一行政复议申请，人民法院尚未受理同一主体就同一事实提起的行政诉讼。行政复议申请材料不齐全或者表述不清楚的，从事行政复议人员可以自收到该行政复议申请之日起 5 日内书面通知申请人补正。在行政复议决定环节，审理行政复议案件应当由 2 名以上行政复议人员参加。认为有必要时，可以实地调查核实证据；对重大、复杂的案件，申请人提出要求或者行政复议机构认为必要时，可以采取听证的方式审理。行政复议人员向有关组织和人员调查取证时，可以查阅、复制、调取有关文件和资料，向有关人员进行询问。调查取证时，行政复议人员不得少于 2 人，并应当向当事人或者有关人员出示证件。被调查单位和人员应当配合行政复议人员的工作，不得拒绝或者阻挠。

就行政裁决人员受理的行政程序而言，行政裁决机构在收到当事人申请书后，应当对申请进行审查，对符合条件的应当受理；对不符合条件的，行政裁决机构不予受理并应通知申请人，告知其理由。行政机关立案后应当通知民事争议的申请人及对方当事人，并要求对方当事人提交有关材料。行政裁决机关收到答辩书后，对争议的事实、证据材料进行审查，需补充调查或鉴定的，进行调查、勘验或鉴定，这对交通事故、医疗事故、环境污染、产品质量等技术性争议来说是必不可少的。行政裁决机关将所有的事实、证据材料进行综合分析研究，如果尚有疑问或经当事人请求，可举行公开听证，由当事人双方当面陈述案情，相互辩论、举证、质证，以查明案情。行政裁决机关在审理后，根据事实和法律、法规作出裁决。行政裁决机关制作并向双方当事人送达的裁决书应载明当事人双方的姓名、地址、争议的内容、对争议的裁定及其理由和法律根据，并注明是否为终局裁决；如不是终局裁决，应写明当事人提起行政复议或诉讼的期限和受理机关。行政裁决生效后，争议当事人应当自觉履行，否则由裁决机关依法强制执行或申请人民法院强制执行。在对行政裁决书进行强制执行或申请法院执行时也应依法进行。

(二)执法公正、及时

《行政处罚法》从程序上保障公民、法人或者其他组织的合法权益,体现公平与效率兼顾的原则。一方面,行政处罚的实施应该是一个迅速的执法过程,违法行为应当尽快予以追究,以保障社会秩序的稳定和有序。因此,行政处罚程序必须具有促进行政效率的功能。另一方面,在实施行政处罚的过程中,行政权始终居于主导地位,当事人在强大的行政机关面前显得较为弱小,因此,行政处罚程序保障公民权利的作用就显得十分重要。良好的行政程序不仅需要效率,而且需要公平,必须同时兼顾行政利益和当事人的利益。

关于保障行政效率,使行政机关有效实施行政处罚的规定的主要内容如下:第一,规定了行政处罚的简易程序,执法人员可以当场作出行政处罚决定。第二,规定了行政处罚案件的决定程序,一般案件由行政机关负责人批准,作出决定;对案情复杂、对重大违法行为给予较重行政处罚的案件,行政处罚由行政机关的负责人集体讨论决定。第三,规定行政机关在查处行政违法案件过程中,必须进行全面、客观、公正地调查,收集有关证据;必要时,依法采取询问当事人、进行鉴定、勘验物证、检查现场、抽样取证或者对证据的登记保存等行政措施。依照法律规定,具有行政强制措施权的行政机关在调查过程中,必要时,经行政负责人批准,可以采取查封或者扣押物证、书证等行政强制措施。赋予行政机关在实施行政处罚过程中具有必要的手段,采取一定的措施,是为了保障行政机关合法有效地行使行政处罚权。第四,在执行程序方面,规定了行政处罚的执行措施。即当事人逾期不履行行政处罚决定的,作出行政处罚决定的行政机关可以采取以下措施:到期不缴纳罚款的,每日按罚款数额的3%加处罚款;根据法律规定,将查封、扣押的财产拍卖或者将冻结的存款划拨抵缴罚款;申请人民法院强制执行。这些措施强有力地保证了行政机关的执法力度。

关于规范行政处罚行为,体现公平原则,保障当事人的合法权益的规定主要内容如下:首先,规定适用行政处罚简易程序。对当场作出行政处罚决定的,执法人员应当向当事人出示执法身份证件,告知当事人作出行政处罚决定的事实和依据以及当事人依法享有的权利;处罚时应当填写预定格式、编有号码的行政处罚决定书;行政处罚决定书应当当场交付当事人;行政处罚决定书应当载明当事人的违法行为、行政处罚依据、罚款数额、时间、地点以及行政机关名称,并由执法人员签名或者盖章;执法人员当场作出行政处罚决定的,必须报所属行政机关备案。其次,规定了听证制度。对于责令停产停业、吊销许可证或者执照、较大数额罚款以及其他情节复杂、对事实认定有分歧的重大行政处罚案件,当事人要求听证的,行政机关在作出行政处罚决定之前,应当组织听证,并对听证程序作了具体规定。听证程序是行政处罚程序中的特别程序。在听证程序中,行政机关与当事人完全处于平等的法律地位,双方对于事实认定有分歧的重大行政处罚案件,通过当事人的陈述和辩护,伸张自己的主张,行政机关和当事人双方对事实和证据的质疑,进一步澄清事实和核实证据,以保证案件的正确解决。

行政复议机关履行行政复议职责,应当遵循公正原则。公正原则是一项重要原则,直接关系着人民政府的形象。由于行政复议工作是在行政系统内部运作的监督工作,在实际工作中,履行行政复议职责往往会遇到种种责难和干扰,一方面,行政机关外边的人认为行政复议容易"官官相护";另一方面,行政机关内部的人又认为干涉了本部门必要的行政管理活动。因此,履行行政复议职责必须强调公正原则。

在行政复议工作中遵循公正原则的主要内容有以下三个方面:一是适用法律依据正确。行政复议是对具体行政行为是否违法与适当作出新的裁决,这一裁决要做到公正,必须做到所适用的法律依据正确。它要求行政复议机关审查行政复议案件时,在事实的认定上、法律的适用上以及作出决定上都更能够符合法律和事实,做到无懈可击。行政复议决定可以对具体行政行为予以维持、变更、确认违法或者撤销;可以责令被申请人履行其法定职责或者责令重新作出具体行政行为,这些行政复议决定能否体现公正,就要求行政复议机关及其工作人员正确适用法律。二是裁量适当。行政复议决定对具体行政行为的裁决,还应当从裁量适当中体现公正原则。大量的、形式多样的具体行政行为在实施时,往往根据法律、法规或者规章的一些原则性的条文,有可供行政机关选择的措施和处理的幅度,因此,行政机关可以根据具体情况具体处理。但是这种处理适当不适当,行政复议时,就需要行政复议机关予以裁量。这是对行政机关的自由裁量权的第二次裁量。行政复议公正原则要求行政复议机关及其工作人员在行使裁量权时,坚持做到裁量适当。三是解决矛盾和争议,不得回避,不得不作为。行政复议法明确规定:公民、法人或者其他组织依法提出行政复议申请,行政复议机关无正当理由不予受理的,上级行政机关应当责令其受理;必要时,上级行政机关也可以直接受理。人民群众信任你,找到你,决不能推出去不管。行政复议机关及其工作人员应当以实现行政复议的宗旨,维护公民、法人及其他组织的合法权益为己任,更好地发挥行政复议的监督功能。

行政复议是行政系统内部监督的一种方式,复议决定并非都是终局的,还要受到司法监督。因此,行政复议既要注意维持公正性,又要注意保证行政效率。这就要求遵循及时的原则。在行政复议工作中遵循及时原则的主要内容有以下几个方面:一是受理复议申请应当及时。行政机关收到行政管理相对人的复议申请书后,应当及时对复议申请书进行审查,作出是否受理的决定。二是审理复议案件的各项工作应当抓紧进行。复议机关受理复议案件后,应当抓紧调查、取证、收集材料,确定管理方式等,不能拖延时间。三是作出复议决定应当及时。复议具体部门在通过审理复议案件摸清情况之后,应迅速起草复议决定书并及时报复议机关法定代表人审批签发。四是复议当事人不履行复议决定,复议机关应当及时作出相应的处理。总之,行政复议机关必须按照《行政复议法》所规定的受理、审理、作出决定的期限执行,延长期限也必须严格按照法律规定,要有法律依据。

行政机关运用行政裁决权,必须坚持公平公正原则。首先,行政主体必须在法律上处于独立的第三人地位,以公断人的身份进行裁决。其次,行政机关必须客观全面地认定事实,正确地运用法律,并公开裁定程序。行政机关行使行政裁决权,必须按照法律规定,在程序上为双方当事人提供平等的机会,以确保纠纷的双方当事人在法律面前人人平等,实现裁决的公平。

行政机关运用行政裁决权,也必须坚持效率和及时原则。行政机关在进行裁决时,应当遵守法定时限,积极履行法定职责,提高办事效率,提供优质服务,方便公民、法人和其他组织。

(三) 执法公开

行政处罚公开原则就是指行政处罚的依据、过程及结果必须公开。首先,行政处罚的法律依据必须公开。例如,《行政处罚法》规定,对违法行为给予行政处罚的规定必须公布;未经公布的,不得作为行政处罚的依据。其次,行政执法行为的过程要公开。例如,在作出行政处罚决定之前,行政机关应告知当事人作出行政处罚决定的事实、理由及依据,并告知当事人依法享有的权利;除涉及国家秘密、商业秘密和个人隐私外,听证应当公开举行。最后,行政处罚结果信息要公开。依法公开行政信息,有利于加强对行政机关的监督,反腐倡廉。

行政复议实行公开审理原则是增强行政工作透明度的重要措施,也是中央提倡的"两公开、一监督"原则的重要体现。行政复议公开审理原则的主要内涵有三个方面:一是行政复议的程序公开。公开行政复议的程序是为了使当事人双方对行政复议工作有比较全面的了解,以便当事人正确地选择复议机关、书写复议申请书和答辩状,从而达到迅速公正解决行政复议的目的。二是行政复议的过程公开。虽然行政复议以书面审理为主,但当事人对行政复议过程应该了解,以便及时掌握双方的答辩和解释。同时,新闻单位可以对行政复议案件进行报道,通过舆论的形式监督复议行为。但是,在下述三种情况下,复议过程一般不对社会公开:行政复议涉及国家机密;行政复议涉及个人隐私;法律、法规有明确规定。三是行政复议裁决公开。行政复议裁决是当事人双方权利义务得以确定的法定形式。行政复议结束后,要依法制作复议决定书,在决定书中载明申请复议的主要请求和理由,复议机关认定的事实、理由,适用的法律、法规和规章以及由此而作出的复议结论。复议决定书由复议机关的法定代表人署名后,加盖复议机关的印章,分别送达给双方当事人。

行政裁决的程序、过程与结果要予以公开。要公开裁决程序,在程序上为双方当事人提供平等机会。要公示办案流程,便于当事人知晓。必要时应组织公开听证,由当事人双方当面陈述、相互辩论、举证质证,以查明案情。要公开行政裁决结果,行政裁决机关制作并向双方当事人送达的裁决书应载明当事人双方的姓名、地址、争议的内容、对争议的裁定及其理由和法律根据,并注明是否为终局裁决;如不是终局裁决,应写明当事人提起行政复议或诉讼的期限和受理机关。

### 三、行政机关中从事行政处罚决定审核、行政复议、行政裁决的公务员执业中的行为责任

行政机关中从事行政处罚决定审核、行政复议、行政裁决的公务员执业中的行为责任主要包括行政责任与刑事责任两种。行政机关中从事行政处罚决定审核、行政复议、行政裁决的公务员在执业中违反行政法上所应负的义务时,就产生行政责任。行政机关中从事行政处罚决定审核、行政复议、行政裁决的公务员在执业中违反刑事法律构成犯罪时,就要负刑事责任。

(一)行政处罚决定审核中的行为责任

行政处罚决定审核人员违反《行政处罚法》的规定,就要承担责任。其中,《行政处罚法》第七章对"法律责任"有如下明确规定:其中第55条规定,行政机关实施行政处罚,有下列情形之一的,由上级行政机关或者有关部门责令改正,可以对直接负责的主管人员和其他直接责任人员依法给予行政处分:(1)没有法定的行政处罚依据的;(2)擅自改变行政处罚种类、幅度的;(3)违反法定的行政处罚程序的;(4)违反本法第18条关于委托处罚的规定的。第56条规定,行政机关对当事人进行处罚不使用罚款、没收财物单据或者使用非法定部门制发的罚款、没收财物单据的,当事人有权拒绝处罚,并有权予以检举。上级行政机关或者有关部门对使用的非法单据予以收缴销毁,对直接负责的主管人员和其他直接责任人员依法给予行政处分。第57条规定,行政机关违反本法第46条规定自行收缴罚款的,财政部门违反本法第53条的规定向行政机关返还罚款或者拍卖款项的,由上级行政机关或者有关部门责令改正,对直接负责的主管人员和其他直接责任人员依法给予行政处分。第58条规定,行政机关将罚款、没收的违法所得或者财物截留、私分或者变相私分的,由财政部门或者有关部门予以追缴,对直接负责的主管人员和其他直接责任人员依法给予行政处分;情节严重构成犯罪的,依法追究刑事责任。执法人员利用职务上的便利,索取或者收受他人财物、收缴罚款据为己有,构成犯罪的,依法追究刑事责任;情节轻微不构成

犯罪的,依法给予行政处分。第59条规定,行政机关使用或者损毁扣押的财物,对当事人造成损失的,应当依法予以赔偿,对直接负责的主管人员和其他直接责任人员依法给予行政处分。第60条规定,行政机关违法实行检查措施或者执行措施,给公民人身或者财产造成损害、给法人或者其他组织造成损失的,应当依法予以赔偿,对直接负责的主管人员和其他直接责任人员依法给予行政处分;情节严重构成犯罪的,依法追究刑事责任。第61条规定,行政机关为牟取本单位私利,对应当依法移交司法机关追究刑事责任的不移交,以行政处罚代替刑罚,由上级行政机关或者有关部门责令纠正;拒不纠正的,对直接负责的主管人员给予行政处分;徇私舞弊、包庇纵容违法行为的,比照《刑法》第188条的规定追究刑事责任。第62条规定,执法人员玩忽职守,对应当予以制止和处罚的违法行为不予制止、处罚,致使公民、法人或者其他组织的合法权益、公共利益和社会秩序遭受损害的,对直接负责的主管人员和其他直接责任人员依法给予行政处分;情节严重构成犯罪的,依法追究刑事责任。

根据《国家赔偿法》第二章"行政赔偿"第4条第(1)项的规定,"违法实施罚款、吊销许可证和执照、责令停产停业、没收财物等行政处罚的","受害人有取得赔偿的权利。"

(二)行政复议中的行为责任

《行政复议法》对"法律责任"有如下明确规定:第34条规定,行政复议机关违反本法规定,无正当理由不予受理依法提出的行政复议申请或者不按照规定转送行政复议申请的,或者在法定期限内不作出行政复议决定的,对直接负责的主管人员和其他直接责任人员依法给予警告、记过、记大过的行政处分;经责令受理仍不受理或者不按照规定转送行政复议申请,造成严重后果的,依法给予降级、撤职、开除的行政处分。第35条规定,行政复议机关工作人员在行政复议活动中,徇私舞弊或者有其他渎职、失职行为的,依法给予警告、记过、记大过的行政处分;情节严重的,依法给予降级、撤职、开除的行政处分;构成犯罪的,依法追究刑事责任。第36条规定,被申请人违反本法规定,不提出书面答复或者不提交作出具体行政行为的证据、依据和其他有关材料,或者阻挠、变相阻挠公民、法人或者其他组织依法申请行政复议的,对直接负责的主管人员和其他直接责任人员依法给予警告、记过、记大过的行政处分;进行报复陷害的,依法给予降级、撤职、开除的行政处分;构成犯罪的,依法追究刑事责任。第37条规定,被申请人不履行或者无正当理由拖延履行行政复议决定的,对直接负责的主管人员和其他直接责任人员依法给予警告、记过、记大过的行政处分;经责令履行仍拒不履行的,依法给予降级、撤职、开除的行政处分。第38条规定,行政复议机关负责法制工作的机构发现有无正当理由不予受理行政复议申请、不按照规定期限作出行政复议决定、徇私舞弊、对申请人打击报复或者不履行行政复议决定等情形的,应当向有关行政机关提出建议,有关行政机关应当依照本法和有关法律、行政法规的规定作出处理。

《行政复议法实施条例》第64条规定,行政复议机关或者行政复议机构不履行《行政复议法》和本条例规定的行政复议职责,经有权监督的行政机关督促仍不改正的,对直接负责的主管人员和其他直接责任人员依法给予警告、记过、记大过的处分;造成严重后果的,依法给予降级、撤职、开除的处分。

附录

# 意大利法律职业伦理法典

(2014年1月31日国家法律职业协会会议通过,2014年10月16日在普通官方公报系列第241号颁布)

## 第一章 一般原则

**第一条 律师**

1. 律师在任何情况下均应维护自由权和辩护活动的不可侵犯性及有效性,以确保诉讼中审判和辩论的合法性。

2. 为维护被代理人利益,律师在执行职务时应高度关注法律是否符合宪法与欧盟指令中的各项原则,以及是否遵守该原则和《保护人权和基本自由公约》中的各项原则。

3. 伦理规范对客户个体与社会信任的实现与保护、执业行为的端正、专业服务的有效与质量是至关重要的。

**第二条 伦理规范及其适用范围**

1. 伦理规范应适用于所有律师,包括其执业活动、律师之间的相互关系以及律师与第三方之间的关系;如果可能导致个人声誉或法律职业形象损害之后果的,该伦理规范也应适用于律师私人生活中的行为。

2. 见习律师应当遵守律师伦理规范和义务,并受制于法律职业机构之纪律权力。

**第三条 境外执业活动与外国人在意大利境内的执业活动**

1. 在境外的执业活动中,意大利律师应当遵守其母国的伦理规范,以及其执业活动所在国的伦理规范。

2. 如果上述两种规范体系之间存在冲突,而东道国的伦理规范并不违反正当地开展执业活动这一公共利益,则应优先适用。

3. 在意大利开展执业活动的外国律师应当遵守意大利法律职业伦理规范。

**第四条 行为的自愿性**

1. 因未能遵守法律和伦理所规定的义务和行为规则,以及因作为或不作为的意识和主观意愿,均会导致违纪责任。

2. 律师因无过错行为违反刑法而受到指控的,应当受到纪律处分,但在该情况下,纪律部门仍有权对其所犯违纪行为进行独立评估。

**第五条 开展执业活动的条件**

律师职业登记注册是律师开展执业活动的前提条件。

**第六条 避免不相兼容的义务**

1. 律师应当避免从事与律师登记注册的持续性不一致的活动。

2. 律师不得从事与法律职业的独立、尊严和荣誉的义务不一致的活动。

**第七条 对合伙人、合作者及助理行为的纪律责任**

律师对受其委托而由其合伙人、合作者及助理所实施的行为承担个人责任,但属于该人员的专属性和自主性的责任除外。

**第八条 律师事务所的纪律责任**

1. 本法典的各项规范因其兼容性而应适用于律师组成的律师事务所。

2. 如果合伙人违反伦理规范与其律师事务所作出的指示相关,律师事务所的纪律责任与该合伙人的纪律责任则产生竞合。

**第九条 诚实、尊严、荣誉和独立的义务**

1. 律师应当以独立、忠诚、端正、诚实、尊严、荣誉、勤勉和胜任为基础开展执业活动,同时应高度重视辩护活动的宪法与社会重要性,并遵守公平及正当竞争的原则。

2. 在执业活动之外,律师也应当履行恪守诚实、维护尊严和荣誉等义务,以维护法律职业形象和自身声誉。

**第十条 忠诚的义务**

律师应当忠实执行其接受的委托事务,为维护被代理人利益开展自身活动,并尊重辩护活动的宪法与社会重要性。

**第十一条 信任关系与接受委托**

1. 律师可以自由地接受委托。

2. 律师与客户和被代理人基于信任而建立关系。

3. 被登记在官方指定辩护人名册中的律师,一旦获得任命,无正当理由不得拒绝或中断提供其相关协助。

4. 无正当理由,被登记在辩护律师名册中并由国家承担费用的律师不得拒绝任命或放弃非富裕人士的委托。

**第十二条 勤勉的义务**

律师应当认真勤勉地从事其执业活动,确保其专业服务质量。

**第十三条 保密与审慎的义务**

为了客户和被代理人的利益,针对在审判活动中的代理与援助行为、在从事法律咨询和非司法性质的援助行为以及其他各种基于职业因素所从事的行为中以任何方式获知的事实与情况,律师均应当严格遵守职业保密义务,并尽最大限度的审慎义务。

**第十四条　胜任的义务**

为确保专业服务的质量,无足够能力处理相关案件的律师不应接受委托。

**第十五条　专业进修与继续培训的义务**

律师应当保持和提升其知识,特别是在专业化及其主要执业活动的领域,不间断地进行专业培训。

**第十六条　履行税务、养老金、保险和缴费义务的义务**

1. 律师应当履行现行规范规定的缴纳税款和养老金的义务。
2. 律师应当履行法律规定的执业保险投保义务。
3. 律师应当定期且及时地向法律职业机构支付其应付款项。

**第十七条　关于执业活动开展的信息**

1. 为了维护对社会的信任,律师可以披露的信息包括,该律师自身的执业活动、该律师所在的事务所的组织和结构、该律师的所有专业领域及其所获得的任何科研和专业职称。
2. 以包括信息技术在内的任何方式公开传播的信息都应当透明、真实、准确、无歧义,不应包含误导性、诋毁性、暗示性以及比较性信息。
3. 在任何情况下,在披露的信息中都应当提示法律职业义务的性质和局限。

**第十八条　在与媒体的关系中的义务**

1. 在与媒体的关系中,律师应当遵循适度平衡和节制的标准,遵守审慎和保密义务;在被代理人同意的情况下,为了被代理人的专属利益,律师可以向大众媒体提供信息,但该信息不得在被调查的应予保密的范围内。
2. 在任何情况下,律师均应确保不公开披露未成年人信息。

**第十九条　对同行和法律职业机构的忠实与端正的义务**

律师应当对同行和法律职业机构保持端正和忠实的态度。

**第二十条　纪律责任**[①]

1. 违反前述条款中规定的义务和行为规则,以及在任何情况下违背法律或职业伦理中规定的义务和行为规则,均构成2012年12月31日第247号法律第

---

① 根据国家法律职业协会2017年9月22日之决议,2012年12月31日第247号法律第35条第1款D项规定的协商程序启动,本条依据国家法律执业协会2018年2月23日之决议予以修订,并于2018年4月13日在普通官方公报系列第86号予以公布。根据上述2018年2月23日之决议,国家法律职业协会修订了本条第1款并增加了第2款。本条修订自2018年6月12日起生效。原1款规定:"违反前述条款中规定的义务,如果符合本法典第二章、第三章、第四章、第五章和第六章规定的适用条件,均构成违纪行为。"

51条第1款项下的违纪行为。

2. 如果上述违纪行为符合本法典第二章、第三章、第四章、第五章和第六章所列的适用条件,则导致直接适用其中明确规定的处分手段;如果不符合该适用条件,则导致应适用2012年12月31日第247号法律第52条C项和第53条规定的纪律处分,并根据本法典的第21条、第22条规定的标准来明确和决定处分手段的具体内容。

**第二十一条 纪律权力**

1. 执业纪律机构有权根据有关条例和规范所规定的程序对执业伦理违纪行为实施适当的和相匹配的处分。

2. 评估的对象是违纪者的全部行为;即使在同一项程序中提出了多项指控,亦只能实施一次处分。

3. 处分应当与事实的严重性、过错程度、可能存在的故意及其强度、违纪者在事件发生前后的表现、违纪行为发生时的主客观背景情况等相匹配。

4. 在作出处分决定时,还应当考虑被代理人和客户可能遭受的损害、对法律职业形象的损害,并考虑有关职业生涯以及以往的纪律处分记录。

**第二十二条 处分**

1. 纪律处分手段包括:

a) 警告:是指向违纪者通知其行为不符合伦理规范和法律规范,并要求违纪者不得作出其他违纪行为;如违纪事实并不严重并且有理由相信违纪者没有从事其他违纪行为,可以提议适用该处分手段。

b) 通报批评:是指一项正式责备,它适用于违纪行为的严重性、责任的程度、违纪者的过往表现和事后表现等可以表明违纪者不会作出另一项违纪行为。

c) 暂停执业:是指为期2个月至5年的临时排除执业活动或中断实习期的处分,适用于情节和责任较为严重的违纪行为,或者不能满足只需作出通报批评处分之条件的违纪行为。

d) 除名:是指从律师名单、名册或登记簿中明确剔除,并阻止其被登记到任何其他名单、名册或登记簿上,但法律另有规定的除外;作出该处分是因为违纪行为非常严重,导致无法容忍违纪者继续被登记在律师名单、名册或登记簿上。

2. 在情节较重的情况下,可以在如下最大限度内加重纪律处分:

a) 在规定为警告处分的情况下,可以加重至暂停执业2个月;

b) 在规定为通报批评处分的情况下,可以加重至暂停执业最长不超过1年;

c) 在规定为暂停执业1年处分的情况下,可以进一步加重至暂停执业最长不超过3年;

d) 在规定为暂停执业 1 年至 3 年处分的情况下，可以加重至除名。

3. 在情节较轻的情况下，可以减轻纪律处分，具体如下：

a) 在规定为通报批评处分的情况下，可减轻为警告；

b) 在规定为暂停执业 1 年处分的情况下，可以减轻为通报批评；

c) 在规定为暂停执业 1 年至 3 年处分的情况下，可以减轻为暂停执业 2 个月；

4. 针对情节轻微并可予谅解的违纪行为，可以对违纪者予以口头训诫，该口头训诫不具有纪律处分的性质。

## 第二章　与客户和被代理人的关系

### 第二十三条　委托授权

1. 委托由被代理人授予；如果第三方基于自身或者被代理人的利益授予，该委托仅在被代理人同意的情况下才应予接受，并且该委托须基于被代理人的专属利益执行之。

2. 律师应当在接受委托前核实委托人和被代理人的身份。

3. 接受委托后，律师不得与客户和被代理人发生经济、财产、商业或任何其他可能影响专业关系的关系，但本法典第 25 条规定的除外。

4. 律师不得提起不必要的烦冗诉讼。

5. 律师可以自由接受委托，但如果根据已知因素可断定该委托的目的是完成非法活动，律师应当拒绝执行委托事务。

6. 律师不得提示进行无效、非法或欺诈性的举动、行动或法律行为。

7. 违反本条第 1 款和第 2 款规定的义务，应处以对警告的纪律处分。违反本条第 3 款和第 4 款规定的禁令，应处以通报批评的纪律处分。违反本条第 5 款和第 6 款规定的义务，应处以暂停执业 1 年至 3 年的纪律处分。

### 第二十四条　利益冲突

1. 律师应当避免开展任何可能与被代理人和客户的利益发生冲突的执业活动，以及可能干扰其他委托事务进行的执业活动和非执业活动。

2. 律师在执业活动中应当保持自身独立性，维护自身自由免受任何形式的压力或制约因素的影响，即使该压力或制约因素与律师个人利益有关。

3. 存在利益冲突的情况包括：新的委托会导致破坏另一被代理人或客户提供的信息的保密性；对一方当事人信息的了解可能不公平地对有利于另一被代理人或客户；执行在前的委托事务可能限制该律师在执行新的委托事务时的独立性。

4. 律师应当向被代理人和客户告知对提供其要求的法律服务构成障碍的

情况。

5. 如果当事人的利益相互冲突,且各自有意委托的律师属于同一律师事务所或专业协会,或者该律师在同一处所执业并经常进行专业合作,也会产生避免利益冲突的义务。

6. 违反本条第 1 款、第 3 款和第 5 款规定的义务,应处以暂停执业 1 年至 3 年的纪律处分。违反本条第 2 款和第 4 款规定的义务,应处以通报批评的纪律处分。

**第二十五条　确定报酬的协议**

1. 除本法第 29 条第 4 款另有规定之外,律师费报酬可以自由议定。可被接受的协议类型包括:小时费率协议、固定收费协议、包括一项或多项业务的协议、基于所服务的完成度和投入时间的协议、仅针对单个阶段和单一服务或者针对整个法律事项的协议、以法律事务价值的百分比为基础或者并不仅仅严格依据财产水平而是以法律服务接受方能够实际受益的数量为基础的协议。

2. 禁止在协议中约定以法律服务标的或者诉讼标的的相应份额作为律师的全部或部分报酬。

3. 违反前款规定的禁止性规定,应处以暂停执业 2 个月至 6 个月的纪律处分。

**第二十六条　执行任务**

1. 接受专业委托应具有执行委托事务的能力。

2. 如果委托事务涉及非受委托律师本人的技能,该律师应当告知客户和被代理人有必要整合另一位拥有该能力的同行的协助。

3. 由于对被代理人利益的不可原谅且重大的过失,导致委托或指示的有关行为的未能完成、延迟履行或疏忽履行,均构成对执业义务的违反。

4. 如果官方指定的辩护律师不能参与某项诉讼活动,其应当及时明确地告知主管机关,或者应当委托其同行进行辩护,该受托律师一旦接受转委托,则有责任完成委托事务。

5. 违反本条第 1 款和第 2 款规定的义务,应处以警告的纪律处分。违反本条第 3 款和第 4 款规定的义务,应处以通报批评的纪律处分。

**第二十七条　信息的义务**[①]

1. 在接受委托时,律师应当清晰地告知被代理人关于委托事项的性质和重

---

[①] 根据国家法律职业协会 2017 年 9 月 22 日之决议,2012 年 12 月 31 日第 247 号法律第 35 条第 1 款 D 项规定的协商程序启动,本条依据国家法律执业协会 2018 年 2 月 23 日之决议予以修订,并于 2018 年 4 月 13 日在普通官方公报系列第 86 号予以公布。根据上述 2018 年 2 月 23 日之决议,国家法律职业协会修订了本条第 3 款,在"告知"一词之后删除"被代理人",并在"明确地"一词之后增加"被代理人关于利用辅助性谈判方式的可能性,以及以书面形式"的语句。本条修订自 2018 年 6 月 12 日起生效。原第 3 款规定:"在接受委托时,律师应当明确地以及以书面形式告知被代理人法律规定的关于利用调解方式的可能性;他还应当告知被代理人法律规定的关于诉讼争议的其他可替代性解决路径。"

要性以及要采取的行动,并明确提出各项举措和解决方案。

2. 律师应当向其客户和被代理人告知审判程序的可能预见的持续时间和可能的费用负担;律师还应当在收到要求的情况下以书面形式向授予其专业授权的人员告知法律服务可能的费用。

3. 在接受委托时,律师应当明确地告知被代理人关于利用辅助性谈判方式的可能性以及以书面形式告知被代理人关于利用调解方式的可能性;他还应当告知被代理人法律规定的关于诉讼争议的其他可替代性解决路径。

4. 在接受委托时,如果满足相应条件,律师应当告知被代理人利用国家承担费用的司法援助的可能性。

5. 律师应当向客户和被代理人明示其执业保险要点。

6. 一旦收到相应要求,律师应当向客户和被代理人告知委托事务的执行情况,并且应当向客户和被代理人提供包括来自第三方的关于委托事务的及其在司法程序和非司法程序中的执行情况的所有文书和文件的副本,但是本法典第48条第3款规定的除外。

7. 在不违反本法第26条有关规定的情况下,律师应当向被代理人告知为了避免时效届满、到期或者对正在进行的委托事务造成损害的其他后果而必须采取的必要行动。

8. 为了被代理人的利益,律师应当向其告知在执行委托事务过程中合法获知的内容。

9. 违反本条第1款至第5款规定的义务,应处以警告的纪律处分。违反本条第6款、第7款和第8款规定的义务,应处以通报批评的纪律处分。

**第二十八条　谨慎和职业保密**

1. 律师的首要且基本的义务与权利是,在提供法律服务过程中,针对客户和被代理人提供的全部信息,以及由于委托而获知的信息,保守其秘密并作最大限度的保留。

2. 即使在委托已经完成、结束、主动放弃或不予接受的情况下,也应当遵守保密义务。

3. 律师应当确保,其员工、实习人员、顾问和即使是仅仅偶尔合作的伙伴针对他们基于自己的身份或者因他们从事的活动而获知事实和情况遵守执业保密义务并做最大限度的保留。

4. 在披露已知信息确属必要的下列情况下,律师则可以不遵守上述义务:

a) 为了完成辩护活动;
b) 为了避免犯下特别严重的罪行;
c) 为了申明在律师与其客户或被代理人之间相关争议的事实情况;
d) 在纪律处分程序的范围内。

在任何情况下,披露应当限定在与其希望维护的目的紧密相关且必要的范围内。

5. 违反前款规定的义务,应处以通报批评的纪律处分,违反与执业保密有关的义务,应处以暂停执业 1 年至 3 年的纪律处分。

**第二十九条 付款请求**

1. 在执业关系存续期间,律师可以根据已承担和需要承担的费用要求预付相应款项,以及预付与完成委托事务所需的法律服务数量和复杂程度相匹配的部分报酬。

2. 律师应当保留案件所产生的费用和已收到的预付款的财务记录,并且应当根据客户的要求提供相关明细。

3. 律师应当为其收到的每笔付款签发所需的涉税文件。

4. 律师不得要求与已经完成或即将从事的执业活动明显不成比例的律师费报酬或预付款。

5. 如果客户未能及时付款,律师后续不得要求任何高于先前商定的报酬,但事先已同意这种安排的除外。

6. 律师不得以客户承认律师的权利或者要求客户履行特定事项作为向客户交付以客户名义收到的款项的条件。

7. 律师不得因为履行其职业义务而要求拥有代表客户或被代理人收取部分款项的权利。

8. 律师一旦被指定为由国家承担费用的司法援助之当事人的辩护律师,则不得以任何名义向被代理人或第三方索要或者收取法律规定以外的任何报酬或费用。

9. 违反本条第 1 款至第 5 款规定义务,应处以通报批评的纪律处分。违反本条第 6 款、第 7 款和第 8 款规定的义务,应处以暂停执业 6 个月至 1 年的纪律处分。

**第三十条 他人资金的管理**

1. 律师在执行委托事务期间应当勤勉地管理收到的被代理人或第三方的款项以及因被代理人的利益而收到的款项,并且应当及时报告有关事务。

2. 未经被代理人同意,律师不得保留以被代理人名义收到的款项超过必要的时间。

3. 律师在从事执业活动时应当拒绝接收或管理与客户无关的资金。

4. 在属于信托存款的情况下,律师必须同时获得书面指示并严格遵守。

5. 违反本条第 1 款规定的义务,应处以通报批评的纪律处分。违反本条第 2 款和第 4 款规定的义务,应处以暂停执业 6 个月至 1 年的纪律处分。违反本条第 3 款规定的义务,应处以暂停执业 1 年至 3 年的纪律处分。

**第三十一条　报酬**

1. 律师应当立即向被代理人支付以被代理人名义收到的款项。

2. 无论来自何人,律师有权扣减其收到的款项,用以冲抵前期已发生的费用,但有义务通知相应的客户。

3. 无论来自何人,律师有权扣减其收到的款项,用以冲抵律师费报酬:

a) 如果经客户和被代理人同意;

b) 如果此类款项已通过判决确定为应由对方当事人支付的律师费报酬,而且律师尚未从其客户或被代理人实际收取该款项;

c) 律师已经向客户提出付款请求且客户明确接受的。

4. 违反本条第1款规定的义务,应处以暂停执业1年至3年的纪律处分。违反本条第2款规定的义务,应处以通报批评的纪律处分。

**第三十二条　放弃委托**

1. 律师有权放弃委托,但应采取必要的预防措施,以避免对被代理人造成损害。

2. 在放弃委托的情况下,律师应当向被代理人作出适当的提前告知,并且应当告知其必要事项,以避免对其辩护活动造成损害。

3. 在被代理人下落不明的情况下,律师应当通过向被代理人的出生登记地或最后一个为人所知的住所地发送挂号信或者通过认证电子邮件的形式向其告知放弃委托;在完成该手续后,无论被代理人是否实际收到此等通信,律师均可以免于完成任何其他行动,但法律规定的义务除外。

4. 在放弃委托后,除遵守法律规定的义务外,对于在合理时间内未指定其他律师而导致缺乏后续的协助,该律师不承担责任。

5. 在任何情况下,律师都应当告知被代理人其应当获知的通信和通知。

6. 违反前款规定的义务,应处以通报批评的纪律处分。

**第三十三条　文件返还**

1. 当收到相应要求时,律师应当立即向客户和被代理人返还为执行委托事务而收到的文书和文件,并且应当向客户和被代理人提供包括来自第三方的关于委托事务的及其在司法程序和非司法程序中的执行情况的所有文书和文件的副本,但是本法典第48条第3款规定的除外。

2. 律师不得以支付律师费报酬作为返还资料的条件。

3. 即使未经客户和被代理人同意,律师也可以提取并保留上述资料副本。

4. 违反本条第1款规定的义务,应处以警告的纪律处分。违反本条第2款规定的禁令,应处以通报批评的纪律处分。

**第三十四条　针对客户与被代理人的报酬给付之诉**

1. 为了通过诉讼方式要求客户或被代理人向其支付专业服务的报酬,律师应当放弃其接受的全部委托事务。

2. 违反前款规定的义务,应处以通报批评的纪律处分。

**第三十五条  提供正确信息的义务**[①]

1. 律师提供用于自我宣传的有关其执业活动的信息,无论其使用何种宣传方式,应当遵守真实、准确、透明、保密和审慎的义务,在任何情况下均应当提示其职业义务的性质和局限。

2. 律师不得提供与其他执业人员的带有比较性质的信息,也不得提供模糊、误导、贬低、暗示或提及与其执业活动无关的职称、职务或任务的信息。

3. 在任何情况下,律师在提供信息的同时应当表明其职业称号、律师事务所名称和所属的律师协会。

4. 如果是或者曾经是法律学科的大学教师,律师可以使用教授的职衔,但在任何情况下都需明确说明其资格和教学科目。

5. 在实习律师登记簿上注册的人只能完整使用"实习律师"的头衔,但如果其取得相应的资格,可以使用"适格辩护人"的称谓。

6. 禁止明示与律师事务所并无组织关系或直接关系的专业人员和第三方的名称。

7. 如果本人在世时未予明示或以遗嘱形式规定,或者未经继承人一致同意,律师不得使用已去世的专业人员的姓名信息。

8. 即使客户或被代理人同意,律师也不得在公开信息中指明他们的姓名。

9. 在任何情况下,信息的形式和格式都必须尊重执业尊严和礼仪的原则。

10. 违反前款规定的义务,应处以通报批评的纪律处分。

**第三十六条  禁止未取得资格或使用虚假资格从事执业活动**

1. 冒用尚未取得的执业资格,或者在无执业资格情况下或在暂停执业期间从事执业活动,构成违纪行为。

2. 以任何直接或间接方式促使未取得资格或暂停执业的主体滥用律师的执业活动,或者为此提供便利的,或者允许这些主体在不限于执业活动暂停期间

---

[①] 根据国家法律职业协会 2016 年 1 月 22 日之决议,2012 年 12 月 31 日第 247 号法律第 35 条第 1 款 D 项规定的协商程序启动,本条依据国家法律职业协会 2016 年 1 月 22 日之决议予以修订,并于 2016 年 5 月 3 日在普通官方公报系列第 102 号予以公布。根据上述 2016 年 1 月 22 日之决议,国家法律职业协会:修订了本条第 1 款,增加了"无论其使用何种宣传方式";废除了原第 9 款和第 10 款;相应地,对原第 11 款与第 12 款重新编号;原第 1 款规定:"律师提供用于自我宣传的有关其执业活动的信息,应当遵守真实、准确、透明、保密和审慎的义务,在任何情况下均应当提示其职业义务的性质和局限。"被废止的原第 9 款、第 10 款分别规定:"9. 律师可以仅基于传播信息的目的拥有网站,并完全自行掌握该网站,而无须重新定向至其所在的律师事务所或律师团体,但他应当先向其所属的律师协会通报网站自身的形式和内容。10. 律师应对自己掌握的网站的内容和安全负责,该网站不得直接或通过网站内部或外部的链接包含商业信息或广告。"

仍可能从该滥用行为中获取经济利益的,均构成违纪行为。

3. 违反本条第 1 款的,应处以暂停执业 6 个月至 1 年的纪律处分。违反本条第 2 款的,应处以暂停执业 2 个月至 6 个月的纪律处分。

**第三十七条　客户招揽禁令**

1. 律师不得通过代理机构或捐客或者以任何违背公正和职业尊严的方式与客户建立关系。

2. 律师不得向同行或第三方提供或支付佣金或其他报酬来换取后者介绍客户或获得执业委托。

3. 为了获得辩护或者委托事务而向第三方提供礼品或服务或费用,或者允诺给予好处,均构成违纪行为。

4. 禁止直接或通过中介在客户个人的住所、工作场所、休息场所、娱乐场所,以及非特定化地在公共场所或公开场合提供自己的专业服务。

5. 未经明确要求,禁止律师针对特定人士和特定事件提供个性化服务。

6. 违反前款规定的义务,应处以通报批评的纪律处分。

## 第三章　与同行的关系

**第三十八条　同行关系**

1. 律师拟针对同行提起有关执业活动事实的起诉时,应当以书面形式向该同行提前告知,但该告知可能对其辩护权利造成损害的除外。

2. 律师不得对其与另一位律师的电话交谈内容进行录音。未经全体与会人员一致同意,不得对会议进行录音。

3. 律师不得在诉讼文件或审判活动中援引或引述在其与同行之间进行的保密谈话的内容。

4. 违反本条第 1 款规定的义务,应处以警告的纪律处分。违反本条第 2 款和第 3 款规定的禁令,应处以通报批评的纪律处分。

**第三十九条　与律师事务所合作者的关系**

1. 律师应当允许其合作者改进自身的专业储备,不得阻碍他们的进修成长或对此设置障碍,并同时考虑到他们对事务所各项服务的利用,以适当的方式向其给付报酬。

2. 违反本条规定的义务,应处以警告的纪律处分。

**第四十条　与实习律师的关系**

1. 为了使实习律师获得适当的培训,律师应当确保实习律师法庭技能实习的实用性与有效性。

2. 律师应当为实习律师提供适当的工作环境,并且除费用报销义务以外,律师还应在实习期满半年后,考虑实习律师对事务所各项服务的利用,向其确认适当的报酬。

3. 律师应当根据适当的检查而非出于恩惠或友谊关系来确认实习日志中所记载内容的真实性。

4. 律师不得指示实习律师从事未经允许的辩护活动。

5. 违反本条第1款、第2款和第3款规定的义务,应处以警告的纪律处分。违反本条第4款规定的禁令,应处以通报批评的纪律处分。

**第四十一条 与同行的被代理人的关系**

1. 在明知对方当事人由其他同行代理的情况下,律师不得与该对方当事人直接联系。

2. 在诉讼和审判的任何阶段,如果其他当事人的辩护律师未在场或者未经其同意,律师不得与该当事人联系。

3. 律师可以直接向对方当事人发送通信,并将相应副本发送给为其服务的同行,但该通信仅限于要求特定行为、发出违约通知、避免时效经过或者届满。

4. 律师不得在未通知其同行并获得其同意的情况下,接待该同行代理的对方当事人。

5. 违反本条规定的义务和禁令,应处以通报批评的纪律处分。

**第四十二条 有关同行的信息**

1. 律师不得对同行的执业活动发表贬损性评论。

2. 律师不得在审判活动中出示与处于相对方的同行的个人立场有关的文件或者使用与其个人有关的信息,但该同行本人是该审判活动的当事人,并且为了保护某项权利而必须使用该文件和信息的除外。

3. 违反前款规定的禁令,应处以警告的纪律处分。

**第四十三条 对其他同行所提供服务的偿付义务**

1. 如果律师直接委托其他同行代理或协助代理客户,而该客户未能自行支付报酬的,该律师应当代为偿付其同行。

2. 违反前款规定的义务,应处以通报批评的纪律处分。

**第四十四条 针对与同行达成的和解提出诉讼的禁令**

1. 律师与处于相对方的同行达成和解协议,并且该协议是经双方当事人接受的,应该避免对该协议提出诉讼,但由于意外发生的或在协议达成时未知的事实导致提起诉讼是合理的除外。

2. 违反前款规定的义务,应处以通报批评的纪律处分。

**第四十五条 在辩护活动中替换同行**

1. 如果因撤销委托或放弃委托而替换同行的,新的辩护人应当将自己获得的任命告知被替代的同行,并在不影响辩护活动的情况下,尽力满足被替代的同行就其已经提供的服务所提出的合理诉求。

2. 违反前款规定的义务,应处以警告的纪律处分。

## 第四章 律师在诉讼中的义务

**第四十六条 诉讼中的辩护义务及与同行的关系**

1. 在司法审判活动中,律师应当使其自身行为与遵守辩护义务相适应,并尽可能维护其与同行的关系。

2. 无论是开庭还是其他任何与同行会面的场合,律师均应守时;多次违反该项义务的,构成违纪行为。

3. 律师应当反对对方当事人在诉讼程序中提出的对己方被代理人构成损害的任何不符合程序或不正当的诉求。

4. 因信任关系而委任的辩护人在接受委托后,应当及时告知先前由官方指定的律师。在不对辩护权造成损害的情况下,他应敦促其当事人为官方指定辩护律师已经从事的工作支付相应费用。

5. 为了被代理人的利益并在遵守法律的前提下,律师可以与其他当事人的辩护人合作,以及交换各类信息、文书和文件。

6. 在共同辩护的情况下,律师应当就每个程序选择问题与共同辩护人商议,并向其告知与共同被代理人会谈的内容,以确保有效地共同承担辩护工作。

7. 如果拟启动司法诉讼,律师应当告知处于相对方的同行中止庭外谈判。

8. 违反本条第1款至第6款规定的义务,应处以警告的纪律处分。违反本条第7款规定的义务,应处以通报批评的纪律处分。

**第四十七条 对同行的指示和通知义务**

1. 律师应当及时地向作为代理人的同行传达指示,同样也应及时地向该同行传达有关已经开展和将要开展的活动的详细信息。

2. 选定同行所在的律师事务所作为执业住所,应当提前通知并经该同行的同意。

3. 未经告知委托其处理有关事务的同行,代理律师不得以和解方式直接解决争议。

4. 在缺少指示的情况下,代理律师应当以最恰当的方式采取行动以保护当事人的利益,并尽快通知委托其处理有关事务的同行。

5. 违反本条第1款、第2款和第4款规定的义务,应处以警告的纪律处分。违反本条第3款规定的禁令,应处以通报批评的纪律处分。

**第四十八条 禁止披露律师与同行之间的通信**

1. 在诉讼文书中以及审判活动中,律师不得披露、援引或者引述仅在同行之间进行的有权保密的通信以及含有和解提议和相应答复意见的通信。

2. 在下列情况下，可以披露律师同行之间进行的通信：

a) 构成对一项协议的补充完善和证明；

b) 确保所需服务的完全实现。

3. 律师不得向客户和被代理人交付同行之间的保密通信；一旦委托终止，律师可以向继任律师提供该通信，但继任律师应当遵守同样的保密义务。

4. 滥用保密条款构成独立的违纪行为。

5. 违反本条各款规定的禁令，应处以通报批评的纪律处分。

### 第四十九条 辩护人的义务

1. 作为官方指定辩护人的律师，应当告知被代理人有权选择基于信任关系的辩护人，并告知被代理人官方指定辩护人有权获得相应报酬。

2. 律师不得承担在同一诉讼或关联诉讼中对其他嫌疑人或被告作出指控性陈述的多名嫌疑人或被告人的辩护工作。

3. 在刑事诉讼中受到怀疑或受到指控的律师，在同一诉讼程序期间不能承担或保留为其他当事人的辩护工作。

4. 违反本条第1款规定的义务，应处以警告的纪律处分。违反本条第2款和第3款规定的禁令，应处以暂停执业6个月至1年的纪律处分。

### 第五十条 真实义务

1. 律师在诉讼程序中不得出示其明知是虚假的任何物证、证据或文件。

2. 律师不得在诉讼程序中使用由被代理人制作或提供的且明知或发现是虚假的任何物证、证据或文件。

3. 即使律师系事后获知诉讼程序中加入了被代理人提供的虚假物证、证据或文件，也不得使用，或者该律师应当放弃委托。

4. 律师不应向法官承诺其在审判中提供关于事实真相的言辞。

5. 律师在诉讼程序中不得针对其直接了解并可用作司法官员裁决依据的事实的存在或不存在作出虚假陈述。

6. 律师在提出有关同一事实的诉求或请求时应当指出已经采取的措施，包括否决性措施。

7. 违反本条第1款、第2款、第3款、第4款和第5款规定的禁令，应处以暂停执业1年至3年的纪律处分。违反本条第6款规定的义务，应处以警告的纪律处分。

### 第五十一条 律师的证明

1. 除特殊情况以外，针对在执业活动中获知的或与执业活动密切相关的事实情况，律师应当避免作证或成为证人。

2. 在任何情况下，针对同行之间进行的保密谈话内容以及保密通信内容，律师都应避免作证。

3. 如果律师拟作为证人出庭或者就有关事实作证,则该律师不得接受委托,如已接受的,应当放弃委托并且将来不得再次接受。

4. 违反前款规定的义务,应处以通报批评的纪律处分。

**第五十二条　禁止使用冒犯性或不适当的表达**

1. 在审判活动的书面文件中以及在从事与同行、司法官员、对方当事人和第三人有关的执业活动中,律师应当避免使用冒犯性或不适当的表达方式。

2. 针对冒犯行为的报复或应激反应或交互反应,不能排除该反应行为的纪律方面的重要属性。

3. 违反本条第1款所述禁令,应处以通报批评的纪律处分。

**第五十三条　与司法官员的关系**

1. 律师与司法官员的关系应当以职业尊严和相互尊重为基础。

2. 除特殊情况外,律师不得在无对方律师在场的情况下与法官讨论正在进行的诉讼程序。

3. 被任命为名誉司法官员的律师应当遵守与该职务有关的所有义务以及有关避免不相兼容的规范。

4. 律师不得利用与司法官员的友谊、熟悉或信任关系来获得或请求关照和优待,也不得故意宣传此类关系的存在。

5. 作为律师协会成员的律师不得接受来自辖区司法官员的司法任务,但被任命为官方指定辩护人的除外。

6. 违反前款规定的义务和禁令,应处以通报批评的纪律处分。

**第五十四条　与仲裁员、和解员、调解员、专家和技术顾问的关系**

1. 本法第53条第1款、第2款和第4款规定的禁令和义务,也适用于律师与仲裁员、和解员、调解员、专家和官方的或对方当事人的技术顾问之间的关系。

2. 违反本条规定的禁令和义务,应处以通报批评的纪律处分。

**第五十五条　与证人和知情人员的关系**

1. 律师不得为了获得有利证据而以强迫的方式或者提示的方式与证人或者案件或诉讼程序有关事实的知情人员交谈。

2. 在刑事诉讼程序范围内,辩护律师有权根据法律规定的方法和条件以及遵照下述有关规定以及个人数据保护管理局发布的规定进行与辩护有关的调查。

3. 辩护律师应当保守在与辩护有关的调查活动及调查文件中包含的秘密,除非为了被代理人的利益而具有正当的披露理由,其仅能在诉讼程序中使用该秘密。

4. 在辩护律师使用助理、合作者、经授权的私人调查员和技术顾问的情况下,可以向后者提供为了履行职责所必需的所有信息和文件,包括处在保密状态下的文书,但后者应当受保密义务的约束,并有义务仅专门向辩护律师通报有关行动的结果。

5. 辩护律师应当严格保密地保存对行使辩护权期间有用且必要的、与辩护有关的调查的文件。

6. 辩护律师及其可能授权的其他主体为调查的目的而依法向受调查人员发送的通知应当以书面文件形式作出。

7. 辩护律师及其可能授权的其他主体不得以任何形式向为调查的目的而受到询问的人员支付报酬或补偿,但前者有权支付凭证报销的相关费用。

8. 为了与犯罪受害者交谈、从犯罪受害者获取信息或要求其提供书面声明,辩护律师应当提前发出书面请求,如果知晓的话,还应事先通知该受害者可能有的辩护律师;在任何情况下,请求文书都应当指明该受害者有机会向辩护律师咨询以便其参与有关行动。

9. 辩护律师应当告知被告或嫌疑人的近亲有权不回答问题,并特别说明如果他们不打算使用该权利则有义务报告真相。

10. 辩护律师应当以完整的形式将所获得的信息制成书面文件。如果安排对该信息进行复制,包括以录音形式,该信息可以以概括汇总的形式进行记录。

11. 辩护律师无须向提供信息的人员及其辩护律师提供文字记录的副本或摘录。

12. 违反本条第 1 款规定的禁令,应处以暂停执业 2 个月至 6 个月的纪律处分。违反本条第 3 款、第 4 款和第 7 款规定的义务、禁令、法定责任和要求,应处以暂停执业 6 个月至 1 年的纪律处分。违反本条第 5 款、第 6 款、第 8 款、第 9 款、第 10 款和第 11 款规定的义务、禁令、法定责任和要求,应处以通报批评的纪律处分。

**第五十六条 听取未成年人意见**

1. 如果未成年人与履行其家长责任的主体之间不存在利益冲突,未经后者同意,律师不得向未成年人听取意见。

2. 在家事或未成年人纠纷中,家长的律师应当避免为了了解该纠纷的情况而与未成年子女进行任何形式的对话和接触。

3. 在刑事诉讼中,辩护律师为了与未成年人交谈、获得未成年人信息或要求未成年人提供书面声明,应当向履行其家长责任的主体发送正式请求,声明该主体有权参与相关行动,但在法律另有规定的情况下以及在未成年人系犯罪受害者的情况下,应当遵守确保相关专家在场的义务。

4. 违反前款规定的义务和禁令,应处以暂停执业 6 个月到 1 年的纪律处分。

**第五十七条　与媒体的关系和沟通活动**

1. 在处理与媒体关系和在任何宣传活动中,除了不得影响被代理人的辩护需要,律师也不得提供保密调查阶段的信息,不得利用客户和被代理人的名称,不得借机宣传自身的专业能力,不得主动制造话题或引发采访以及召开新闻发布会。

2. 在任何情况下,律师均应当确保不公开披露未成年人信息。

3. 违反本条第 1 款规定的禁令和第 2 款规定的义务,应处以暂停执业 2 个月至 6 个月的纪律处分。

**第五十八条　为自己利益的通知**

1. 滥用法律规定的关于通知的权利,构成违纪行为。

2. 如有上款所述行为的,应处以暂停执业 2 个月至 6 个月的纪律处分。

**第五十九条　程序日程安排**

1. 因律师的拖延行为导致未能满足民事诉讼程序的日程安排中已确定的期限,构成违纪行为。

2. 违反前款规定的行为,应处以警告的纪律处分。

**第六十条　放弃出席庭审**

1. 律师有权在法律职业机构宣布罢工时放弃出席庭审与参加其他司法活动,但其应当遵守自律性法典的规定和现行有效的各类规范。

2. 行使不参与罢工之权利的律师应当及时提先通知其他出庭辩护律师。

3. 律师不得根据自身的临时偏好决定参加或退出罢工。

4. 参加罢工的律师不得指向特定日期或者在自身的某些特定活动中退出罢工,也不得提出仅在某些日期或在自身某些特定的执业活动中部分地参与罢工。

5. 违反本条第 1 款和第 2 款规定的义务,应处以警告的纪律处分。违反本条第 3 款和第 4 款规定的义务,应处以通报批评的纪律处分。

**第六十一条　仲裁**

1. 被指定担任仲裁员职位的律师应当确保自身的行为诚实与端正,并应监督有关程序独立和公正地进行。

2. 如果律师与一方当事人之间已经建立或者在过去两年中曾经存在过执业关系,以及如果符合程序法典规定的仲裁员回避的任何一种条件,该律师不得担任仲裁员。

3. 如果仲裁程序的一方当事人正在或者在过去两年中曾经接受某律师的其他合伙人或共事的专业人员或与该律师在同一处所执业的人员的服务,则该律师不得接受被指定为仲裁员。

在任何情况下,律师都应当以书面形式向当事人告知任何可能影响其独立性的事实情况及其与辩护律师的任何关系,以便获得仲裁当事人对其履行职务的同意。

4. 被指定为仲裁员的律师在程序进行期间应当以可确保仲裁当事人对其信任的方式行事,并且应当确保自己免受任何外来影响和制约。

5. 作为仲裁员的律师应当:

a) 对因仲裁程序而了解的事实保密;

b) 不提供与程序有关问题的信息;

c) 在向全体当事人正式送达前不对外告知相关决定。

6. 履行仲裁员职务的律师不得与任何一方当事人建立执业关系:

a) 除非自有关仲裁程序终结起已经过至少两年;

b) 如果该执业活动的内容与该仲裁程序本身的内容并无差异。

7. 该禁令适用于律师的合伙人或共事的专业人员或在同一处所执业的人员。

8. 违反本条第 1 款、第 3 款、第 4 款、第 5 款、第 6 款和第 7 款规定的义务和禁令,应处以暂停执业 2 个月至 6 个月的纪律处分。违反本条第 2 款规定的禁令,应处以暂停执业 6 个月至 1 年的纪律处分。

**第六十二条 调解**

1. 担任调解员职务的律师应当遵守有关调解的规范中载明的义务和调解机构相关条例的规定,但该规定不得违反本法典的现行规定。

2. 无充分专业知识的律师不应担任调解员职务。

3. 在下列情况下,律师不能接受调解员职务:

a) 目前或者在过去两年中曾经与一方当事人存在过执业关系;

b) 如果一方当事人目前或者在过去两年内曾经接受该律师的其他合伙人或共事的专业人员或在同一处所执业的人员的服务。

在任何情况下,程序法典规定的仲裁员回避条件的成就,同样构成律师担任调解员职务的限制性条件。

4. 履行调解员职责的律师不应与任何一方当事人建立执业关系:

a) 除非自有关调解程序终结起已经过至少两年;

b) 如果该执业活动的内容与该调解程序本身的内容并无差异。该禁令适用于律师的合伙人或共事的专业人员或在同一场所执业的人员。

5. 律师不得允许调解机构以任何名义在该律师所在的事务所内拥有任何办公场所或进行活动,律师也不得在调解机构内拥有任何办公场所。

6. 违反本条第 1 款和第 2 款规定的义务和禁令,应处以通报批评的纪律处分;违反本条第 3 款、第 4 款和第 5 款规定的禁令,应处以暂停执业 2 个月至 6 个月的纪律处分。

## 第五章　与第三方和对方当事人的关系

**第六十三条　与第三方的关系**

1. 律师在其职务履行的范围之外的人际关系中,也应当以不损害职业尊严和第三方信任的方式行事。

2. 律师应当以公正和尊重的态度对待他的雇员、司法人员以及在其执业期间接触的所有人员。

3. 违反前款规定的义务,应处以警告的纪律处分。

**第六十四条　履行对第三方所负义务的责任**

1. 律师应当履行其对第三方承担的义务。

2. 如果律师未能履行其执业活动以外的义务,并因其性质或严重性而对职业尊严以及第三人信任造成损害的,构成违纪行为。

3. 违反前款规定的义务,应处以暂停执业 2 个月至 6 个月的纪律处分。

**第六十五条　对对方当事人进行诉讼威胁**

1. 律师可以采取诉讼、破产程序、举报、控告或其他举措催告对方当事人作出特定履行,并告知其相应后果,但律师不得威胁采取不相匹配的或强压性的行动或举措。

2. 如果在采取任何举措前,律师拟邀请对方当事人至该律师所在事务所进行会谈,应当向对方当事人指明可以由其信任的律师陪同。

3. 如果付款请求有利于己方客户,律师可以就任何非司法程序的活动请求对方当事人承担报酬和费用。

4. 违反前款规定的义务,应处以通报批评的纪律处分。

**第六十六条　对对方当事人采取重诉讼**

1. 无正当的可维护己方被代理人利益的理由,律师不得拟定繁重的或多重的司法诉讼策略来加重对方当事人的财务负担。

2. 违反前款规定的义务,应处以通报批评的纪律处分。

**第六十七条　向对方当事人请求支付专业报酬**

1. 律师不得请求对方当事人向其支付专业报酬,但有特别协议约定和己方客户同意的,以及法律另有规定的其他情况除外。

2. 如果客户未履行付款义务,律师可以根据以任何形式达成的旨在终结司法或仲裁程序的协定要求另一方当事人向其支付专业报酬。

3. 违反本条第 1 款规定禁令,应处以警告的纪律处分。

#### 第六十八条　接受针对原被代理人的委托

1. 仅在专业关系终止已满至少两年以后,律师才能接受针对原被代理人的委托。

2. 如果新的委托事务与以前执行的委托事务存在相关性,则律师不得接受任何针对原被代理人的委托。

3. 在任何情况下,律师均不得使用从已经结束的关系中获取的信息。

4. 在家事纠纷中曾同时代理配偶双方或同居双方的律师,在后续发生在双方之间的纠纷中,该律师不得为其中一人提供专业服务。

5. 在家事纠纷中曾代理未成年人的律师,在后续同类纠纷中,该律师不得为该未成年人父母中的任何一方提供专业服务,反之亦然。

6. 违反本条第 1 款和第 4 款规定的禁令,应处以暂停执业 2 个月至 6 个月的纪律处分。违反本条第 2 款、第 3 款和第 5 款规定的义务和禁令,应处以暂停执业 1 年至 3 年的纪律处分。

### 第六章　与法律职业机构的关系

#### 第六十九条　选举和与法律职业机构的关系

1. 被召集成为各类法律职业机构成员的律师,应当勤勉、独立和公正地履行职责。

2. 参加律师代表机构选举的候选人及其支持者,应当行事端正,避免任何形式的不符合该职位之尊严的宣传或行动。

3. 禁止在选举地点和投票期间进行任何形式的宣传或竞选活动。

4. 在进行投票活动的地点,只允许展示选举名单和包含投票活动规则的布告。

5. 违反本条第 1 款规定的义务,应处以通报批评的纪律处分。违反本条第 2 款、第 3 款和第 4 款规定的义务和禁令,应处以警告的纪律处分。

#### 第七十条　与律师协会的关系

1. 在登记注册律师名单时,根据司法体制应有之目的,律师有义务申明其与司法官员可能存在的亲属关系、婚姻关系、姻亲关系与同居关系;该义务也指向该关系发生突然变化的情况。

2. 律师应当及时以书面形式向其所属的律师协会及其属地有相关权限的律师协会告知:职业协会或职业团体的设立、事务所的主营及二级办公室的开立、执业地址的确定以及后续的变动。

3. 律师只能加入一个律师协会或律师团体。

4. 律师应当履行法律规定的社会救济和保险的义务,以及对法律职业机构的缴费义务。

5. 律师应当向其所属律师协会通报其执业保险要点以及后续任何改动。

6. 律师应当遵守国家法律职业协会及其所属的律师协会规章中有关义务和培训计划的规定。

7. 违反本条第1款、第2款、第3款、第5款和第6款规定的义务，应处以警告的纪律处分；违反本条第4款规定的义务，应处以通报批评的纪律处分。

**第七十一条　合作义务**

1. 律师应当与法律职业机构开展合作以实现其执业目标，并严格遵守真实义务；为此，在法律职业机构要求采取行动或进行机构干预时，律师应当告知其已知的与职业生涯或司法行政管理有关的事实。

2. 当法律职业机构要求律师就第三人提供的有关情况予以澄清、提供信息或者采取行动，以便为了后者的利益获取相关信息或采取行动时，律师不予及时答复构成违纪行为。

3. 在纪律处分程序中或者在该程序的预备阶段，未能及时对已告知的过错行为予以回应以及未提交答复意见和抗辩，并不构成独立的违纪行为，但此类行为可能由纪律机构在其自由心证的形成过程中予以考虑。

4. 违反本条第1款规定的义务，应处以警告的纪律处分。违反本条第2款规定的义务，应处以通报批评的纪律处分。

**第七十二条　资格考试**

1. 律师在资格考试之前或考试期间以任何方式向一个或多个应考人员提供与考题相关的文本，应处以暂停执业2个月至6个月的纪律处分。

2. 如果该律师系考试委员会成员的，对其的处分不应低于暂停执业1年至3年。

3. 在资格考试的考场以任何方式收到任何形式的留言或笔记并且不立即向委员会报告的，应考人员应受到通报批评的纪律处分。

# 第七章　附　　则

**第七十三条　生效**

本法律职业伦理法典自在官方公报上发布之日起经过60天生效。